KB117043

조선 관청 기행

조선관청기행

1판 1쇄 인쇄 2018. 7. 13.
1판 1쇄 발행 2018. 7. 20.

지은이 박영규

발행인 고세규
편집 권순범 | 디자인 홍세연
발행처 김영사

등록 1979년 5월 17일 (제406-2003-036호)
주소 경기도 파주시 문발로 197(문발동) 우편번호 10881
전화 마케팅부 031)955-3100, 편집부 031)955-3200, 팩스 031)955-3111

값은 뒤표지에 있습니다.
ISBN 978-89-349-8220-3 03910

홈페이지 www.gimmyoung.com   블로그 blog.naver.com/gybook
페이스북 facebook.com/gybooks   이메일 bestbook@gimmyoung.com

좋은 독자가 좋은 책을 만듭니다.
김영사는 독자 여러분의 의견에 항상 귀 기울이고 있습니다.

이 도서의 국립중앙도서관 출판시도서목록(CIP)은 서지정보유통지원시스템 홈페이지
(http://seoji.nl.go.kr)와 국가자료공동목록시스템(http://www.nl.go.kr/kolisnet)에서
이용하실 수 있습니다.(CIP제어번호 : CIP2018021022)

조선은 어떻게 왕조 500년을 운영하고 통치했을까

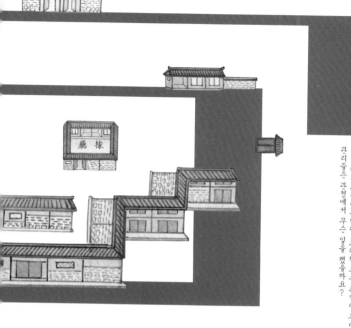

조선 관청 기행

朝 鮮 官 廳 紀 行

공무원 시험 경쟁률이 100대 1을 넘는, 세상. 그만큼 공무원의 인기가 높다는 뜻입니다. 그런데 조선 시대 공무원의 인기가 지금보다 더 높았다는 사실을 아십니까? 심지어 과거 경쟁률이 3500대 1인 적도 있었으니, 조선 관리의 위상은 지금의 공무원에 비할 바가 아니었습니다. 도대체 무슨 특권이 주어졌기에 이토록 인기가 높았을까요? 관리들은 관청에서 무슨 일을 했을까요?

박영규 지음

김영사

국가의 골격, 관청

만약 구청이나 경찰서, 소방서, 법원 등 각종 관공서와 공무원이 없다면 나라 꼴이 어떻게 될까요? 당장 생활이 불편해지고 국정이 마비되는 결과를 낳겠지요? 조선 시대도 마찬가지입니다. 조선이라는 국가 역시 관공서와 공무원, 즉 관청과 관리를 통해서 나라를 유지하고 백성을 통치했으니까요.

국가를 사람의 몸에 비유한다면 관청은 인체를 지탱하는 골격에 해당됩니다. 만약 인체에 뼈가 없으면 우리는 제대로 형체를 유지할 수도 없겠지요. 그만큼 국가를 유지하는 데 행정 조직은 필수 요소입니다. 따라서 조선이라는 국가를 이해하기 위해서는 반드시 조선의 행정 조직, 즉 관청을 알아야 합니다.

하지만 유감스럽게도 시중에서 조선 시대의 관청을 안내하는 책은 제가 2008년에 어린이를 대상으로 쓴 책이 유일합니다. 그동안 많은 역사책이 쏟아져 나왔지만, 조선사 이해에 필수적인 관청

안내서 하나 제대로 없다는 것은 조선사를 공부하는 사람들에게 아주 큰 불편을 초래했을 것입니다. 그런 불편을 해소하는 데 조금이나마 도움이 되고자 이 책을 기획했습니다.

조선의 관청은 크게 중앙 관청과 지방 관청으로 구분됩니다. 그리고 중앙 관청은 궁궐 안에 있는 궐내각사와 궁궐 밖에 있는 궐외각사로 나누어집니다.

궐내각사는 왕과 직접적으로 관계있는 관청이겠지요? 이를테면 왕의 비서실인 승정원이나 왕의 자문기관인 홍문관, 왕의 교지를 짓는 예문관, 왕의 결정과 행동에 의견을 피력하는 사간원 등 왕의 업무를 직접적으로 돕는 기관이 여기에 해당됩니다.

궐외각사는 당연히 왕의 지시를 수행하는 기관이겠지요. 예컨대 정승의 관청인 의정부나 조정의 대들보라고 할 수 있는 육조, 신하들을 감찰하는 사헌부 등이 여기에 속하겠지요. 물론 이 관청들 외에도 수십 개의 크고 작은 중앙 관청이 궁궐 안과 주변에 배치되었습니다.

궁궐을 중심으로 조선의 수도 한성에 집약된 중앙 관청과 달리, 지방 관청은 전국 팔도에 흩어졌습니다. 각 도에는 도백道伯인 관찰사의 감영을 비롯하여 부, 목, 도호부, 군, 현 등의 관청이 배치되었습니다. 거기다 각 지역마다 군사를 담당하는 관청과 역참까지 있었으니, 그 수를 합치면 지방 관청만 해도 수백 개에 달합니다.

이렇듯 중앙과 지방에 포진한 수백 개의 관청에 수만 명의 공무원, 즉 관리가 배치됩니다. 그리고 이들의 역할은 제각기 다릅니다. 그러니 관청과 관리에 대해 속속들이 아는 것은 결코 쉽지 않은 일입니다. 생각만 해도 골치 아플 수도 있습니다. 저는 이 책에서 골치 아플 만큼 복잡한 조선의 행정 조직과 관리의 역할을 일목요연하게 정리하여, 여러분이 한눈에 조선이라는 국가의 골격을 파악할 수 있도록 했습니다.

이런 류의 책은 딱딱하기 십상입니다. 하지만 역사를 아는 재미를 조금이라도 가지고 있다면 결코 딱딱하게 느껴지지 않을 것입니다. 이 책은 관청의 역할과 소속 관리의 임무를 서술하는 데 그치지 않고, 여러분이 궁금해할 법한 구체적인 의문을 해소하는 내용도 풍부히 담고 있습니다.

예컨대 이런 의문입니다. 조선 시대 관리도 신고식을 했을까? 했다면 어떤 방식으로 했을까? 과거에 함께 합격한 사람들이 동기 모임 같은 것을 가졌을까? 그들은 서로 어떻게 대하고 무슨 명칭으로 불렸을까? 조선의 대학생도 데모를 했을까? 조선 정승은 대개 몇 살에 정승이 되었을까? 관리들이 가장 선호하던 부서는 무엇이었을까? 궁녀의 급여는 얼마나 되었을까? 조선에 급여가 없는 관직이 태반이었다는데, 관리들이 어떻게 수입을 챙겼을까? 조선 시대에도 지방세가 있었을까? 급여 없는 지방 관리인 아전들이 어떻게 경제 생활을 영위했을까? 관청 노비들도 급여를 받았을까? 의문을 하나씩 해소해나가다 보면, 책이 지루하지 않을 것입니다.

조선의 최고 정무 기관인 의정부에서 말단 기관인 역참까지, 만인지상 일인지하의 정승부터 관아의 가장 밑바닥 인생 관노비까지 빠짐없이 다루었지만 지면의 한계로 다루지 못한 내용도 많습니다. 그럼에도 가장 기본적인 요소들이 모두 담겼기에 이 책이 조선을 이해하는 데 요긴하게 쓰일 것으로 생각합니다.

모쪼록 재미있고 알찬 기행이 되길 빌면서 이만 줄입니다.

2018년 여름 일산 우거에서

박영규

2부 육조거리의 중앙 관청

3부 그 밖의 여러 중앙 관청들

4부 지방 관청과 지방관

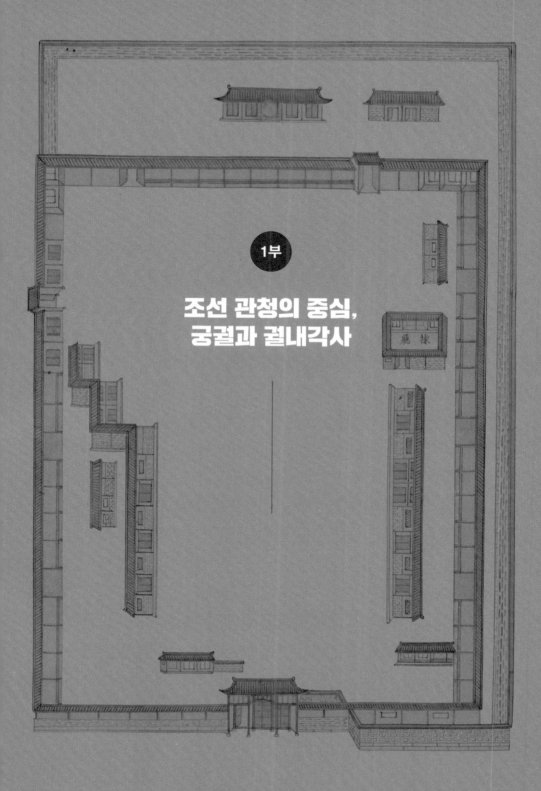

1부

조선 관청의 중심,
궁궐과 궐내각사

1
관청과 궁궐은 어떤 관계일까?

공무원과 관리

2018년 3월 전국의 공시생이 44만 명에 육박한다는 연구 결과가 나왔습니다. 실제로 2017년 6월 17일에 치른 서울시 9급 보건직 공무원 채용 시험 경쟁률이 143대 1에 달했지요. 그야말로 어마어마한 수치입니다. 공시생이란 '공무원 시험 준비생'의 줄임말입니다. 많은 공시생과 치열한 경쟁률은 그만큼 공무원을 선호하는 예비 취업자가 많다는 것을 의미합니다. 이처럼 공무원 선호도가 높은 가장 큰 이유는 직업 안정성인데, 이는 우리나라에서 다른 직장의 안정성이 상대적으로 뒤떨어진다는 것을 방증합니다.

그러면 조선 시대에는 어땠을까요? 믿기 어렵겠지만 조선 시대가 지금보다 공무원 선호도가 훨씬 더 높았습니다. 선호도뿐 아니라 경쟁률까지도 더 높았지요. 예를 들어 1796년(정조 20년) 이황의

학덕과 유업을 기리고자 실시한 도산별과 과거 시험에 응시한 인원이 7천 명이 넘었는데 여기에 급제한 사람은 단 2명이었습니다. 경쟁률로 따지면 3,500대 1이 넘는 셈입니다.

어쩌면 조선 시대 공무원 시험이 지금보다 경쟁률이 더 높은 것은 당연한 일인지도 모릅니다. 이는 조선 시대에 공무원 숫자가 지금보다 적었고 직업도 다양하지 않았기 때문입니다. 조선 시대 양반이 선택할 수 있는 직업은 관직밖에 없었지만 하급 군관을 포함해 모든 관직을 합쳐봐야 5,605개가 전부였습니다. 그중 정규직은 약 2,500개에 불과했지요. 이는 현재 100만 명이 넘는 대한민국 공무원에 비하면 아주 적은 숫자입니다.

정조 시대 인구가 현재의 20퍼센트 수준인 약 1천만 명이었음을 고려해도 인구 대비 공무원 수에서 현재의 비율이 훨씬 더 높습니다. 여기에다 조선 시대에는 월급이 없는 지방직 공무원, 즉 지방 아전·좌수·별감 같은 향관과 관아를 지키는 문졸 등의 직업이 전체 관직보다 몇 배나 많았습니다. 그러니 조선 시대의 공무원 시험 경쟁률이 지금보다 높은 것은 당연한 일이었지요.

오늘날의 공무원을 조선 시대 용어로 바꾸면 '관리'입니다. 이들은 나라를 유지하기 위한 공적 업무를 담당했는데 그 업무 처리 공간이 관청입니다. 결국 관청을 알지 못하면 국가 운영 상황도 알기 어렵습니다. 반대로 관청을 알면 그 나라의 사정을 훤히 알 수 있습니다. 따라서 우리가 조선 시대를 알고 싶으면 먼저 조선 시대 관청을 알아야 합니다.

'관청' 하면 낯설고 딱딱하게 느껴질지도 모르지만 실은 우리 귀에 익숙한 경찰청, 검찰청, 구청, 시청, 세무서, 등기소 등이 모두 관청입니다. 이러한 관청의 역사는 매우 깁니다. 국가라는 체계가 등장한 이래 관청이 없었던 적은 없으니까요.

관청이 있으면 당연히 그곳에서 근무하는 사람도 있겠지요. 관청에서 근무하는 사람을 '관원' 또는 '관리'라고 했고 관리 중에서도 특별한 권력을 소유한 사람을 '관료'라고 불렀습니다. 관원은 관청의 구성원이라는 뜻이고, 관리는 관청에서 일하는 벼슬아치라는 의미입니다. 관료란 관직이 같은 동료 혹은 특수한 권력을 소유한 신하를 가리킵니다. 지금도 일부에서는 관료라는 말을 쓰지만 대개는 '공무원'이라는 용어를 씁니다.

공무원은 말 그대로 공적인 일, 다시 말해 국가를 위한 업무를 수행합니다. 대통령을 비롯해 국무총리, 각 행정기관의 장관과 그 아래 직원은 모두 공무원입니다. 경찰, 군인, 판사, 검사 등도 그 신분이 공무원이지요.

그렇다면 조선 시대 왕도 공무원에 해당할까요? 오늘날의 대통령이 공무원이니 왕도 공무원 신분이라고 생각할지 모르지만 왕은 공무원이 아닙니다. 이것이 민주주의 국가와 왕조 국가의 가장 큰 차이입니다.

민주주의 국가의 주인은 국민이지만 왕조 국가의 주인은 왕입니다. 이런 이유로 왕조 국가에서는 모든 관리, 즉 공무원을 신하라 부르고 그들의 주인인 왕은 주군이라 불렀습니다. 신하는 무릎을 꿇고 충성을 맹세한 하인이라는 의미고 주군이란 주인이자 임금이라는 뜻입니다.

왕이 다스리는 영토에 사는 백성은 왕에게 세금을 냈고 왕은 신하에게 돈이나 땅, 곡식을 주고 일을 시켰습니다. 반면 민주주의 국가에서는 국민이 대통령을 뽑아 그에게 월급과 공무원에게 일을 시킬 권한을 줍니다. 한마디로 민주주의 국가에서는 대통령도 국민에게 월급을 받으며 주어진 일을 하는 일꾼입니다.

대통령은 임기가 끝나면 더 이상 대통령 일을 할 수 없습니다. 하지만 왕은 일단 왕위에 오르면 쫓겨나지 않는 한 죽을 때까지 왕 노릇을 합니다. 왕조 국가에서는 왕을 대통령처럼 선출하는 것이 아니기 때문입니다.

물론 아무리 왕일지라도 혼자서는 나라를 이끌어갈 수 없습니다. 당연히 신하들이 필요하지요. 이들을 다른 말로 관리라고 하는 것입니다.

신고식에 허리가 휜 조선 관리

과거에 합격하면 으레 관리로 등용되었을 거라고 생각하지만 실은 그에 앞서 혹독한 신고식을 치러야 했습니다. 예컨대 누군가가 과거에 합격해 관직을 얻을 경우 허참례許參禮를 하는데, 이는 신입이나 신참을 지칭하는 신래新來가 해당 관청 선배들에게 후배가 되기를 허락받는 일종의 신고식입니다. 이때 신래가 그야말로 상다리가 부러지도록 한턱을 크게 내지 않으면 선배 관원들이 상을 뒤집어 버리고 다시 차려오라고 요구합니다. 그 요구를 들어주지 않을 경우 신래의 옷을 벗긴 뒤 상투를 잡고 질질 끌고 다니거나 온갖 욕설로 모욕을 줍니다. 사정이 이런지라 허참례를 치르는 신래는 웬만한 초가집 한 채 값을 써야 했습니다.

신고식은 허참례로 끝나지 않았습니다. 허참례가 끝나고 보름쯤 지나면 면신례免新禮를 치러야 합니다. 이것은 구관원들이 신관원을 처음 대면하는 자리로 이것 역시 만만치 않았습니다. 기존 관원들을 모두 집으로 초청해 음식을 차리는 비용이 많이 들었던 것입니다. 면신례는 다른 말로 면신벌례免新罰禮라고 하는데, 이는 면신례를 하나의 벌로 인식해서 생긴 명칭입니다.

허참례와 달리 면신례는 새로운 부서로 발령을 받았을 때 해당 관원에게 행하는 신고식입니다. 다른 부서로 관직을 옮길 때마다 면신례를 거쳐야 하는 탓에 부서 이동을 하는 조선 관리들은 많은 비용이 들었습니다. 사정이 이렇다 보니 허참례와 면신례가 싫어서 관직을 얻고도 출사하지 않는 사람도 있었습니다.

허참례와 면신례의 폐단이 심각해지자 왕이 직접 나서서 금지하기도 했으나 지켜지지 않았지요. 중앙 관청 중에 이를 규찰하고 금지해야 할 사헌부와 육조에서 허참례와 면신례가 가장 고약했다고 하니 지켜질 리가 없었던 것입니다.

1699년(숙종 25년) 11월 22일 사헌부에서 신군졸의 면신례를 금지하도록 주청해 숙종이 면신례 금지 지시를 내렸지만 소용없었습니다. 심지어 1775년(영조 51년) 7월 1일에는 면신례 때문에 승문원承文院 관원 전원을 삭직토록 명하는 사태가 벌어지기도 했습니다. 당시 승문원 관원으로 발령받은 황택인에게 심하게 면신례를 하다가 이런 사달이 난 것입니다. 그렇지만 그 이후에도 면신례는 사라지지 않았습니다. 특히 군인이 많은 무관 부서는 조선 말기까지 이 악습을 끈질기게 이어갔습니다.

관직을 어떻게 구분했을까

대한민국의 모든 공무원이 정규직은 아닙니다. 그들 중에는 기간제와 계약직도 있는데 이는 조선 시대도 마찬가지였습니다. 지금도 국가 조직의 일원이라는 명함은 있지만 실제 직책이 없는 사람이 있듯 조선 시대 때도 이와 유사한 경우가 있었습니다. 이러한 관직을 명확히 구분하지 못하면 조선 관리를 제대로 이해할 수 없습니다. 관청에 앞서 조선이 관직을 어떻게 구분했는지 알아보는 이유가 여기에 있습니다.

　조선 시대 관직은 크게 실직實職과 산직散職으로 나뉩니다. 실직은 실무를 담당한 실제 관직을 말합니다. 산직은 벼슬이 있으나 근무처는 없는 관직으로 일종의 명예직입니다.

　실직은 다시 녹관祿官과 무록관無祿官으로 구분합니다. 녹관은 무록관의 반대 개념이라 유록관이라고 부르기도 합니다. 유록관이라는 용어가 말해주듯 녹관은 녹봉을 받는 직책이라는 의미입니다. 녹봉은 연봉이나 월봉으로 받는 미곡 혹은 포布를 말합니다. 녹봉에서 '녹'은 곡식인 미곡을, '봉'은 포백布帛을 뜻합니다. 녹봉은 이 두 가지를 통칭하는 것이지요.

이러한 녹관은 정직과 체아직遞兒職으로 분류합니다. 정직은 지속적으로 근무하면서 정기적으로 녹을 받는 정규직이고, 체아직은 일정 기간씩 교대로 근무하되 근무할 때만 녹을 받는 임시직 또는 계약직입니다. 다시 말해 체아직은 정해진 녹봉이 없고 1년에 몇 차례씩 근무 성적에 따라 교체되었으며 근무 기간 동안에만 녹봉을 받았습니다.

성과급만 받는 체아직

체아직에서 '체아'의 뜻은 '아나'로 전체 풀이는 '아나 이것 받아라'입니다. 쉽게 말해 일을 시킨 뒤 일한 만큼만 '이것 받아라' 하듯 녹봉을 주던 관직이라는 얘기지요.

체아직은 일종의 기간제 계약직입니다. 정해진 녹봉 없이 1년에 네 차례 근무평정에 따라 녹봉을 주되 직책을 보장하지 않았습니다. 조선 시대의 무반직武班職 중 하급직은 대부분 체아직이었고 기술 관료와 훈도訓導도 마찬가지입니다. 체아직에는 전체아와 반체아가 있었는데 전체아는 자리를 1년 동안 보장한 반면, 반체아는 6개월 단위로 근무를 평정해 근무 연장 여부를 결정했습니다.

조선의 관직은 양반을 중심으로 문관인 동반 벼슬과 무관인 서반 벼슬로 나뉘었고, 체아직은 서반 벼슬에 많았습니다. 《경국대전》에 따르면 관직 수는 5,605개인데 그중 체아직이 3,110개입니다. 체아직이 전체 관직 수의 절반을 넘었던 것입니다. 특히 문관인 동반 벼슬은 전체 1,779개 중에서 체아직이 105개로 약 6퍼센트에 불과했으나, 무관인 서반 벼슬은 전체 3,826개 중에서 3,005개가 체아직으로 무려 80퍼센트에 달했습니다. 그만큼 조선 사회는 무관보다 문관을 훨씬 더 우대한 것입니다.

체아직은 크게 동반체아, 서반체아, 잡직체아로 나뉩니다. 의관(의사), 역관(통역관), 산관(수학자), 율관(법률행정), 관상관(천문학자) 같은 기술직과 내시는 동반체아에 속합니다. 양반 출신의 특수군과 비양반 출신의 군인 및 의원은 서반체아에 해당합니다. 그런데 서반체아 3,005개 중에서 양반 출신의 특수군, 즉 선전관, 겸사복, 별시위, 내금위, 친군위, 족친위, 충의위, 갑사 등에 소속된 양반 군인이 무려 2,666개의 자리를 차지했습니다. 잡직체아는 동반과 서반 체아직 중 양반이 아닌 천민이나 평민이 받는 직책으로 약 1,600개였습니다.

녹봉 없는 관리, 무록관

그러면 무록관은 어떤 직책일까요? 무록관이란 관직이 있지만 녹봉은 지급받지 못하는 관리를 말합니다. 월급도 주지 않는데 왜 관직을 받아 일하는 것일까요? 무록관은 보통 과거에 급제하지 못했거나 음서 혜택을 받지 못해 벼슬을 얻지 못한 양반이 맡았습니다. 자신의 신분을 유지하기 위해 무록관이라도 받아들인 것이지요.

무록관은 서울에서 근무하는 경관직과 지방에서 근무하는 외관직으로 나뉩니다.

경관직에는 의금부의 당하관을 비롯해 교서관·사옹원·상의원·군기시·예빈시·수성금화사·전설사·전함사·전연사·내수사·소격서·빙고·장원서·사포서·사축서·조지서·도화서·활인서·와서·귀후서 같은 각 관서의 정3품 당하관, 정4품 제검, 정5품 별좌, 정6품 별제, 정8품 별검 등이 있었습니다.

외관직에는 종5품 경기좌도·우도 수군판관, 종6품 찰방과 교수, 종9품 도승·훈도·검률·심약 등이 있었습니다.

이러한 무록관에게는 경제적인 수입이 전혀 없었을까요? 그렇지 않습니다. 이들은 자신의 직책을 이용해 수단껏 다양하게 수입을 올렸습니다. 농민, 상인, 공장工匠 등의 평민은 물론 관노와 관리까지 자신의 직무와 연관된 모든 대상에게서 돈을 끌어냈습니다. 즉, 뒷거래로 수입을 올린 것입니다. 이것은 조정에서도 알고 있는 일이었습니다.

때로 무록관으로 있다가 유록관으로 발탁되는 경우도 있었습니다. 실록의 기록에는 별좌로 있다가 지방 수령으로 발령받은 사례가 가끔 나옵니다.

한편, 일종의 명예직으로 산관散官이라고도 부르는 산직은 대개 공을 세웠을 때 포상의 일환으로 주어졌습니다. 관직에서 물러난 사람이나 과거에 합격했어도 줄 실직이 없을 때 산직을 주기도 했습니다. 이들은 비록 근무처는 없어도 벼슬아치이므로 그 벼슬이 누리는 지위는 유지했습니다. 가령 세금이나 형벌에서 벼슬만큼의 대우를 받고 자식에게 음서제로 벼슬길을 열어줄 때도 요긴하게 쓰였습니다. 산직에 머물다가 자리가 생기면 실직으로 이동하는 경우도 있었습니다. 그래서 조선의 양반들은 산직이라도 벼슬을 받는 것을 좋아했습니다.

이제부터 관리들의 근무처인 관청을 본격적으로 살펴봅시다. 조선 관청의 중심은 바로 궁궐입니다.

중앙 관청의 중심, 궁궐

조선의 관청은 크게 중앙 관청과 지방 관청으로 나뉩니다. 중앙 관청은 모두 조선의 도읍인 한양에 있었고, 지방 관청은 전국 8도에 흩어져 있었지요.

중앙 관청이 집중된 한양은 처음부터 철저한 계획 아래 설계한 도시입니다. 그 도시의 중심에 궁궐이 있었고 이곳은 왕이 살기도 했지만 관청으로도 쓰였습니다. 궁궐 안에 관청을 많이 배치한 것입니다. 그래서 중앙 관청은 다시 궁궐 안의 관청과 궁궐 바깥의 관청으로 구분합니다.

　궁궐 안의 관청은 궐내각사라 하고 궁궐 바깥의 관청은 궐외각사라고 합니다. 여기서 각사各司란 '각각의 관아'를 말합니다. 중앙 관청을 궐내각사와 궐외각사로 구분했다는 것은 중앙 관청의 중심이 궁궐이었음을 뜻합니다. 이는 대한민국 관청의 중심이 청와대인 것과 마찬가지입니다.

　궐내각사, 즉 궁궐 안의 관청을 알려면 먼저 궁궐에 관한 기본 지식을 알아야 합니다.

다섯 궁궐의 역사

궁궐은 왕과 왕족이 사는 '궁宮' 그리고 궁의 출입문 좌우에 세운 망루와 담장을 일컫는 '궐闕'을 합친 말입니다. 궁궐은 쓰임새에 따라 몇 가지로 나뉩니다.

　우선 임금이 항상 거처하며 정사를 돌보는 궁궐을 '정궁正宮' 또는 '법궁法宮'이라 하고, 정궁에 불이 났거나 수리할 일이 있어 잠시 옮겨가 일하는 곳을 '이궁離宮'이라 합니다. 그 외에 별궁과 행궁도 있습니다. 임금이 왕위에 오르기 전이나 왕위에서 물러난 뒤 상왕이

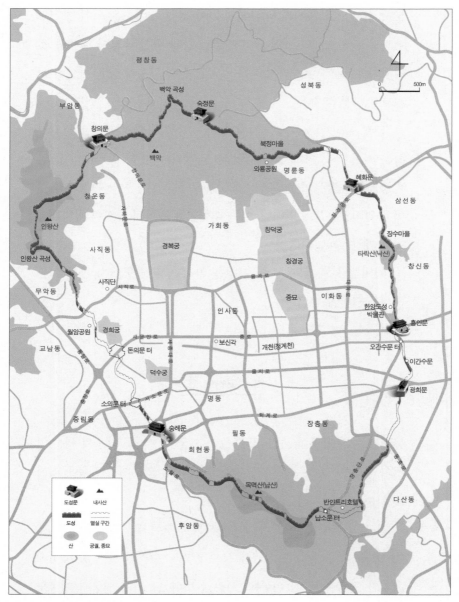

평창동

성북동

백악 곡성

숙정문

부암동

복정마을

창의문

와룡공원 명륜동

백악

혜화문

청운동

삼선동

인왕산

장수마을

인왕산 곡성

가회동

창덕궁

타락산(낙산)

무악동

사직동

경복궁

창신동

창경궁

월암공원

사직단

종묘

이화동

경희궁

이사동

보신각

개천(청계천)

한양도성
박물관

교남동

돈의문 터

흥인문

덕수궁

오간수문 터

이간수문

소의문 터

명동

광희문

중림동

숭례문

필동

장충동

회현동

다산동

목멱산(남산)

반얀트리호텔

후암동

남소문 터

도성문   내사산

도성

멸실 구간

산   궁궐, 종묘

500m

한양도성 지도. ⓒ서울특별시 한양도성도감.

되어 머무는 곳, 왕비나 세자빈을 맞아들이던 곳을 별궁이라고 합니다. 행궁은 임금이 피난하거나 휴가를 갈 때 잠시 묵는 곳입니다.

조선 왕조의 대표적인 궁궐은 경복궁, 창덕궁, 창경궁, 덕수궁, 경희궁입니다. 이 중 가장 먼저 지은 곳은 경복궁이지만 조선 왕실은 경복궁을 꺼렸습니다.

조선 왕조 건국 이후 1398년(정종 즉위년)과 1400년(정종 2년·태종 즉위년) 두 번에 걸쳐 왕자의 난이 일어나자 당시 왕이던 정종은 한성을 떠나 개경의 수창궁으로 옮겨갔습니다. 그러다 태종이 왕위에 오른 뒤 1405년(태종 5년) 한성으로 돌아오지만 이때 태종은 경복궁으로 가지 않고 새로 궁궐을 지어 거기에 거주했습니다. 그곳이 바로 창덕궁입니다.

창덕궁은 조선 왕실이 가장 많이 사용한 궁궐입니다. 공식적인 조선의 법궁은 경복궁이고 창덕궁은 이궁이었으나 정작 조선 왕실이 가장 오랫동안 사용한 궁궐은 창덕궁입니다. 왕자의 난을 겪으며 경복궁에 뿌려진 피로 인해 왕들이 경복궁을 꺼림칙하게 여겼기 때문입니다.

창덕궁에 이어 세 번째로 지은 궁궐은 창경궁입니다. 창경궁은 창덕궁과 담 하나를 사이에 두고 동쪽에 지어졌습니다. 그래서 창덕궁과 창경궁을 합쳐 동궐이라 부르기도 합니다. 창경궁의 본래 이름은 수강궁으로 이는 세종이 즉위하면서 상왕 태종을 모시기 위해 지은 것입니다. 이후 성종 때 세 분의 대비, 즉 세조의 왕비 정희왕후와 성종의 생모 소혜왕후, 예종의 계비 안순왕후를 모시고자

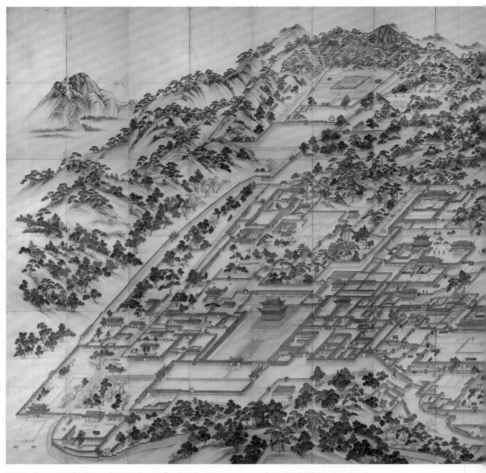

〈동궐도〉. 동궐인 창덕궁과 창경궁의 모습을 담았다. 1826~1830년 추정. 고려대학교박물관 소장.

더 확장하면서 이름을 창경궁으로 바꿨습니다. 그렇다면 창경궁은 원래 별궁으로 지은 건물인 셈입니다.

이러한 창경궁은 조선 역사의 비극을 오롯이 안고 있는 궁궐이기도 합니다. 이곳에서 숙종은 장희빈을 죽였고 영조는 사도세자를 뒤주에 가둬 죽였습니다. 그러다가 일제강점기 때 동물원과 유원지

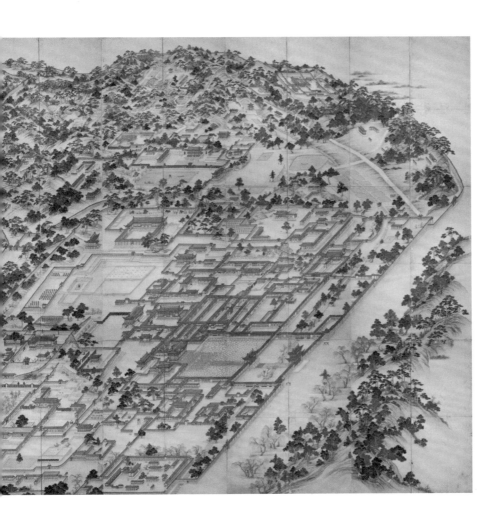

로 전락해 창경원으로 불렸습니다.

　창경궁에 이어 네 번째로 지은 궁궐은 덕수궁입니다. 1592년 (선조 25년) 임진왜란이 일어나 경복궁과 창덕궁, 창경궁이 모두 소실되자 1593년 한성으로 돌아온 선조는 성종의 형 월산대군의 사저를 임시 거처로 사용했습니다. 선조는 1608년 사망할 때까지 이곳에 머물렀고 그를 이어 왕위에 오른 광해군은 1611년(광해군 3년) 창덕궁을 중건해 돌아갈 때 이곳을 경운궁이라 불렀습니다.

사실 창덕궁은 단종과 연산군이 연이어 폐위된 곳입니다. 이를 꺼림칙하게 여긴 광해군은 다시 경운궁으로 돌아왔지만 그곳은 너무 좁고 시설이 미진했습니다. 결국 1615년 창덕궁과 창경궁 중건을 마치자 광해군은 다시 창덕궁으로 돌아갔습니다. 이때 그의 계모 인목대비는 옮겨가지 않았고 이후 정치적 상황이 악화되면서 인목대비는 이곳에 유폐되었습니다. 그 무렵부터 경운궁은 서궁으로 불리기도 했습니다. 이 궁궐은 계속 경운궁으로 불리다가 1907년 고종이 퇴위해 머물면서 덕수궁으로 개칭했습니다.

다섯 궁궐 중에서 가장 마지막으로 지은 궁궐은 경희궁입니다. 경희궁의 본래 이름은 경덕궁으로 인조의 생부 원종(정원군)의 사저가 있던 곳입니다. 임진왜란 이후 정원군의 집에 왕기가 서렸다는 말이 돌자 광해군이 왕기를 누르기 위해 1617년(광해군 9년) 그 집을 빼앗아 지은 궁궐이 경덕궁입니다.

그 후 인조반정이 일어났지만 경덕궁은 사용하지 않았습니다. 그런데 인조가 즉위한 뒤 창덕궁에 화재가 발생했고 설상가상으로 이괄의 난으로 창경궁마저 불타 버렸습니다. 별수 없이 인조가 버려뒀던 경덕궁에 거처한 이후 경덕궁은 조선 왕실이 이궁으로 많이 사용했습니다. 특히 숙종은 이곳에서 태어나 이곳에서 죽음을 맞이했지요. 또한 경종, 정조, 헌종이 이곳에서 즉위식을 했고 영조와 순조는 여기에서 임종을 맞이했습니다.

이런 까닭에 경덕궁에는 98채에 이르는 많은 전각이 세워졌는데 영조 때는 이름마저 경희궁으로 바뀌었습니다. '경덕'이라는 이름이 원종의 시호 경덕과 한자는 다르지만 소리가 같다고 해서 경희로 바뀐 것입니다. 경복궁의 서쪽에 위치한 경희궁은 동궐에 비견할 만하다 하여 서궐로 불리기도 했습니다.

궁궐 안팎에 무엇이 있었을까

그렇다면 한성의 다섯 궁궐은 어떻게 구성되어 있었을까요?

궁궐은 왕과 그 가족의 거처일 뿐 아니라 조선 왕조를 유지하는 모든 업무의 중심이었으므로 업무공간과 생활공간으로 나뉘어져 있었습니다. 즉, 궁궐은 크게 외전과 내전으로 구분할 수 있습니다. 임금이 업무를 수행하는 곳은 궁궐의 정문에 가까운 바깥쪽에 뒀고 이를 외전이라 했습니다. 임금이 개인적인 생활을 하는 곳은 정문에서 떨어진 안쪽에 뒀는데 이것이 내전입니다. 그 경계에 궁궐의 중심인 정전의 문과 담이 있었습니다.

임금이 잠을 자는 침전, 왕비가 머무는 중궁전, 대비가 머무는 대비전, 후궁들이 머무는 여러 전각은 내전에 속합니다. 임금이 공식적인 행사를 치르거나 업무를 보는 정전(경복궁의 근정전, 창덕궁의 인정전, 창경궁의 명정전 등), 편하게 일하는 업무실인 편전 그리고 신하들이 업무를 보는 궐내각사 등은 외전입니다. 외전 중에서도 궐내각사는 가장 바깥에 위치합니다. 그래야 임금을 보호하기 쉽고 다른 한편으로 신하들이 드나들기 편하기 때문입니다.

그러면 궁궐 바깥은 어떤 구조로 이뤄져 있었을까요? 조선 궁궐의 정궁으로 가장 큰 규모를 자랑하는 경복궁 밖을 살펴봅시다. 경복궁 동서남북에 큰 문이 하나씩 있는데 동문은 건춘문, 서문은 영추문, 남문은 광화문, 북문은 신무문이라고 합니다. 이 네 개의 문 중에서 경복궁의 정문에 해당하는 것은 남문인 광화문입니다.

광화문 밖을 나서면 가운데에 큰 길이 있고 길 양쪽으로 관청이 늘어서 있었습니다. 이들 관청이 바로 궐외각사입니다. 궐외각사가 늘어선 거리를 다른 말로 '육조거리'라고 불렀습니다. 그곳에 조선 관청의 가장 중요한 부서인 육조, 즉 이조, 호조, 예조, 병조, 형조, 공조의 관청이 있었기 때문입니다. 이처럼 중앙 관청은 궁궐을 중심으로 궐내각사와 궐외각사로 나뉩니다.

궁궐 속 관청, 궐내각사

궁궐 안에는 몇 개의 관청이 있고 또 어디에 위치해 있었을까요? 대표적으로 경복궁의 궐내각사를 살펴봅시다.

우선 경복궁의 정문인 광화문 안으로 들어서면 정면에 흥례문이 보입니다. 서쪽(왼쪽)에는 용성문이 있고 동쪽(오른쪽)에는 작은 문이 하나 있었습니다. 흥례문을 중심으로 왼쪽에는 교서관과 승문원이

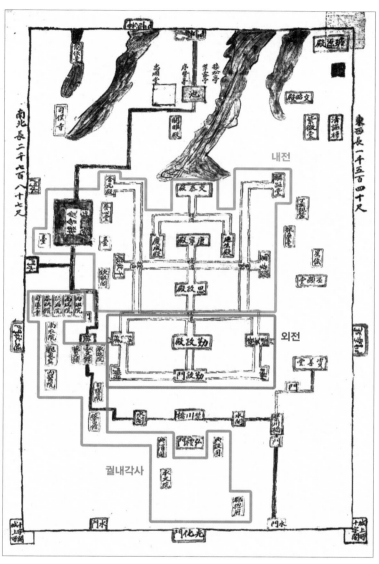

〈경복궁도〉. 임진왜란으로 소실되기 이전(추정)의 경복궁 배치도이다. 내전(왕과 왕비가 기거하는 곳), 외전(왕이 공식 행사를 치르는 곳), 궐내각사가 있는 구역을 표시했다. 국립중앙도서관 소장.

있었고 오른쪽에는 전설사가 있었습니다. 그리고 용성문을 열고 안으로 들어가면 내사복이라는 관청이 있었습니다. 용성문 반대편에 있는 문 안에는 오위도총부가 있었지요. 이들 관청이 무슨 일을 하는지는 뒤에서 설명하겠습니다.

흥례문을 열고 안으로 들어가면 정면으로 근정문이 보이고 왼쪽에 유화문이 있습니다. 근정문 안쪽에는 근정전이 있는데 이곳은 임금이 업무를 보는 공간으로 어떠한 관청도 없습니다. 따라서 대다수 궐내각사는 유화문을 열고 들어가야 만날 수 있었습니다.

유화문을 열고 들어가면 맨 앞에 사간원이 있고 그 안쪽에 승정원, 홍문관, 예문관이 나란히 있었습니다. 거기서 더 안쪽으로 들어가면 흠경각, 내의원, 사복시, 상서원, 춘추관, 관상감, 내반원, 수정전(집현전), 빈청, 경연청을 볼 수 있었습니다. 현재 유화문 안쪽에는 수정전을 제외하고 제대로 남아 있는 각사가 하나도 없습니다. 모두 일제가 허물어버렸기 때문입니다. 근정전 동쪽에 있는 일화문을 빠져나가면 세자가 머무는 동궁이 나오는데, 이곳에는 세자익위사와 세자시강원이 있었습니다.

이처럼 궐내각사는 모두 근정전 담벼락 바깥에 위치해 있었습니다. 그리고 비록 관청은 아니지만 관청 구실을 한 부서 하나가 근정전보다 더 깊숙한 곳에 자리하고 있었습니다. 그것은 다름 아닌 내명부입니다.

2
비밀스러운 관청 내명부

궁궐 안팎에서 일한 여인들

내명부內命婦란 궁궐 안에서 생활하며 왕에게 벼슬을 받은 여성들을 가리키는 말입니다. 벼슬을 받은 여성을 명부命婦라 하는데 궁궐 안에 있는 여성을 내명부, 궁궐 밖에 있는 여성을 외명부外命婦라 했습니다.

내명부는 크게 후궁과 궁녀로 나뉩니다. 이 중 왕의 후궁인 종4품 숙원 이상은 직무가 없고 정5품 상궁부터 직무가 있었습니다. 한편 세자궁에 속한 내명부는 종5품 소훈昭訓 이상이 후궁으로 직무가 없고, 종6품 수규守閨부터 궁녀로서의 직무가 있었습니다.

내명부의 지휘자는 왕비입니다. 왕비는 왕과 마찬가지로 품계를 초월한 절대적인 존재로 품계가 없습니다. 왕의 후궁은 대체로 좋은 가문의 딸로 정식 간택을 거쳐 맞이하는 경우가 많았습니다.

반면 궁녀는 법으로는 천민 중에서 뽑아 쓰도록 했습니다. 궁녀를 천민 중에서 뽑도록 한 것은 양민들의 원성을 살까 두려웠기 때문입니다. 양민들이 궁녀 차출을 면해보려고 갖은 뇌물을 바치기도 하고, 10세 이전에 결혼을 시키는 조혼 풍습이 생겨나는 등 부작용이 있었습니다. 하지만 궁녀는 임금과 왕비의 심부름꾼이자 살림꾼이었기 때문에 함부로 뽑을 수 없었습니다.

결국 조선 시대 내내 법은 지켜지지 않았고 대개 평민이나 중인 출신의 딸을 뽑았습니다. 중인이란 조선 시대의 전문직 관리를 말합니다. 이를테면 통역을 하는 역관, 환자를 치료하는 의관, 수학 관련 업무를 맡은 산관, 법률 업무를 담당한 율관, 그림 업무를 맡은 화관, 글을 베끼는 업무를 담당한 사자관 등이 있습니다. 이 외에 관리 밑에서 보조 업무를 맡은 사람도 중인에 속합니다.

궁녀 중에는 왕의 사랑을 받아 후궁이 되는 사람도 있었습니다. 심지어 왕비까지 오른 궁녀도 있습니다. 그 대표적인 여인이 숙종의 왕비였던 장희빈입니다. 비록 궁녀로 일하지만 왕비까지 오를 수도 있었기에 궁녀의 지위도 만만치 않았습니다.

그럼 먼저 내명부 중 왕족의 일원이자 왕의 신하로서 벼슬을 받은 후궁을 알아보고, 그다음으로 궁궐 생활에 필요한 온갖 잡무를 도맡은 공무원인 궁녀의 일을 살펴보겠습니다.

후궁 제도는 언제 생겼을까

조선 왕조에서 왕이 후궁을 맞아들이는 제도는 태종 대에 처음 만들었습니다. 초기에는 중국 황제의 '일취구녀제一娶九女制'에 준하는 1왕비, 3세부三世婦, 5처五妻 제를 택했습니다. 세부를 '빈', 처를 '잉滕'이라 칭해 3빈 5잉 제도를 도입한 것입니다. 그렇지만 일취구녀제는 황제에 준하는 제도인 터라 중국의 신하국을 자처한 조선은 중국 제후의 신분에 맞는 처첩 제도로 바꿨습니다. 이것이 제후부인 삼궁諸侯婦人三宮의 관례에 따라 마련한 1빈 2잉 제도입니다.

그러나 태종은 물론 조선의 어느 왕도 이 원칙을 지키지 않았습니다. 태종은 중국 황실을 의식해 법적으로는 1빈 2잉을 제도화했으나 그 스스로 이 법을 무너뜨렸습니다.

후궁은 왕비 외에 임금이 거느린 처첩을 통칭한 것으로 대개 종4품에서 정1품 작위를 받은 내명부입니다. 이들 벼슬을 구체적으로 나열하면 종4품 숙원, 정4품 소원, 종3품 숙용, 정3품 소용, 종2품 숙의, 정2품 소의, 종1품 귀인, 정1품 빈입니다(세자도 후궁을 둘 수 있었고 이들에게는 종5품에서 종2품까지의 벼슬을 내렸습니다). 조선 초에는 이런 칭호를 확정하지 못해 후궁을 빈嬪, 비妃, 궁주宮主, 옹주翁主로 불렀습니다.

태조 시절에 후궁은 성비, 정경궁주, 화의옹주 등으로 불렀는데

품계	내명부	세자궁
정1품	빈	
종1품	귀인	
정2품	소의	
종2품	숙의	양제
정3품	소용	
종3품	숙용	양원
정4품	소원	
종4품	숙원	승휘
정5품	상궁 · 상의	
종5품	상복 · 상식	소훈
정6품	상침 · 상공	
종6품	상정 · 상기	수규 · 수칙
정7품	전빈 · 전의 · 전선	
종7품	전설 · 전제 · 전언	장찬 · 장정
정8품	전찬 · 전식 · 전약	
종8품	전등 · 전채 · 전정	장서 · 장봉
정9품	주궁 · 주상 · 주각	
종9품	주변치 · 주치 · 주우 · 주변궁	장장 · 장식 · 장의

내명부의 품계와 작위.

이는 숙원이나 숙의 같은 작호를 마련하지 않았음을 짐작케 합니다. 기록에 따르면 정경궁주는 원래 옹주로 삼았다가 궁주로 승격했다고 하며 이것은 궁주가 옹주보다 한 단계 위였음을 보여줍니다. 성비도 본래 빈이었다가 후에 비로 승격했다는 기록이 있습니다. 이러한 사실로 미뤄볼 때 태조 시절의 후궁은 옹주, 궁주, 빈, 비의 단계로 승격했음을 알 수 있습니다.

정종 대의 후궁으로는 빈 1명, 숙의 5명, 궁주 1명의 칭호가 보입니다. 나머지 2명에게는 칭호가 주어지지 않았습니다. 정종 대에 숙의라는 작호가 처음 등장하지만 아직 체계적이지 못하다는 것을 보여주듯 여전히 궁주라는 칭호를 사용했습니다.

태종의 후궁은 빈 5명, 숙의 1명, 옹주 1명입니다. 빈 작위를 남발한 것으로 보아 태종 시절에도 후궁의 작위 체계가 제대로 갖춰지지 않은 듯하며 옹주 칭호까지 사용했습니다.

후궁 중에서 최하위 작위인 숙원의 칭호가 처음 나타난 것은 세종 때입니다. 예를 들어 세종의 후궁 혜빈 양씨는 숙원 작위를 받았다가 귀인, 빈으로 승격했습니다. 그러나 세종 대에도 종4품 숙원에서 정1품 빈에 이르는 8개 작호가 모두 보이지는 않습니다. 8개 작호가 모두 보이는 시점은 《경국대전》을 완성한 성종 이후입니다. 말하자면 후궁의 작위와 관련된 법은 《경국대전》의 완성과 함께 구체적으로 확정된 셈입니다.

출신에 따른 차이

후궁은 출신에 따라 두 부류으로 나뉩니다. 하나는 귀족 출신으로 정식 혼인 절차를 거쳐 후궁이 된 부류이고, 다른 하나는 출신이 한미하지만 임금의 승은承恩(임금과 합궁하는 것)을 입어 후궁이 된 부류입니다. 후자의 경우는 다시 시비·관비·사비 등의 노비 출신, 관기·창기 같은 기생, 과부 등으로 나뉩니다.

원칙적으로는 후궁도 왕비나 세자빈처럼 가례색嘉禮色을 설치해 금혼령을 내린 뒤 간택을 거치고 빙례聘禮(혼인 예절)를 갖춰 맞아들여야 합니다. 정조의 후궁 원빈과 수빈은 왕비가 자식을 낳지 못한 탓에 자식을 얻고자 정식으로 간택해 후궁으로 삼은 경우입니다. 이들을 제외한 대다수 후궁은 정치적 배려나 개인적인 관계에 따라 정략적으로 결정되었습니다.

여하튼 정식 혼례 절차를 거쳐 후궁이 된 사람은 모두 귀족 출신이었고, 굳이 이름을 붙이자면 이들은 '정식 후궁'이라고 할 수 있습니다. 때로 정식 후궁은 왕비가 되기도 했습니다. 왕비가 사망하면 관례상 새 왕비를 간택해야 했으나 왕의 의지에 따라 후궁이 왕비가 된 경우도 여러 차례 있습니다. 예를 들면 문종의 현덕왕후, 성종의 폐비 윤씨(연산군 생모)와 정현왕후(중종의 모후), 중종의 장경왕후가 여기에 해당합니다.

비록 왕비가 되지는 못했지만 왕의 어머니가 된 정식 후궁도 있습니다. 광해군의 생모 공빈 김씨, 순조의 어머니 수빈 박씨가 그렇습니다. 엄밀히 말하자면 광해군은 폐위되었으므로 수빈 박씨만 이 사례에 속합니다.

왕비에 오르지는 못했어도 왕의 생모인 경우에는 그 나름대로 특별한 대접을 받았습니다. 다른 후궁과 달리 거처가 화려하고 넓었으며 때때로 왕의 문안 인사를 받았지요. 죽은 뒤에는 비록 무덤을 능陵으로 칭하지는 못했으나 세자의 무덤과 동격인 원園의 칭호를 얻었습니다. 여기에다 위패도 특별한 곳에 따로 모셨습니다.

귀족 출신인 정식 후궁 이외의 후궁은 대부분 궁관으로 후궁 중에는 이들의 숫자가 가장 많았습니다. 흔히 궁녀로 불린 궁관은 대개 중인 출신으로 조선 시대에 궐내에 상주한 궁관은 600명 정도였습니다. 이들에게는 종9품부터 정5품까지 벼슬이 주어졌고 보통 상궁과 나인으로 구분했습니다.

후궁과 궁관은 벼슬에만 차이가 있는 것이 아니라 소임도 확연히 달랐습니다. 궁관은 모두 직책에 따라 근무 시간에 각기 고유한 업무를 수행했고 궁관 처소에서 공동생활을 했습니다. 반면 후궁에게는 근무 시간이나 업무가 없었고 거처도 따로 있었습니다. 이 때문에 궁관에게는 후궁이 선망의 대상이었습니다.

궁관이 후궁의 반열에 오르려면 임금의 승은을 입어야 했습니다. 임금의 사랑을 받아 합궁한 궁관은 후궁으로 분류되어 일체의 궁관 업무에서 벗어나고 거처도 별도로 받았습니다. 그러나 임금과 합궁했다고 해서 모두 종4품 이상의 작위를 받은 것은 아닙니다. 원래 나인이 임금과 합궁하면 후궁의 작위를 받지만, 상궁이 임금의 승은을 입은 경우에는 작위를 받지 못하는 것이 관례였습니다.

물론 이 관례가 반드시 지켜진 것은 아닙니다. 임금과 합궁한 나인이 자식을 얻지 못하면 작위를 받지 못하기도 했고, 반대로 상궁이지만 왕의 자식을 낳아 작위를 받은 경우도 있습니다. 그렇다고 왕의 자식을 낳은 상궁이면 누구나 작위를 받았던 것은 아닙니다.

궁관 출신 후궁은 정식 후궁과 달리 왕비가 될 수 없었고 빈 작
위를 받는 경우도 드물었습니다(후궁 제도를 확립하지 못한 조선 초에는
빈 작위를 받는 경우가 많았습니다). 궁관 출신으로 왕비가 된 후궁이 전
혀 없지는 않습니다. 경종의 생모 희빈 장씨는 한때 왕비의 자리에
올랐지요. 비록 나중에 빈으로 강등되긴 했지만 그녀는 궁관 출신
으로 유일하게 왕비에 오른 사례입니다.

노비나 기생 출신의 후궁

후궁 중에는 귀족과 중인 외에 기생이나 노비 출신은 물론 과부도
있었습니다.

기생 출신으로 작위를 받은 여인은 태조의 후궁인 화의옹주 김
씨가 유일합니다. 화의옹주는 원래 김해의 기생으로 이름이 칠점선
이었습니다. 그녀가 태조의 후궁이 된 경위는 기록으로 남아 있지
않지만 아직 법제가 제대로 정비되지 않은 건국 초기의 특수성이
그런 사례를 남기게 했을 가능성이 큽니다.

노비 출신 후궁으로는 태종 대의 효빈 김씨를 비롯해 연산군 대
의 장녹수, 숙종 대의 숙빈 최씨가 있습니다. 효빈은 태종 집안, 장
녹수는 제안대군의 노비였고 숙빈은 궁중에서 물을 길어 나르는
천비인 무수리였습니다.

이들이 후궁이 된 경위는 각기 다릅니다. 태종은 왕이 되기 전

시비侍婢이던 효빈을 첩으로 삼았다가 왕위에 오른 뒤 후궁으로 들였습니다. 장녹수는 원래 예종의 아들 제안대군의 노비였으나 춤과 노래에 능해 연산군의 눈에 든 덕분에 입궐해 후궁이 되었습니다. 그녀는 연산군의 총애를 등에 업고 숙원을 거쳐 소용의 작위를 받아 권세를 누렸으나 연산군의 폐위와 함께 작위를 박탈당하고 참형에 처해졌습니다. 숙빈 최씨는 우연히 숙종의 눈에 들어 아들을 잉태한 덕분에 후궁이 되었는데, 그녀의 아들이 바로 영조입니다.

비록 자세한 기록이 남아 있지는 않지만 이들 외에도 기생이나 천비 출신 후궁이 더 있을 것으로 보입니다. 또한 왕의 아들을 낳고도 후궁의 반열에 오르지 못한 경우도 있습니다. 그 대표적인 사례가 정종의 시비 기매입니다. 그녀는 정종이 영안대군일 때 정종의 아들을 낳았으나 신분이 너무 천해 후궁으로 받아들여지지 않았습니다. 그 뒤 기매는 환관 정사정과 애정 행각을 벌이다가 쫓겨났습니다.

후궁 중에는 과부도 있었습니다. 정종의 후궁 가의궁주 유씨가 그 주인공입니다. 그녀는 원래 반복해라는 인물에게 시집갔다가 반복해가 죽자, 잠저潛邸(왕으로 즉위하기 전에 거주하던 사저나 즉위하기 이전의 신분) 시절의 정종에게 시집을 갔습니다. 그 후 그녀는 장남 불노를 낳았으나 정종은 불노를 아들로 인정하지 않았습니다. 정종은 유씨가 불노를 잉태한 상태로 시집을 왔다고 주장했지요. 하지만 정종이 불노를 아들로 인정하지 않은 진짜 이유는 불노가 정치적 희생양이 될까 두려워서였습니다. 당시 태종 이방원이 왕위에 오르기 위해 눈을 부라리고 있었기 때문입니다.

후궁 문제에서 정종은 특별한 전례를 하나 더 남겼는데 그것은 자매를 후궁으로 받아들인 일입니다. 정종의 후궁 중 성빈 지씨와 숙의 지씨는 친자매 사이입니다. 재미있는 것은 지씨 자매의 언니가 정종의 형 이방우의 처였다는 사실입니다. 정종은 형수의 두 여동생을 첩으로 맞아들인 셈입니다.

정종 대의 기록이 보여주는 과부 결혼과 자매가 한 남자에게 시집을 가는 것은 신라나 고려 시대에 종종 있었던 일입니다. 조선 시대에 이르러 많이 사라지긴 했으나 이는 조선 초기만 해도 그러한 풍습이 성행했음을 보여줍니다.

후궁의 삶과 죽음

특별한 업무가 주어지지 않은 후궁들의 삶은 무료하고 단순할 수밖에 없었습니다. 그들의 임무는 왕을 시중들거나 왕의 자식을 낳는 것에 한정되어 있었기 때문입니다. 숙식과 육아, 교육은 궁인들의 소관이라 이런 일에 따른 부담은 거의 없었습니다. 여기에다 왕실 자손은 12세를 전후로 혼례를 올리고 분가하거나 출가한 까닭에 자식을 오래 옆에 두지도 못했지요.

결국 후궁의 삶은 왕을 기다리는 것이 전부라고 해도 과언이 아니었습니다. 늘 왕만 바라보고 살았기에 왕의 사랑을 차지하기 위한 후궁의 경쟁은 치열할 수밖에 없었습니다. 경쟁이 지나쳐 싸움으로 비화되는 일도 많았고 심지어 궁궐에서 쫓겨나기도 했습니다. 더욱이 싸움 상대가 상전인 왕비나 세자빈일 경우에는 죽음을 각오해야 했지요.

조선 왕실의 역사에서 이런 사건을 찾는 것은 그리 어려운 일이 아닙니다.

문종은 세자 시절 결혼에 두 번이나 실패했는데 따지고 보면 이것은 후궁과 세자빈 사이의 경쟁 때문이었습니다. 가례를 두 번 올려 세자빈을 맞이한 문종은 늘 아내를 마음에 들어 하지 않았습니다. 그 바람에 질투의 화신이 된 첫 번째 세자빈은 남편의 사랑을 차지하기 위해 희한한 술책을 동원하다 도리어 궁중에서 쫓겨났지요. 그 뒤에 맞아들인 두 번째 세자빈도 남편의 사랑을 갈구하다가 궁녀들과 동성애에 빠져 쫓겨났습니다. 결국 문종은 사랑하던 후궁을 세자빈으로 삼았는데 그녀가 바로 단종의 어머니 현덕왕후입니다.

성종도 후궁 문제로 많은 사건을 일으켰습니다. 성종의 왕비는 3명이었고 그중 두 번째와 세 번째 왕비는 모두 후궁 출신입니다. 둘째 왕비 폐비 윤씨(연산군의 어머니)는 후궁 시절 성종의 사랑을 받았으나 왕비가 된 뒤 성종이 다른 후궁을 좋아하자 남편의 얼굴에 손톱자국을 냈습니다. 그 일로 시어머니 인수대비의 노여움을 산 그녀는 폐위되고 그녀와 사랑을 다투던 후궁이 왕비가 되었으니, 그녀가 바로 중종의 어머니 정현왕후입니다.

왕의 사랑을 차지하기 위한 왕비와 후궁 간의 처절한 싸움은 숙종 대의 장희빈과 인현왕후에 이르러 극에 달합니다. 일개 궁녀 출신의 후궁이 오직 왕의 사랑에 의지해 내명부의 목줄을 쥔 왕비를 무너뜨리고 중전의 자리를 꿰찬 경우는 이 사건이 유일합니다. 단순히 사랑싸움 수준을 넘어 왕위계승권을 둘러싼 정쟁이 더해지면 궁궐에는 한바탕 피바람이 몰아쳤습니다. 두 사람의 경우 인현왕후의 복위와 장희빈의 몰락이라는 극적 요소까지 더해져 한 편의 드라마를 방불케 했지요. 이 이야기가 누차 드라마로 방영된 이유가 여기에 있습니다.

중종의 총희였던 경빈 박씨와 그녀의 아들 복성군의 죽음도 흥미로 가득한 이야기의 전형입니다. 비록 서자지만 왕의 장자를 낳은 경빈은 아들을 왕위에 올리기 위해 왕비와 대립하는 것은 물론 정치인들과도 결탁하며 대담하게 행동했지요. 하지만 그녀는 끝내 정적의 암수에 걸려 목숨을 잃고 말았습니다.

이처럼 몇몇 후궁은 왕의 사랑과 자식의 안위를 위해 목숨을 건 권력 투쟁을 벌였으나 대다수 후궁은 조용히 살다가 이름 없이 사라졌습니다. 특히 왕이 죽으면 후궁은 그야말로 적적하고 외로운 삶을 이어가야 했습니다. 원래 궁궐에 들어온 여성은 죄인의 신분으로 쫓겨나거나 죽기 전에는 궁궐 바깥으로 나가 살 수 없었습니다. 원칙적으로 후궁은 궁궐에서 살다가 여생을 마쳐야 했지요.

그러나 아들을 둔 후궁 중 상당수는 노후에 궁궐 밖으로 나가 아들과 함께 살았습니다. 물론 아들을 둔 모든 후궁이 그랬던 것은 아닙니다. 왕의 허락을 받은 후궁들만 밖에 나가 살 수 있었습니다.

아들과 함께 살지 못하는 후궁은 도성 한쪽에 마련한 후궁들의 별궁에서 쓸쓸히 늙어갔습니다. 왕이 죽은 뒤 출가하여 비구니가 되는 후궁도 많았습니다. 후궁들은 도성 내부에 있던 비구니 사찰 정업원으로 출가했는데, 여인들이 정업원으로 출가하는 일은 고려 의종 이전부터 있었습니다. 주로 후궁이나 왕실의 과부들이 출가했지요.

고려 시대에 정업원은 개성에 있었으나 조선 개국 후 한성의 창경궁 서쪽으로 옮겨왔습니다. 그 뒤 유학자들의 혁파론에도 불구하고 조선 중기까지 가까스로 유지되어 오다가 선조 대에 완전히 사라졌습니다. 정업원이 사라진 뒤에도 자식이 없는 후궁들은 출가해서 비구니로 살다가 여생을 마치는 사례가 많았습니다.

왕의 생모가 된 후궁들의 사당, 칠궁

경복궁 북쪽의 서울 종로구 궁정동에는 칠궁七宮이라는 사당이 있습니다. 칠궁은 청와대 영내에 위치한 까닭에 오랫동안 일반인에게 공개되지 않았습니다. 지금은 청와대 관람자들의 마지막 관광 코스로 자리 잡아 일반인도 가볼 수 있으나, 청와대를 늘 개방하는 것이 아니므로 여전히 찾아가기 힘든 곳입니다.

칠궁은 면적 2만 7,150제곱미터(약 8,200평)로 꽤 넓은 공간에 마련된 사당입니다. 이곳에는 왕비는 아니었지만 왕의 생모인 일곱 후궁의 신위가 모셔져 있습니다. 원래 이곳은 영조의 생모 숙빈 최씨의 신위를 모셔놓고 숙빈묘로 불렀는데 이후 육상묘毓祥廟로 바뀌었습니다. 1753년(영조 29년) 육상궁으로 개칭한 이곳은 고종 대인 1882년 불에 타는 바람에 1883년 재건축했습니다. 1908년(순종 1년)에는 다섯 묘궁, 즉 저경궁儲慶宮, 대빈궁大嬪宮, 연우궁延祐宮, 선희궁宣禧宮, 경우궁景祐宮을 옮겨와 육궁이라 불렀습니다. 그러다가 1929년 덕안궁德安宮을 옮겨와 칠궁이라고 부르게 된 것입니다.

저경궁은 추존왕 인조의 아버지 원종(정원군)의 생모 인빈 김씨의 묘궁이고, 대빈궁은 경종의 어머니 희빈 장씨의 묘궁입니다. 연우궁은 추존왕 진종(효장세자)의 생모 정빈 이씨의 묘궁이며 선희궁은 장조(사도세자)의 생모 영빈 이씨의 묘궁입니다. 경우궁은 순조의 생모 수빈 박씨의 묘궁이고 덕안궁은 영친왕의 생모 순헌황귀비 엄씨의 묘궁입니다.

칠궁에는 이처럼 왕을 낳은 일곱 후궁의 묘궁이 있는데 이들 중에서 순조의 생모 수빈 박씨를 제외한 6명은 궁녀 출신입니다. 궁녀 출신으로 최고의 지위에 오른 후궁은 영친왕의 생모이자 고종의 계비인 순헌황귀비 엄씨입니다. 경종의 어머니 희빈 장씨는 한때 왕비의 자리에 올랐습니다. 나머지 4명은 왕비가 되지 못했으나 왕의 생모로서 여타 후궁들과는 다른 대접을 받았습니다.

어쨌든 궁녀로 입궐해 임금의 승은을 입어 아들을 낳은 이들 6명은 아들이 왕위에 오르거나 왕으로 추존되는 영광을 맛보았습니다. 궁녀로서는 그야말로 특별한 삶을 살면서 온갖 부귀영예를 누린 사례지요. 덕분에 죽어서까지도 다른 후궁들과 달리 사당을 만들어 칠궁에 모신 것입니다.

최초의 여성 공무원, 궁녀

궁녀는 무슨 일을 했을까

궁녀란 말 그대로 궁궐 안에서 근무하는 여성들을 말합니다. 궁녀는 궁중여관宮中女官의 별칭으로 궁궐 내에 거주하면서 일정한 직위와 월급을 받는 왕조 시대의 여성 공무원을 가리킵니다.

왕비가 다스리는 내명부에 소속된 궁녀는 내명부의 품계를 받는 상궁과 나인 그리고 품계를 받지 못하는 비자, 방자, 무수리 등으로 나뉩니다. 품계에는 정5품 상궁에서 종9품 나인까지 10단계가 있었습니다. 상궁은 대개 5품과 6품 벼슬을 받고 7품 이하는 나인으로 불렸습니다. 나인은 원래 궁궐 내에 산다는 뜻의 내인內人으로 이를 관습적으로 나인이라 부른 것입니다. 궁궐에 들어온다고 처음부터 나인이 되는 것은 아닙니다. 궁궐에 들어와 15년을 일해야 비로소 나인이 될 수 있었습니다. 나인이 되고 나서 다시 15년이 지나면 상궁이 되었습니다.

나인이 되기 전 궁녀는 아기나인, 견습나인, 각시, 생각시 등으로 불렸습니다. 이때는 견습생 시절로 많은 것을 배워야 합니다.

물론 아기나인 시절에도 임무는 주어졌습니다.

궁녀는 본래 왕과 왕실 사람들의 생활을 돕는 역할을 했습니다. 따라서 궁녀의 임무는 왕실 사람들의 생활과 밀접하게 관련되어 있었습니다. 요즘으로 치면 가사나 육아 도우미 역할을 한 것입니다.

궁녀의 임무에는 지밀, 침방, 수방, 세수간, 생과방, 소주방, 세답방 등이 있었는데 각자 그 이름에 걸맞은 일을 했습니다. 지밀은 '지극히 비밀스러운 일'을 담당한다는 뜻으로 왕과 왕비를 보호하고 보살피는 역할을 말합니다. 왕과 왕비의 모든 생활은 반드시 지밀과 관련되어 있었습니다. 이에 따라 지밀은 내시부의 환관, 내의원의 어의, 소주방의 음식 담당자, 사옹원의 음식 재료 담당자와 의견을 교환해야 했습니다.

이렇듯 지밀은 왕과 왕비를 직접 챙기는 곳이라 모든 궁녀가 근무하기를 원했지요. 지밀궁녀로 일하면서 왕과 자주 만나다 보면 왕의 사랑을 받아 후궁이 될 수도 있었기 때문입니다. 하지만 지밀궁녀가 되려면 우선 인물이 곱고 공부를 잘해야 합니다. 출신 집안도 평민이 아니라 중인 이상이어야 했지요.

침방은 '침과 바늘을 사용하는 방'이라는 뜻으로 왕과 왕비의 옷을 비롯해 궁궐에서 쓰는 모든 옷을 만드는 일을 했습니다. 수방은 옷에 수를 놓거나 장식물을 다는 임무를 맡았습니다. 왕실에서 착용하는 모든 옷에는 수를 놓았는데 그것은 모두 수방궁녀들이 일일이 작업한 것입니다.

세수간은 세숫물과 목욕물을 담당하는 곳입니다. 생과방은 식사

외의 음료나 차, 과자, 과일 등을 준비하는 곳입니다. 말하자면 디저트 담당인 셈이지요. 소주방은 음식을 데우고 차리는 곳으로 티브이 드라마 〈대장금〉에 자주 등장한 장소입니다. 소주방에는 내소주방과 외소주방이 있습니다. 내소주방은 왕의 식사인 수라를 담당하는 곳으로 수라간이라 부르기도 합니다. 외소주방은 각종 잔치나 제사상에 올리는 음식을 담당하는 곳입니다.

세답방은 빨래방으로 이곳에서 일하는 궁녀는 다른 어떤 곳에서 일하는 궁녀보다 심한 노동을 했습니다. 늘 무거운 빨래를 도맡아 빨고 겨울에도 찬물에 손을 담가야 했지요. 그러다 보니 세답방은 궁녀들이 가장 일하기 싫어하는 곳이었습니다.

이 일곱 부서는 왕이 머무는 대전을 비롯해 왕비가 있는 중궁전, 왕대비가 있는 대비전, 세자가 머무는 동궁전에 모두 있었습니다.

궁녀의 조직 체계

궁녀 집단은 규칙이 엄격하고 선후배 관계도 엄해 명령 전달이 잘 이뤄졌습니다. 이들은 일사분란하게 움직였는데 그것은 체계적인 조직에서 비롯된 것입니다.

각 전각별로 기능적 조직을 갖춘 여관女官들은 크게 상궁과 나인으로 나뉘었습니다. 그렇지만 같은 상궁과 나인이라고 모두 똑같은 대접을 받은 것은 아닙니다. 특히 직위가 뚜렷한 상궁은 직위

자체로 서열화하는 경향이 있었습니다. 사실 궁녀 조직의 가장 큰 특징은 품계보다 서열을 중시하는 것입니다. 직위가 있는 상궁은 모두 정5품으로 제조상궁, 부제조상궁, 지밀상궁, 감찰상궁, 보모상궁, 시녀상궁 등으로 불렸습니다. 이들은 보직을 받은 상궁으로 여관 조직의 핵심적인 인물들입니다.

상궁의 가장 우두머리는 제조상궁입니다. 큰방상궁이라고도 불린 제조상궁은 여관 조직의 제조로서 700여 명에 이르는 궁녀를 지휘하고 통솔했습니다. 또한 대전의 어명을 받들고 내전에서 일어나는 모든 대소사를 주관하는 것이 그녀의 임무였습니다.

비록 여관이지만 제조상궁은 여관들의 재상이라 할 정도로 대단한 위엄을 갖추고 있었습니다. 실제로 조정의 재상들조차 허술하게 대했다가는 그만한 대가를 치러야 할 만큼 위풍당당한 존재였지요. 그런 까닭에 일반나인은 그 근처에 함부로 다가갈 수 없었고 조정의 고위 관리도 가급적 친분을 쌓아 잘 지내려고 노력했습니다. 때로는 재상들이 제조상궁과 의남매를 맺을 정도로 그녀의 위세가 대단했다고 합니다.

제조상궁의 바로 아래에는 부제조상궁이 있었습니다. 여관의 서열 2위인 그녀는 아리고阿里庫(아랫고)상궁이라 불리기도 했습니다. 아랫고란 하고下庫, 즉 내전 창고를 의미하는데 이는 그녀가 내전의 창고를 책임졌기 때문입니다. 내전 창고에는 왕의 사유 재산에 속하는 각종 보물과 귀중품을 보관했고 아랫고상궁은 이곳의 물품 출납을 책임졌습니다.

서열 3위는 대명상궁으로도 불린 지밀상궁으로 늘 왕을 그림자처럼 수행하며 어명을 기다리는 임무를 맡았습니다. 감찰상궁은 궁녀들의 행동을 감찰하고 평가하는 임무를 수행했습니다. 감찰 대상은 주로 일반상궁과 나인 및 견습나인이었습니다. 나인들이 잘못을 저지르거나 법도에 어긋난 행동을 했을 때 형벌을 가하는 것도 감찰상궁의 소임이었지요. 감찰상궁이 내리는 형벌에는 작게는 종아리형에서 크게는 유배형까지 있었기에 궁녀들에게는 가장 무서운 존재였습니다.

보모상궁은 왕자녀의 보모 노릇을 하는 상궁입니다. 동궁에는 2명, 나머지 왕자녀에게는 1명의 보모상궁을 배치했습니다. 시녀상궁은 지밀에 속하는 상궁으로 서적이나 문서 관련 업무를 맡았고, 때론 세자나 세자빈을 시위侍衛했습니다. 또한 종실과 외척의 집에 내리는 하사품을 전달하거나 왕비 혹은 왕대비의 친정집에 특사로 가기도 했지요. 흔히 어명을 받고 행차하는 봉명奉命상궁의 역할은 대개 시녀상궁이 맡았습니다.

특별히 보직을 얻지 못한 상궁은 일반상궁이라고 합니다. 각 처소에 배치된 이들은 나인을 통솔하고 보직 상궁의 지시를 받아 업무를 처리했습니다. 보직이 있는 상궁은 5품 벼슬을 받은 고참 상궁이지만, 일반상궁은 그 아래인 6품 벼슬을 받은 상궁입니다. 나인은 이들을 '마마님'이라고 불렀습니다.

이들 외에 임금의 승은을 입은 특별상궁 혹은 승은상궁도 있습니다. 특별상궁이 왕의 아이를 낳으면 보통 후궁의 작위를 받았지만 특별상궁 자체는 보직이 아닙니다. 본래 일반 여관에게는 업무와 직위가 주어졌으나 후궁에게는 특별한 업무가 없었습니다. 특별상궁은 상궁이긴 해도 아무런 업무도 주어지지 않았으므로 후궁으로 보는 게 맞습니다.

이처럼 상궁은 5품과 6품을 받았고 그 아래 나인은 7품, 8품, 9품을 받았습니다. 일반적으로 품계는 나인이 된 순서에 따라 받았으며 품계보다 서열 위주의 위계가 갖춰졌습니다. 간혹 권력을 등에 업고 선배보다 먼저 상궁이 되는 경우도 있었지만 여관들은 그런 상궁을 입상궁이라 부르며 그다지 대우하지 않았습니다.

내명부 품계에 따른 직책 명칭은 크게 상尙, 전典, 주奏로 구분했습니다. 상은 5품과 6품, 전은 7품과 8품 그리고 주는 9품에만 붙습니다. 일반적으로 5품과 6품의 직책에 오른 여관을 상궁이라 통칭했고 그 아래인 7품, 8품, 9품의 직책은 나인이라 불렀습니다. 나인 아래에는 품계를 받지 못한 아기나인이 있었고, 그 밑에는 궁궐의 천비인 비자가 있었습니다.

궁녀는 어떻게 교육을 받았을까

여관 후보생은 궁에 들어온 뒤 어떤 교육 과정을 거쳐 여관으로 성장했을까요?《경국대전》 '내명부' 편에는 이와 관련된 언급이 전혀 없습니다. 실록도 여관의 교육 부분을 따로 언급하지 않았습니다.

이는 여관을 위한 별도의 교육 기관을 설치하지 않았다는 의미입니다.

여관 교육은 특별한 교육 기관이 담당한 것이 아니라 철저히 도제식 교육에 의존했습니다. 여관 후보생인 어린 궁녀들은 입궁과 동시에 상궁에게 배당되어 도제식으로 교육을 받은 것입니다. 그것도 몇 년 정도가 아니라 정식 나인이 될 때까지 무려 15년간 지속적으로 배웠습니다.

여관 후보생은 자신을 맡은 상궁을 스승으로 삼아 간단한 학문과 서예 등을 익힙니다. 스승이 된 상궁은 먼저 《훈민정음》을 가르치고 이어 《소학》, 《열녀전》, 《규범閨範》, 《내훈》 등을 가르칩니다. 여기에다 후보생은 흔히 궁체로 불리는 서예를 익히고 여관으로서 지켜야 할 예절도 배웁니다.

이보다 더 중요한 교육은 후보생이 소속된 부서의 일을 가르치는 것입니다. 일단 어느 부서에 소속되면 여관은 평생 그곳에서 일해야 하는 까닭에 후보생에게 소속 부서의 일은 평생의 과업입니다.

예컨대 후보생이 침방에 소속되면 처음에는 정식 궁녀들의 잔일을 도우며 심부름꾼 노릇을 합니다. 그러다가 어느 순간부터 보조공이 되어 실패를 감고 인두를 건네주고 바늘 쌈지를 챙기는 일을 합니다. 시간이 흐르면서 후보생은 감침질, 박음질, 상침 등의 바느질법을 익히며 더 익숙해지면 옷을 재단하고 만드는 일을 합니다.

만약 소속 부서가 내소주방이면 처음엔 설거지를 돕거나 각종 채소의 이름을 익히고 곡식, 간장, 고추장, 된장 등의 종류도 배웁니다. 이어 채소 다듬기, 그릇 나르기 등의 보조 역할을 시작하고 불을 조절하거나 음식을 버무리는 일, 간을 맞추는 연습을 합니다. 동시에 수라상에 올리는 열두 가지 반찬을 배우며 수저 놓는 법, 밥을 담는 법, 그릇을 놓는 위치 등을 익힙니다. 그 외에 각종 요리를 하면서 그 특징과 맛을 익히고 언제 어떻게 만들어야 하는지 배웁니다.

나머지 부서도 고유 업무에 맞게 후보생들을 철저히 가르칩니다. 궁녀의 업무는 고도의 기술과 경험이 필요한 일이라 1, 2년의 수련으로 끝나지 않았습니다. 후보생 시절이 끝나도 업무에 관한 수련이 계속 이어질 수밖에 없었습니다. 결국 여관 교육은 입궁한 그날부터 병마와 노쇠로 업무를 수행하지 못해 출궁할 때까지 계속된다고 봐야 합니다.

궁녀의 월급

조선 시대 궁녀가 월급을 얼마나 받았는지는 기록으로 남아 있지 않습니다. 그러나 조선이 무너진 뒤인 1925년의 기록은 남아 있습니다. 비록 나라는 망했지만 조선 왕실을 보살피는 궁녀는 남아 있었지요. 그때의 기록을 보면 궁녀의 월급은 이렇습니다.

아기나인은 월급으로 흰쌀 네 말을 받았고 여기에 해마다 명주와 무명 각각 한 필, 솜 열 근을 받았습니다. 물론 이것은 아기나인이 직접 받은 게 아니라 집으로 보냈지요. 월급이 가장 많은 궁녀는 지밀궁녀였고 나머지 궁녀들은 비슷했습니다. 지밀궁녀의 월급은 가장 적게 받은 사람이 50원, 가장 많이 받은 사람이 196원이었습니다. 1920년대에 1원은 지금의 약 5만 원 가치에 해당하므로 지밀궁녀의 월급은 250만 원에서 980만 원 사이였던 것입니다. 입고 먹고 자는 것을 제외하고 순수한 월급만 그 정도였습니다.

지밀궁녀 이외의 궁녀들은 월급이 40원에서 80원 정도였습니다. 요즘의 가치로 환산하면 200만 원에서 400만 원의 월급을 받은 것입니다. 노비인 비자는 18원, 그러니까 90만 원 정도를 받았기 때문에 아주 가난하게 살았습니다.

궁녀의 근무 형태는 어땠을까요? 궁녀는 대개 이틀에 한 번씩 당번을 섰습니다. 말하자면 하루 쉬고 하루 일하는 2교대 근무를 한 셈입니다. 근무 교대는 오후 3시나 4시에 한 번 하고 또 새벽에 한 번 했습니다. 즉, 오후 3시부터 새벽 3시까지 12시간 근무를 한 것입니다. 교대 시간은 계절에 따라 조금씩 바뀌기도 했습니다.

한번 궁녀는 영원한 궁녀일까

궁궐의 살림꾼인 궁녀는 일단 들어가면 늙어서 더 이상 일하지 못할 때까지 나올 수 없었기에 평생 궁궐에 갇혀 고단한 삶을 살았습니다. 물론 궁궐 안에서는 왕과 그 가족 외에는 누구도 죽을 수 없다 하여 죽기 전에는 나왔지요.

숙종의 총애를 받은 궁녀 장희빈은 아들을 낳아 왕비의 직위까지 오릅니다. 그렇지만 나중에 숙종이 왕비를 내쫓은 일을 후회하며 인현왕후를 다시 불러들이자, 한 나라에 두 왕비가 있을 수 없다 하여 장희빈은 다시 한 등급 아래인 '빈'으로 내려갔습니다.

여기에 질투를 낸 장희빈은 궁궐 내에 신당을 차려놓고 인현왕후를 저주하다가 발각되어 사약을 받고 비참한 최후를 맞이했습니다. 흔히 '장희빈'을 이름으로 알고 있지만 희빈禧嬪은 내명부의 정1품 직위인 '빈' 앞에 한 글자 휘호를 붙인 것입니다. 그 호칭을 바르게 부르려면 '희빈 장씨'라고 해야 합니다.

희빈 장씨 못지않게 사극에 자주 오르내리는 여인이 영조의 어머니 숙빈 최씨입니다. 원래 숙빈 최씨는 신분이 낮은 천비로 물 긷는 일을 담당한 무수리였습니다. 무수리 최씨가 어떻게 숙종의 눈에 띄어 승은을 입었는지는 모르겠으나 최하위직인 무수리도 후궁이 될 수 있었으니 궁녀의 신분이 불변하는 것은 아니었다고 할 수 있습니다.

궁궐 밖 명예직, 외명부

내명부와 대비되는 개념으로 외명부가 있었는데, 이는 궁궐 밖에 사는 왕의 친척이나 양반 관리의 아내로서 벼슬을 받은 여성을 가리킵니다. 예를 들면 정경부인正卿夫人, 숙부인淑夫人 같은 호칭이 외

품계	관리의 처	품계	관리의 처
정1품	정경부인	종1품	정경부인
정2품	정부인	종2품	정부인
정3품(상)	숙부인	종3품	숙인
정3품(하)	숙인	종4품	영인
정4품	영인	종5품	공인
정5품	공인	종6품	의인
정6품	의인	종7품	안인
정7품	안인	종8품	단인
정8품	단인	종9품	유인
정9품	유인	정9품	유인

외명부의 품계와 작위.

명부의 벼슬 이름이었습니다.

여기에는 왕비의 어머니, 왕의 유모, 왕의 딸, 세자의 딸, 종친의 아내, 문무 관리의 아내가 모두 속합니다. 외명부는 남편의 관직에 따라 벼슬을 받는 것일 뿐 월급을 받거나 특별히 직무가 있던 것은 아니었습니다. 나라에서 벼슬을 받은 대신 높은 도덕성을 지키고 그에 따라 깍듯하게 대우받는 일종의 명예직이었지요.

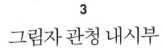

3

그림자 관청 내시부

궁궐의 살림꾼

내시는 여성이 아니면서 궁녀처럼 궁궐의 생활을 도운 사람들입니다. 이들이 소속된 부서가 내시부內侍府인데 궐내각사는 아니어도 궁궐 안에 내시부를 대표하는 내반원이 있었으므로 궐내각사와 함께 다루도록 하겠습니다.

　내시부는 왕궁 안에서 국왕을 비롯해 왕비, 왕대비, 세자 등의 시중을 드는 관청을 말합니다. 이들은 주로 음식물 감독, 명령 전달, 궁궐 문을 지키는 일, 청소 등 궐내의 잡무를 담당했고 관직은 모두 체아직이었습니다.

　내시란 본래 궁궐 안에서 일을 보는 신하란 뜻인데 보통 생식 능력(아이를 낳을 수 있는 능력)이 없는 고자(생식기를 잘라낸 사람)로 구성된 까닭에 지금도 고자를 내시라고 부르고 있습니다. 고자이면서 관리가 된 자들을 환관 혹은 환시라고 부르기도 합니다.

조선 시대의 모든 내시는 환관이었습니다. 반면 고려 시대 이전에는 그렇지 않았지요. 고려 시대에 내시부 관리는 환관이 아닌 일반 신하가 맡았습니다. 물론 그중 몇 명은 환관이었습니다. 그러다가 원나라가 조선을 지배한 뒤 환관이 대폭 늘어났고 고려 말기에는 내시부 관원이 거의 환관으로 채워졌습니다. 그것이 이어지면서 조선 건국 이후에는 오로지 환관만 내시부에서 근무했습니다.

조선 시대 내시부의 최고위직은 종2품 벼슬인 상선尙膳입니다. 종2품은 지금의 차관에 해당하는 벼슬입니다. 환관은 이렇게 높은 직위까지 오를 수 있었지만 직접 정치에 참여하는 것은 엄격하게 금지되었습니다. 고려 시대에 권력을 쥔 환관들이 조정을 뒤흔든 탓에 조선은 철저하게 내시의 세력을 규제한 것입니다. 연산군 때 내시 김처선이 왕의 패륜 행각을 말리다가 미움을 받아 죽은 예는 있어도 내시가 정치적 영향을 끼친 일은 거의 없었습니다.

비록 내시의 일은 궐내의 잡무에 해당하는 것이었지만 내시는 끊임없이 교육을 받고 시험을 치러야 했습니다.《논어》,《맹자》,《중용》,《대학》의 사서를 비롯해《소학》,《삼강행실도》 등의 교재로 교육을 받고 매달 시험을 치른 것입니다. 평가는 제일 잘한 사람부터 통通, 약통略通, 조통粗通, 불통不通의 점수를 받았는데 불통인 사람은 재시험을 봐야 했습니다.

이처럼 철저하게 교육을 시킨 이유는 왕과 왕비의 명령을 전달하는 자로서 기본적인 지식과 교양을 갖추도록 하기 위해서였습니다. 다른 한편으로는 끊임없이 공부하고 시험을 치르게 함으로써 그들을 손쉽게 통제할 수 있었기 때문입니다. 이곳 관리는 모두 140명이었고 1년에 네 차례의 시험 성적과 근무 일수를 따져 근무 평가를 했습니다.

이들 내시가 모두 궁궐에서 근무한 것은 아닙니다. 내시부는 궁궐 안에 있지 않았습니다. 내시부는 궁궐 내부가 아니라 경복궁과 가장 가까운 동네인 지금의 청와대 옆 효자동 쪽에 있었습니다.

환관의 조직 체계

우리는 《경국대전》에서 조선의 환관 제도가 어떠했는지 그 모습을 찾아볼 수 있습니다. 《경국대전》은 내시부의 임무와 구성을 이렇게 요약하고 있습니다.

내시부는 왕궁에서 음식물 감독, 명령 전달, 궁문 수직, 청소 등에 관한 직무를 맡는다. 인원은 모두 140명이며 1년에 네 차례 정기적으로 임무를 조정하고 인사를 단행한다.

내시부 관원은 4품 이하는 문무 관리의 출근일수 규정에 따라 품계를 올려주고, 3품 이상은 임금의 특별한 지시가 있어야 올려준다.

환관에게 주어지는 벼슬은 종9품에서 종2품까지였습니다. 우선

종2품 상선 2명, 정3품 상온 1명과 상다 1명, 종3품 상약 2명이 있었습니다. 정4품 상전 2명, 종4품 상책 3명, 정5품 상호 4명, 종5품 상탕은 4명입니다. 정6품 상세 4명, 종6품 상촉 4명, 정7품 상훤 4명, 종7품 상설은 6명입니다. 정8품 상제 6명, 종8품 상문 5명, 정9품 상경 6명, 종9품 상원은 5명입니다.

결국 벼슬을 얻는 환관은 모두 59명입니다. 때에 따라 환관에게 정2품 벼슬을 내리기도 했고 각 품의 관원 숫자도 적거나 많았기 때문에 60명 정도의 환관이 관직을 얻었다고 봐야 합니다. 이 60명을 제외한 나머지 환관은 벼슬이 없는 예비 관원입니다. 예비 관원은 약 80명으로 이들은 관직 자리가 날 때까지 대기해야 합니다. 대기하는 동안 이들은 관원들의 업무를 보조하고 공부를 했습니다.

조선 환관 제도의 우수성

내시부 관원에게 주어진 소임은 구체적으로 어떤 것일까요? 우선 내시부의 우두머리인 상선은 임금의 수라를 책임졌는데, 상선이 2명인 까닭은 업무를 분담해 서로 돌아가면서 당번을 서기 위함입니다. 상선 중 1명은 본연의 임무에 충실해 왕, 중전, 대비의 수라를 챙깁니다. 이때 나머지 1명은 내시부사의 임무를 수행합니다. 내시부사란 내시부 전체를 관할하고 통솔하는 내시부의 수장을 말합니다.

정3품 상온과 상다는 궁궐에서 쓰이는 술과 차를 맡은 관원이고, 종3품 상약은 내의원의 일과 연계해 약을 담당했습니다. 정4품 상전은 임금의 명령을 승정원에 전달하는 역할을 맡은 직책인데, 흔히 대전승전색이라고 합니다. 대전환관이라 불리는 환관이 바로 이들입니다.

종4품 상책은 3명인데 1명은 매를 기르는 응방을 관리하고 나머지 2명은 대전섭리라고 해서 왕에게 필요한 문서나 책 등을 찾아오는 역할을 했습니다. 주방과 연회장도 이들이 관리하기 때문에 소주방 상궁은 모두 대전섭리의 지시를 따랐습니다. 왕비의 명령을 전달하는 중궁전의 승전색 역할도 이들이 했지요.

정5품 상호는 4명으로 그 소임이 각각 다릅니다. 1명은 대전의 응방이나 궁방(활궁)을 맡았고 나머지에게는 왕비전 주방 담당, 문소전文昭殿섭리, 세자궁 장번내시의 임무가 주어졌습니다. 문소전은 태조와 신의왕후의 신전이고, 장번내시는 항상 궁궐에 머무는 일종의 붙박이 내시를 말합니다.

종5품 상탕은 4명인데 대전의 창고를 관리하는 상고 1명, 등촉방 다인 1명, 감농 1명, 세자궁섭리 1명입니다. 정6품 상세 4명은 각각 대전에서 쓰는 그릇을 관리하는 대전장기, 화약방이나 왕비전 등촉방의 끼니를 담당하는 진지, 세자궁 주방 담당자, 빈궁의 섭리를 맡았습니다. 종6품 상촉 4명은 대전·왕비전의 문을 지키는 문차비門差備, 세자궁의 등촉방과 왕비전의 주연 같은 잡일을 주관하는 장무로 구분했습니다.

그 외에 정7품 상훤은 세자궁 문차비나 각 궁의 섭리 및 문차비를 맡았고, 종7품 상설은 궁궐 내의 각종 건축물 보수와 증축을 담당했습니다. 정8품 상제, 종8품 상문, 정9품 상경, 종9품 상원은 궁궐 내의 공원을 관리하거나 문차비의 명령을 받아 문을 지키는 등 잡다한 일과 노비들을 부리는 일을 맡았습니다.

이들 내시부 규찰은 승정원이 맡았는데 이는 내시들의 폐해를 막기 위한 조치였습니다. 원래 내시부의 벼슬은 4품을 넘지 않는 것이 원칙이었으나 왕의 명령이 있을 때는 3품 이상의 벼슬을 내리기도 했습니다.

고려 시대에 내시부 판사는 정2품직이었지만 조선의 내시부 상선은 종2품으로 낮춰졌습니다. 그러나 고려 시대의 내시부 판사는 환관이 아닌 문관이었고 조선의 내시부 상선은 환관이었습니다. 고려는 환관에게 7품 이상의 관직을 제수하지 않았고 고려 말엽에는 아예 벼슬을 내리지 않았으나 조선은 내시부를 모두 환관으로 채우고 정식으로 벼슬을 내린 것도 차이점입니다. 결국 외형적으로는 조선이 내시부의 기능을 고려보다 축소한 것처럼 보이지만 실은 환관의 벼슬이 크게 오른 셈입니다.

조선은 환관의 벼슬을 높여주는 대신 역할을 궁궐의 잡일로 한정했습니다. 이는 고려가 환관에게 낮은 벼슬을 내리고 정사와 관련된 업무를 맡긴 것과 대조적입니다. 결과적으로 조선은 환관의 삶을 안정화하는 동시에 환관의 폐해를 막는 두 가지 효과를 얻었습니다. 덕분에 조선에서는 중국 역사의 골칫거리였던 환관의 권력 남용과 월권이 거의 없었고, 고려 의종 때와 원나라 복속기에 나타난 환관의 정치도 없었습니다. 이는 조선의 환관 정책이 중국이나 고려에 비해 탁월했음을 말해줍니다.

궁궐 안 내시들의 관청, 내반원

궁궐 바깥에 있었던 내시부와 달리 궁궐 안에도 내시들의 관청이 있었는데 그것은 바로 내반원입니다. 내반원은 내시부에서 궁궐에 파견한 내시들이 머무는 사무실이자 숙소였지요. 그곳에서 근무하는 내시들은 대부분 장번내시였습니다.

내시들은 당번을 짜서 돌아가며 장번내시로 일했는데 당번이 되면 궁궐에 들어와 근무를 했습니다. 궁궐에서 근무하지 않는 내시는 내시부에서 일했지요. 근무가 없는 날에는 내시들도 다른 관리와 마찬가지로 집으로 돌아갔습니다.

장번내시에게 따로 가정이 없었던 것은 아닙니다. 모든 내시는 가정을 꾸렸고 아내와 자식도 있었습니다. 따라서 장번내시가 늘 궁궐에만 있었던 것은 아닙니다. 이들도 근무가 끝나면 집으로 돌아갔습니다. 다만 일반내시처럼 매일 돌아가는 것이 아니라 일정 기간 동안 궁궐에서 근무한 뒤 집에 가서 며칠 쉬고, 다시 일정 기간 근무하고 며칠 쉬는 것을 반복했습니다.

장번내시를 맡은 사람은 20명 정도였고 이들은 왕과 왕비, 세자, 왕대비 등의 명령을 전달하거나 심부름을 하는 역할을 맡았습니다.

장번내시에게 내려진 벼슬에는 장기, 장무, 승언색, 승전색이 있었습니다. 장기는 문서나 기록을 담당하는 업무를 맡았고, 장무는 궁궐 안에서 오가는 일반적인 서류를 챙겼습니다. 그리고 승언색은 세자의 비서, 승전색은 왕이나 왕비의 비서 역할을 했습니다.

이들 중에서 직위가 가장 높고 권력이 센 벼슬은 승전색입니다. 늘 가까이에서 왕을 모신 이들은 웬만한 정승도 함부로 하지 못할 만큼 막강한 권력을 누렸습니다. 승전색이 욕심이 많고 못된 사람이면 자칫 궁궐이 어지러워질 수도 있었지요. 실제로 연산군의 승전색이던 김자원은 정승보다 더 강한 권력을 휘둘렀다고 합니다.

다른 나라에도 환관이 있었을까

환관은 중국이나 우리나라에만 있던 존재가 아닙니다. 물론 역사적으로 환관이 가장 많았던 나라는 중국입니다. 중국 명나라 때는 환관이 10만 명을 넘었고 환관이 되기 위해 고자 마을을 이루고 산 사람들도 30만 명이 넘었다고 합니다. 환관은 유럽에도 있었습니다. 대표적으로 로마제국을 비롯해 그리스, 프랑스, 이탈리아에 환관이 있었지요. 더 나아가 아프리카와 이집트에도 환관이 있었습니다. 아시아에서는 우리나라와 중국 외에 터키, 인도에 있었지요.

흥미롭게도 일본에는 환관이 없었습니다. 일본에는 거세하는 궁형이 없었고 환관 제도도 없었습니다.

환관 제도는 언제 생겼을까

한반도에 언제부터 환관이 존재했을까요? 우리나라 역사에서 환관
에 대한 최초의 기록은 《삼국사기》 '신라본기'에 나옵니다. 흥덕왕
이 즉위한 해인 826년의 기록이 그것입니다.

> 흥덕왕 원년 12월 왕비 장화부인이 죽자 정목왕후로 추봉하였다. 왕
> 이 왕비를 잊지 못해 슬픔에 싸여 침울하게 지냈으므로 여러 신하들
> 이 글을 올려 새로운 왕비를 맞이할 것을 청했다. 이에 왕이 말하였다.
> "외짝 새도 제짝을 잃은 슬픔에 젖거늘 하물며 훌륭한 배필을 잃었는
> 데, 어떻게 무정하게도 금세 다시 장가를 든다는 말인가?"
> 그렇게 말하고는 끝내 따르지 않았다. 시녀들까지 가까이하지 않았고
> 좌우의 심부름꾼은 오직 환수宦竪뿐이었다.

기록의 마지막 문장에 나오는 '환수'가 바로 환관입니다. 이는
신라 시대에도 환관이 존재했음을 보여줍니다. 그러나 불행하게도
《삼국사기》에서 환관의 존재를 확인할 수 있는 기록은 이것뿐입니
다. 환관 외에 내관이나 내시에 관한 기록은 몇 군데 보이지만, 이
는 왕의 비서 기관이지 환관 기관은 아니었습니다. 고구려, 백제, 신
라 중 환관의 존재를 확인할 수 있는 국가는 신라뿐이며 그나마도
흥덕왕 때의 기록이 유일한 셈입니다.

우리나라 역사에서 내관을 환관으로만 구성한 시기는 조선 시대

부터이고, 고려 시대의 환관은 내시부의 일부로 존재했습니다. 여기서 유추해보건대 신라 시대 환관도 내시부의 일부로 존재했을 가능성이 크고 그것도 극소수에 불과했을 것입니다.

설령 극소수일지라도 신라에 환관이 있었던 것만은 분명한데, 신라는 언제부터 궁중에 환관을 두었을까요? 환관 제도는 중국에서 처음 등장한 것으로 신라가 중국의 제도를 도입할 때 함께 묻어왔을 것으로 보입니다.

신라가 중국의 관제를 본격적으로 받아들인 것은 35대 경덕왕 때였습니다. 경덕왕은 당나라 제도를 모방해 관직명을 모두 중국식으로 바꿨고 당나라와 두터운 친분을 쌓기 위해 해마다 조공 사절을 보냈습니다. 심지어 당 현종이 촉 지방을 순방할 때 그곳 행재소까지 조공 사신을 보내 인사하기도 했지요. 그 일에 감탄한 현종은 직접 5언10운 시를 써서 경덕왕에게 보냈습니다.

당시 당나라는 환관의 권력이 하늘을 찌를 듯 대단했습니다. 현종 시절에는 고력사라는 환관이 재상 못지않은 권력을 누렸고, 현종에 이어 황제에 오른 숙종 대에는 환관 이보국이 황권을 장악해 조정을 혼란에 빠뜨렸습니다. 이때 조공국에 보내는 사신 일행에 환관도 끼어 있었고 신라는 그런 당나라와 친밀해지기 위해 궁중에 환관을 들인 것으로 보입니다.

비록 신라에 환관이 있었으나 그들이 당나라처럼 권세를 누리지는 못했습니다. 《고려사》 '환자宦者' 편에는 고려 중기까지 환관이 된 자들은 "어렸을 때 개에게 물린 자들"이라는 기록이 나옵니다. 이는 고려에 거세하는 형벌인 궁형이 없었고 국가에서 의도적으로 환관을 만들지 않았다는 뜻입니다. 고려의 제도가 신라의 제도를 이었다는 점을 감안할 때, 신라의 환관도 고려의 환관처럼 어떤 사고로 생식기를 잃은 자들이 환관이 되었을 것입니다.

신라 흥덕왕 이후 우리나라 역사서에 환관에 관한 기록이 등장한 것은 고려 11대 왕 문종 때입니다. 《고려사》의 '문종세가'에 이제현이 부기한 찬贊은 문종의 검소한 생활을 예찬하며 그 예로 "환관과 급사를 10여 명밖에 두지 않았다"는 사실을 들고 있습니다. 고려 후기의 대학자 이제현의 이런 예찬으로 보아 문종 이전의 왕들은 문종보다 환관을 더 많이 두었을 가능성이 큽니다. 또한 이것은 고려 초부터 문종 이전까지 약 100년의 기간에도 환관이 있었다는 것을 알려줍니다.

고려 초에도 환관이 존재했다는 것은 신라 경덕왕 대에 도입한 환관 제도가 비록 미미하나마 그 형태가 사라지지 않고 고려 시대까지 유지되었음을 의미합니다.

연산군에게 직언하다 살해당한 김처선

궁궐에서 임금을 그림자처럼 보필한 환관이 역사에 이름을 남기기는 쉽지 않은 일입니다. 중국의 후한 시대를 뒤흔든 십상시나 원나라 세력을 등에 업고 왕 못지않은 권력을 휘두른 고려 시대의 몇몇 환관은 오로지 나쁜 인상으로만 역사에 이름을 남겼을 뿐입니다.

조선 시대 들어 환관이 왕실을 보필하는 본연의 임무에 충실하면서 충신 반열에 든 인물들이 나왔습니다. 대표적으로 세종과 문종의 뜻을 받들어 단종을 끝까지 지키려다 세조에게 희생당한 환관 엄자치가 있습니다. 또 폭군이던 연산군의 잘못된 정치를 꾸짖다가 잔혹하게 살해당한 김처선도 있지요.

김처선은 단종부터 연산군까지 50여 년 동안 환관으로 일한 인물입니다. 단종, 세조를 거쳐 예종과 성종을 모신 김처선은 성종의 두터운 신임을 받아 정2품 자헌대부까지 올랐습니다. 본래 환관은 종2품까지만 벼슬을 받을 수 있었으나 성종은 그에게 특별히 판서와 같은 급인 자헌대부의 벼슬을 내린 것입니다.

성종의 뒤를 이어 왕위에 오른 연산군을 모시게 된 김처선의 앞날은 순탄치 않았습니다. 부정한 일을 그냥 지나치지 못하는 깐깐한 성격의 김처선은 연산군이 흥청거리며 여색에만 정신을 쏟자 정사를 돌볼 것을 간언했습니다. 연산군은 그런 김처선을 못마땅하게 여겨 가급적 멀리했습니다.

그러던 중 연산군이 무오사화와 갑자사화를 일으켜 궁궐에 피바람이 불자 김처선은 죽기를 각오하고 직언했습니다. 그때 분을 참지 못한 연산군은 그에게 곤장 100대를 때리고 궁 밖으로 내쫓았습니다. 하지만 연산군의 폭정이 계속되자 김처선은 다시 한 번 연산군을 찾아가 말했습니다.

"동서고금을 통해 상감 같은 짓을 한 임금은 없었습니다."

그 즉시 연산군의 화살이 김처선의 갈빗대를 파고들었습니다.

"늙은 내시가 어찌 죽음을 두려워하겠습니까? 죽이십시오. 다만 상감께서는 오래도록 임금 노릇을 못 하실 것입니다."

연산군은 미친 듯이 활을 쏘아댔고 그것도 모자라 칼을 들어 김처선의 팔과 다리를 잘랐습니다. 김처선은 죽을 때까지 말을 멈추지 않았다고 합니다.

그러고도 분이 풀리지 않은 연산군은 김처선과 이름이 같은 자는 모두 이름을 고치도록 했고, 김처선의 처處 자를 쓰지 못하게 했습니다. 심지어 24절기 중 하나인 '처서'를 '조서'로 고쳤으며 어떤 이는 과거 시험에서 '처' 자를 썼다가 낙방했다고 합니다. 그 뒤 연산군은 김처선의 예언대로 왕위에서 쫓겨났고 영조 대에 이르러 김처선의 충절을 기리는 정문이 세워졌습니다.

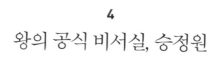

4

왕의 공식 비서실, 승정원

조선의 엘리트 비서

왕의 생활을 돕는 기관이 내명부와 내시부이고 왕의 정치를 돕는
비서 역할을 한 기관은 승정원承政院입니다. 승정원은 왕의 비서실
인 까닭에 궁궐 안에 있었고 구성원들도 왕이 가장 믿고 의지하는
인물로 배치했습니다.

조선 초에 승정원은 군사 기밀과 왕명을 출납하는 중추원中樞院
에 속했습니다. 이는 고려의 제도를 그대로 이은 것으로 고려는 중
추원에 좌승선과 우승선을 두고 그 밑에 부관들을 거느리게 했습니
다. 또 한림원翰林院에 학사와 승지가 있었으며 승지방承旨房이라는
것도 있었습니다. 승지방은 나중에 인신사印信司로 개칭했습니다.

조선은 개국 후 중추원에 도승지와 좌·우승지, 부승지를 두었는
데 정종 때인 1400년 승정원을 독립시켰습니다. 이것은 당시 세자

로 있던 태종이 주도한 일로 왕권을 강화하기 위한 조치였습니다. 1401년에는 의흥삼군부義興三軍府와 승정원을 합쳐 승추부承樞府를 만들었고, 이 승추부는 1405년 병조에 흡수되었습니다. 이때 승정원은 다시 독립해 조선 시대 말까지 그 이름으로 불렸습니다.

승정원은 왕명을 내보내고 상소문을 올리는 등의 일을 하던 관청으로 지금으로 치면 대통령 비서실 같은 곳입니다. 따라서 왕권의 강약에 따라 그 영향력이 달라졌습니다. 태종, 세종, 세조 때는 승정원의 정치적 영향력이 상당히 컸습니다. 당시 유명한 도승지로는 무려 24년 동안 정승을 지내 아예 '황희 정승'으로 불리는 황희가 있었고, 태종과 세종 때의 청백리로 소문난 맹사성도 승정원을 거쳤습니다.

승정원의 업무와 직책

승정원에는 도승지, 좌승지, 우승지, 좌부승지, 우부승지, 동부승지의 여섯 승지가 있었으며 이들은 모두 정3품 당상관이었습니다. 당상관이란 조정회의에서 당상堂上(임금이 있는 대청마루)에 앉을 수 있는 관원이라는 뜻입니다. 조선은 같은 정3품 관리도 당상관과 당하관으로 나누었는데 이 둘은 차림새나 대우에서 차이가 있었습니다.

당상관은 망건에 옥관자를 붙이고 '영감' 존칭을 받은 반면 당하관은 까막관자를 붙이고 '나으리' 칭호를 들었습니다. 관자는 망건의 귀 부근에 달려 줄을 걸어 넘기는 구실을 하는 작고 동그란 모양의 돌입니다. 정3품 당상관의 품계는 76쪽에 있는 표에 따로 정리해놓았으니 살펴보기 바랍니다.

승정원은 승지 외에 정7품 주서 2명과 서리 28명으로 구성된 꽤 큰 규모의 비서실이었습니다. 주서는 승정원의 기록《승정원일기》를 쓰는 일을 맡았는데 이는 매우 중요한 직책이었습니다.《승정원일기》를 바탕으로 실록을 편찬했기 때문입니다. 승정원의 주서는 춘추관 기사관을 겸하고 사초 기록이나 실록 편찬에도 참여한 까닭에 집안이 좋고 유능한 인물로 배치했습니다.

승정원의 여섯 승지는 각자 육조의 업무를 분담해서 맡았습니다. 도승지는 이조, 좌승지는 호조, 우승지는 예조, 좌부승지는 병조, 우부승지는 형조, 동부승지는 공조를 맡았으나 때론 능력에 따라 업무를 변경했습니다.

승지의 품계는 정3품이었지만 종2품을 지낸 관리가 승지가 되는 경우도 많았습니다. 지금도 장관을 지낸 사람이 대통령 수석비서관에 임명되기도 합니다.

왕명을 받들고 내보내는 과정에서 왕은 승지에게 의견을 묻기도 했는데, 그때마다 승지는 자신의 견해를 내놓았습니다. 특히 중요한 일이 있을 때 승지는 임금에게 직접 자신의 의견을 말하거나 여러 신하의 의견을 아뢰는 조언자 역할을 했지요.

승지는 이 같은 고유 업무 외에 다른 기관의 직책을 겸하기도 했습니다. 일반적으로 왕에게 경서를 강의하는 경연 참찬관, 역사

품계		품계의 명칭	해당 관직
정1품	문관	대광보국숭록대부(상), 보국숭록대부(하)	영의정, 좌의정, 우의정, 영사, 감사, 세자사, 세자부, 호위대장, 도제조
	무관	대광보국숭록대부(상), 보국숭록대부(하)	
종1품	문관	숭록대부, 숭정대부	좌찬성, 우찬성, 판사, 세자이사, 세손사, 세손부
	무관	숭록대부, 숭정대부	
정2품	문관	정헌대부, 자헌대부	좌참찬, 우참찬, 지사, 판서, 판윤, 대제학, 세자좌빈객, 세자우빈객, 도총관, 제조
	무관	정헌대부, 자헌대부	
종2품	문관	가정대부, 가선대부	동지사, 참판, 좌윤, 우윤, 대사헌, 제조, 제학, 규장각제학, 부총관, 세자좌부빈객, 세자우부빈객, 훈련대장, 금위대장, 어영대장, 수어사, 총융사, 유수, 좌·우포도대장, 관찰사, 부윤, 병마절도사, 통어사, 통제사, 군문중군, 금군별장, 방어사
	무관	가정대부, 가선대부	
정3품	문관	통정대부, 통훈대부	당상관 | 도정, 부위, 참의, 참지, 도승지, 좌·우승지, 좌부승지, 우부승지, 동부승지, 판결사, 대사간, 참찬관, 부제학, 규장각직제학, 대사성, 수찬관찬선, 보덕, 첨지, 오위장, 위장, 선전관, 군문별장, 겸사복장, 호위별장, 수군절도사, 병마절도사
	무관	절충장군, 어모장군	당하관 | 첨위, 정, 직제학, 편수관, 좌·우유선, 판교, 좌·우통례, 찬선, 상호군, 목사, 대도호부사
종3품	문관	중직대부, 중훈대부	첨위, 부정, 집의, 사간, 전한, 사성, 참교, 상례, 편수관, 대호군, 부사, 병마첨절제사, 수군첨절제사, 병마우후
	무관	건공장군, 보공장군	
정4품	문관	봉정대부, 봉렬대부	사인, 장령, 시강관, 응교, 사예, 사업, 봉례, 서윤, 제검, 진선, 필선, 도선, 수, 전첨, 호군, 수군우후
	무관	진위장군, 소위장군	
종4품	문관	조산대부, 조봉대부	경력, 첨정, 서윤, 부응교, 교감, 제검, 편수관, 좌·우익선, 부호군, 군문파총, 군수, 동첨절제사, 병마만호, 수군만호
	무관	정략장군, 선략장군	

품계		품계의 명칭	해당 관직
정5품	문관	통덕랑, 통선랑	검상, 정랑, 지평, 사의, 헌납, 시독관, 교리, 직장, 기주관, 전부, 찬의, 별좌, 문학, 사직, 익위, 전훈, 전수
	무관	과의교위, 충의장군	
종5품	문관	봉직랑, 봉훈랑	부교리, 승문원교리, 교서관교리, 사어, 별좌, 판관, 영, 기주관, 좌·우권독, 부사직, 현령
	무관	현신교위, 창신교위	
정6품	문관	승의랑, 승훈랑	좌랑, 감찰, 사평, 정언, 검토관, 수찬, 전적, 기사관, 교검, 별제, 사서, 익찬, 사회, 사과, 종사관, 평사
	무관	돈용교위, 진용교위	
종6품	문관	선교랑, 선무랑	주부, 부수찬, 기사관, 규장각직각, 좌·우찬독, 인의, 교수, 겸교수, 위수, 장사, 의금부도사, 오부도사, 별제, 종사관, 부장, 수문장, 부사과, 현감, 찰방, 감목, 병마절제도위
	무관	여절교위, 승절교위	
정7품	문관	무공랑	참군, 주서, 가주서, 사경, 박사, 봉교, 기사관, 설서, 자의, 부수, 사정, 수문장
	무관	적순부위	
종7품	문관	계공랑	직장, 기사관, 종사, 전회, 부사정, 수문장
	무관	분순부위	
정8품	문관	통사랑	사록, 설경, 저작, 대교, 학정, 부직장, 부검, 좌·우시직, 사맹, 수문장
	무관	숭의부위	
종8품	문관	승사랑	봉사, 전곡, 별검, 기사관, 부사용, 수문장
	무관	수의부위	
정9품	문관	종사랑	전경, 정자, 기사관, 검열, 학록, 규장각대교, 부봉사, 세마, 훈도, 사용
	무관	효력부위	
종9품	문관	장사랑	참봉, 탁유, 부정자, 의금부도사, 겸인의, 가인의, 감역, 가감역, 대군사부, 왕자사부, 왕손사부, 왕손교부, 교관, 분교관, 수봉관, 수위관, 부사용, 군문초관, 심약, 검율, 역승, 소모별장
	무관	전력부위	

양반의 품계와 관직.

기록을 맡은 춘추관 수찬관을 겸했습니다. 도승지는 임금의 경연과 서적을 관리하는 홍문관 직제학이나 옥새, 병부 등을 맡아본 상서 원정을 겸했습니다. 그 밖에 승지는 내의원, 상의원, 사옹원의 부제 조를 겸하기도 했습니다. 형조를 맡은 승지는 죄수를 관리하는 전 옥서 제조를 겸했지요.

이처럼 승지가 여러 업무를 겸직한 것은 왕을 제대로 보필하는 데 다양한 정보가 필요하기도 했고, 원활한 왕명 출납에도 도움이 되었기 때문입니다. 승지는 겸직으로 얻은 여러 정보로 궁궐 내부의 사정을 소상히 파악한 덕분에 보다 정확한 정보와 의견을 왕에게 전달할 수 있었습니다.

하지만 그만큼 업무량이 많아 승지는 오랫동안 지속하기 어려웠습니다. 그렇게 고생스러운 직책이다 보니 그 보답으로 승지를 그만두면 종2품 벼슬 이상을 보장받았습니다.

세계적인 문화유산 《승정원일기》

승정원에서는 왕명 출납과 관리 임명, 상벌, 병무 행정, 대외적 외교 등 일반적인 국정의 광범위한 사항을 《승정원일기》에 기록했습니다. 이것은 매일의 기록이라는 점에서 그 어떤 자료보다 귀중한 사료입니다. 이는 후에 실록 편찬에 없어서는 안 될 중요한 자료로 쓰였지요.

《승정원일기》를 기록하는 것은 승정원의 정7품 주서 2명의 임무였습니다. 지금도 청와대 정무팀에 '국정기록' 담당자가 있는데, 이들이 만약 '청와대 비서실 일지'를 쓰고 있다면 이것은 훗날 대한민국 실록에서 중요한 사료로 쓰일 것입니다.

현재 남아 있는《승정원일기》는 그 양이《조선왕조실록》의 약 네 배에 달합니다.《조선왕조실록》번역본이 500쪽 책으로 430권에 달하니《승정원일기》를 번역한다면 족히 1,700권은 나올 겁니다. 안타깝게도 아직은 한글로 번역이 완료되지 않았습니다.

그렇지만《승정원일기》가 남아 있다는 사실만으로도 우리에게는 가슴 벅찬 일입니다. 전 세계 어디에서도《승정원일기》처럼 방대한 비서실 기록을 찾아보기 어렵습니다. 현재《승정원일기》는《조선왕조실록》과 함께 유네스코의 세계기록유산에 등재되어 있습니다.

출세의 요직

조선 역사에서 국가에 많이 공헌했거나 정승을 지낸 사람 중에는 승지 출신이 많습니다. 예를 들면 세종 시대의 명재상 황희와 맹사성, 6진을 개척한 김종서, 뛰어난 정치가이자 학자인 율곡 이이, 조선 중기의 명재상 오리梧里 이원익, 선조 대의 명재상 서애 유성룡 등 많은 인물이 승정원을 거쳐 유명한 정치가가 되었습니다. 실제로 승정원은 최고의 인재가 모이는 곳이자 출세의 전당이었습니다. 특히 승정원의 우두머리인 도승지는 출세를 보장받는 직책이었지요.

조선 개국 후 가장 먼저 도승지에 오른 인물은 안경공입니다. 안경공은 고려 왕조 때 뛰어난 문인이던 안축의 손자로 조선의 개국공신 안종원의 아들입니다. 그는 도승지에서 물러난 뒤에는 사헌부 수장인 대사헌이 되었고 이후 한성부 판사, 집현전 대제학, 흥녕부원군 등의 벼슬을 지냈습니다.

안경공의 사례는 도승지 출신의 화려한 관직 생활을 잘 보여 줍니다. 안경공이 도승지 직책을 수행한 기간은 1392년 7월부터 1393년 3월까지 약 8개월이었습니다. 그를 이어 도승지에 오른 인물은 이직으로 그는 1393년 4월부터 9월 12일까지 도승지로 지냈습니다. 도승지에서 물러난 이직은 사헌부 대사헌, 의정부 지사, 이조판서, 의정부 찬성사 등을 거쳐 세종 때인 1424년 신하로서 오를 수 있는 최고 자리인 영의정 벼슬에 올랐습니다.

이직에 이어 도승지가 된 한상경도 의정부 참찬과 이조판서를 거쳐 영의정에 올랐습니다. 태종 때 도승지로 유명한 박석명은 태종의 어린 시절 친구이기도 했습니다. 사람을 보는 눈이 탁월한 그는 태종에게 황희를 승지로 천거하기도 했지요. 황희 역시 도승지를 거쳐 세종 대에 정승이 된 인물입니다.

이렇듯 승정원 승지 자리는 조선의 문관들이 재상 반열에 오르기 전에 거치는 요직 중의 요직이었습니다.

승정원 주서가 《승정원일기》만 썼던 것은 아닙니다. 그들은 왕의 특명을 받고 지방으로 파견되어 특별한 일을 조사하는 임무도 자주 맡았습니다.

1412년(태종 12년) 8월 10일 태종은 승정원 주서 김자와 환관 노희봉에게 명을 내려 풍해도의 농사 상황을 알아보게 했습니다. 이때 태종은 이렇게 말했습니다.

"풍해도 각 고을에서 풍우風雨로 곡식이 상한 형편을 실지로 보고하지 않아 종잡기가 어렵다. 만일 부실不實한 자가 있으면 즉시 잡아다 서울로 압송하라. 내 마땅히 그 연고를 묻겠다."

풍해도는 지금의 황해도로 당시 태종은 이곳의 농사 상황 보고에 의문을 품었습니다. 풍해도 관찰사의 보고가 다른 도에 비해 매우 늦고, 바람으로 손실된 논밭도 다른 도보다 너무 많았던 까닭입니다. 그래서 승정원 주서 김자와 승전색 노희봉에게 그곳 상황을 살펴 관찰사의 보고와 비교해보라고 특명을 내린 것입니다. 일종의 암행어사 임무를 내린 셈이지요.

김자는 풍해도 상황을 살핀 뒤 이런 보고를 올렸습니다.

"논은 모두 충실하나 간혹 10분의 1, 2가 손실되었습니다. 밭은 10분의 1, 2에서 간혹 10분의 3, 4까지 손실되었습니다."

이 보고를 받은 태종은 크게 화를 내며 지시했습니다.

"관찰사, 경력, 수령이 다 손상되었다고 보고한 것은 실로 나를 속임이니 마땅히 모두 죄를 주도록 하라."

이처럼 지방에 특별히 알아볼 일이 있을 때 왕은 승정원 주서를 파견해 자신의 눈과 귀 역할을 하도록 했습니다.

1423년(세종 5년) 6월 10일 세종은 승정원 주서 이극복을 고양현으로 파견했습니다. 당시 고양현에 굶어 죽은 사람이 있다는 보고가 올라오자 세종이 그 진위를 알아보게 했던 것입니다. 주서 이극복이 고양현에 가서 그 내막을 알아보니 여종 모란과 두 아들이 너무 굶주려 부종이 생겼고, 어린아이 하나가 굶어 죽은 사실이 있었습니다. 이에 세종은 의금부에 명해 백성이 굶어 죽도록 내버려둔 고양현 현감 김자경에게 곤장 80대를 치게 했습니다.

세조 때는 승정원 주서를 유구국(지금의 오키나와에 있던 나라) 사신에게 보내 술과 고기를 내려주었고, 겨울에 날씨가 추워지자 의금부와 전옥서의 죄수들이 입고 있는 옷의 두께를 살펴보고 보고하게 했습니다.

이렇듯 승정원 주서는 임금의 특명을 받아 시행하는 일이 많았습니다. 한마디로 그들은 임금의 눈과 귀 노릇을 했습니다. 그래서 승정원 주서 임무를 마치면 그들의 벼슬을 반드시 올려 중요한 직책으로 이동하게 했습니다.

5
문예부흥의 터전, 집현전

집현전의 유래

군주가 아무리 뛰어나도 우수한 인력이 없으면 좋은 정치를 펼치는 것은 불가능합니다. 그 때문에 세종은 즉위 초부터 인재 양성에 주력했습니다. 뛰어난 인재를 학문이라는 나무에 열리는 열매로 생각한 세종은 그 열매를 얻기 위한 텃밭으로 집현전集賢殿을 일궜지요.

집현전 제도는 원래 중국에서 유래한 것으로 한나라 때 처음 등장했습니다. 그 조직이 확대되어 학문적인 기관으로 성장한 것은 당 현종 무렵입니다. 우리나라가 이 제도를 도입한 것은 삼국 시대지만 구체적인 조직을 갖추고 집현전이라는 명칭을 처음 사용한 때는 고려 인종 대입니다.

고려 인종은 연영전延英殿을 집현전으로 개칭하고 대학사와 학사를 두어 강의하는 기관으로 삼았습니다. 그러나 원나라 지배가

확고해진 충렬왕 이후 집현전은 유명무실한 곳으로 전락하고 말았습니다.

조선 개국 이후 1399년(정종 1년) 3월 13일 조박의 건의로 집현전 활성화 방안을 마련했는데, 이때 조박의 상언上言은 이렇습니다.

"집현전은 그 이름만 있고 실상은 없으니 청컨대 옛 제도를 회복하여 서적을 대거 비치하고 예문교서로 주장하게 하되, 문신 4품 이상인 자 중에서 번갈아 경서를 강론하게 하고 늘 전하의 물음에 대비토록 하소서."

조박의 상언을 받아들인 정종은 좌정승 조준, 예천백 권중화, 대사헌 조박, 중추 권근·이첨을 제조관으로 삼았습니다. 또한 문신 5품 이하로 교리를 충당하고 7품 이하로 설서와 정자를 충당했습니다. 하지만 그 뒤로 집현전은 별다른 구실을 하지 못했고 또다시 유명무실한 기관으로 전락했습니다.

인재의 우물이 되다

1419년(세종 1년) 2월 16일 좌의정 박은이 계를 올려 말했습니다.

"문신을 선발하여 집현전에 모아 문풍을 진작시키소서. 또 문과는 어렵고 무과는 쉬워 많은 양반 자제가 무과에만 몰리니 이제부터 무과도 사서를 통달한 뒤에만 응시할 수 있도록 하소서."

박은의 말을 달가워한 세종은 무과에 학문을 추가하고 집현전을 확대 개편할 것을 명했습니다. 그런데 그로부터 10개월이 지나도 별다른 진척이 없자, 그해 12월 12일 세종은 직접 나서서 집현전 확대 개편을 서둘렀습니다.

"일찍이 집현전 설치를 의논한 바 있는데 어찌하여 다시 아뢰는 이가 없는가. 선비 10여 명을 뽑아 날마다 모여 강론하게 하라."

세종의 강력한 추진 의지를 확인한 신하들은 3개월 뒤인 이듬해 3월 16일 집현전의 인원수를 확정했고, 세종은 즉시 관원을 임명했습니다.

세종은 집현전의 위상을 세우기 위해 집현전 최고직인 영전사 2명을 정1품 정승급이 맡게 하고, 실질적인 운영자인 대제학은 판서급인 정2품 2명으로 정했습니다. 또 2명의 제학은 종2품으로 했습니다. 이들은 모두 겸직으로 실제 연구 활동을 하는 직책은 아니었습니다. 반면 그 이하 부제학부터는 겸직이 아닌 순수 학관직이었습니다.

부제학 정3품, 직제학 종3품, 직전 정4품, 응교 종4품, 교리 정5품, 부교리 종5품, 수찬 정6품, 부수찬 종6품, 박사 정7품, 저작 정8품, 정자 정9품으로 정했는데 이들은 모두 임금에게 강의하고 정치 토론을 이끄는 경연관을 겸했습니다. 여기에다 집현전 제학과 부제학의 서열을 사간보다 위에 두어 그들의 정치적 비중도 높였지요.

당시 영전사는 재상 박은과 이원이 당연직으로 맡았고 대제학은 류관과 당대의 이름난 선비 변계량이 맡았습니다. 제학은 탁신과 이수였고 직제학은 김자와 신장이었으며 그 아래로 응교는 어변갑과 김상직, 교리는 설순과 유상지, 수찬은 유효통과 안지, 박사는 김돈과 최만리를 임명했습니다.

세종은 문관 가운데 재주가 뛰어나고 행실이 올바르되 가급적 젊고 경전과 역사 강론에 능하며 임금의 자문에 응할 능력을 갖춘 자를 등용 기준으로 삼았습니다. 노소에 관계없이 당대 최고의 석학을 집현전 관리로 등용한 것입니다.

한편 세종은 집현전 학사들의 잡무를 없애기 위해 집현전 전담 노비를 책정하고 10명의 서리도 뒀습니다. 집현전 관리들은 품계에 관계없이 대제학의 감독 아래 정기적으로 시를 지어 평가를 받았습니다. 또한 두세 명씩 돌아가며 매일 강의를 해야 했고 월말에 경전과 역사 강독을 평가받았습니다.

이들은 백성 교화나 학문에 필요한 서적을 편찬하는 것은 물론 중국에 보내는 표箋(군주에게 올리는 글)와 외교문서를 작성했으며, 어려운 법령을 백성이 알기 쉽게 이두로 번역하는 일도 맡았습니다. 이를 위해 오로지 공부에만 열중한 이들은 다른 관원보다 일찍 출근하고 늦게 퇴근했습니다. 집현전의 임무에 전념하도록 일부 학관에게는 본전에 출근하지 않고 집에서 글을 읽고 대제학의 지도만 받아도 되는 특혜를 주었습니다. 말하자면 그들은 공부하고 강의하는 것이 유일한 임무였고 시작詩作과 강의, 서적 편찬으로 그 성과를 보여 능력을 인정받았습니다.

집현전은 언제까지 존속했을까

집현전의 존속 기간은 1420년(세종 2년)부터 1457년(세조 3년)까지 37년간입니다. 이것은 대략 4기로 나눌 수 있는데 제1기는 설립 때부터 1428년(세종 10년)까지입니다. 이 기간은 집현전 학사들이 학문 수련에 전념하던 시기로 주로 강연, 문서 작성, 경서 연구를 했고 관원도 16명에 불과했습니다.

제2기는 1429년(세종 11년)부터 1436년(세종 18년)까지로, 집현전 학사들이 가장 활발하게 활동하던 시기입니다. 이 무렵 집현전은 법제와 의례 등을 손질하고 정리하는 한편 각종 사서를 편찬하고 당면 정치 제도 문제를 보완하는 데 필요한 참고자료를 만들었습니다. 세종은 이들이 만든 자료와 학설을 바탕으로 소신 있는 정책을 펼쳤고, 때로 조정 대신들의 반대에 부딪히면 집현전 학사들을 통해 그들을 물리칠 명분을 얻었습니다. 이 시기에는 집현전 관원이 대폭 늘어 32명에 이르렀습니다.

제3기는 1437년(세종 19년)부터 세종 말년까지인데, 이때 집현전 관원은 20명으로 축소되었고 정치적 비중이 높아진 반면 학문적 기능은 다소 줄어들었습니다. 이것은 세종의 지병으로 세자가 대신 정무를 처리하면서 빚어진 결과입니다. 집현전 학사들이 종래에 맡아온 서연직 외에 세자의 정무 처결 기관인 첨사원직까지 겸했던 것입니다. 그래도 세종이 살아 있을 때는 여전히 학문적 기능이 훨씬 더 강했습니다.

제4기는 문종·단종 때로 이때부터 집현전 학사들의 대간臺諫 출입이 잦아지고, 집현전 출신이 대거 대간으로 차출되는 경향이 생기면서 집현전은 출세의 요람으로 변질되었습니다. 특히 세조 즉위 이후 집현전은 왕권에 집착한 세조와 잦은 충돌을 일으켰고, 급기야 1456년 6월 집현전 출신자들이 단종 복위를 도모하는 사태가 벌어졌습니다. 이른바 '사육신 사건'으로 불리는 이 일로 세조는 집현전을 혁파했습니다.

그 뒤 조선 조정에서는 집현전 같은 기능을 하는 곳이 사라졌다가 성종 대에 이르러 홍문관을 설립함으로써 그 전통을 이어갔습니다. 그러나 홍문관은 집현전처럼 순수하게 학문을 연구하는 기관이라기보다 정치적 성향이 짙은 곳이었습니다. 사간원, 사헌부와 함께 '언론삼사言論三司'라 불리며 정치적인 발언을 하는 것이 주요 업무 중 하나였지요.

비록 집현전은 정치적 이유로 세조 때 사라졌지만 건물은 그대로 남아 있습니다. 현재 경복궁 안에 있는 수정전이 바로 집현전 건물입니다.

야사 속 집현전

서거정은 《필원잡기》에 집현전 학사들의 학구열과 출세에 대해 기록해놓았는데, 그 내용은 이렇습니다.

세종이 문치에 정신을 기울여 재위 2년 경자년에 비로소 집현전을 설치하고 문사 10명을 뽑아 채웠더니, 그 뒤 더 뽑아서 30명이 되었다가 또 20명으로 줄여 10명에게는 경연의 일을 맡기고 또 10명에게는 서연의 일을 보게 하였다. 그들은 오로지 학문과 관련된 일만 맡았으며 낮밤으로 고금의 일을 토론하는 것을 쉬지 않았다. 덕분에 문장을 아는 선비가 대거 배출되어 많은 인재를 얻을 수 있었다.

집현전 남쪽에 큰 버드나무가 있었는데 기사년과 경오년 사이에 흰 까치가 와서 둥지를 짓고 흰 새끼를 얻더니, 몇 해 사이 요직에 오른 이는 모두 집현전 출신이었다.

성현의 《용재총화》는 집현전 관련 내용을 매우 간단하게 다루고 있지만, 세종이 집현전 학사들을 어떻게 대접했는지 단적으로 보여줍니다.

집현전은 일찍 출근하여 늦게 파했는데 항상 일관이 시간을 아뢴 뒤에야 퇴청하게 했다. 조식과 중식 때는 내관이 직접 식사를 챙겼으니 그 우대하는 뜻이 지극하였다.

《필원잡기》에도 학사들을 향한 세종의 극진한 마음을 읽을 수 있는 기록이 나옵니다.

임금이 인재를 기르는 그 아름다운 일은 어느 옛 임금보다 뛰어났다.

집현전 선비들은 날마다 숙직했는데 임금이 그들을 사랑하는 것과 융숭하게 대접하는 것을 두고 사람들은 신선이 사는 땅에 오른 것에 비교하였다.

하루는 밤 이경 무렵 내시를 시켜 숙직하는 선비들이 무엇을 하는지 엿보게 했는데, 신숙주가 촛불을 켜놓고 글을 읽고 있었다. 내시가 돌아와 임금께 아뢰었다.

"서너 번이나 가서 봤지만 글 읽기를 끝내지 않다가 닭이 울자 비로소 취침하였습니다."

이를 가상하게 여긴 임금은 돈피 갖옷을 벗어 깊이 잠들 때까지 기다렸다가 덮어주라고 했다. 숙주가 아침에 일어나 이 일을 알게 되었고, 선비들은 이 소문을 듣고 더욱 학문에 힘을 쏟았다.

이정형의 《동각잡기》에도 세종이 학사들을 배려한 내용이 실려 있습니다.

세종 8년에 임금이 집현전 부교리 권채, 저작랑 신석견, 정자 남수문 등을 불러 일렀다.

"내 들은 바 너희들이 나이가 젊고 장래가 있다 하니, 이제부터 벼슬을 그만두고 각기 집에서 편히 지내며 독서에 전력하라. 또 그 효과를 드러내되 독서하는 규범은 대제학 변계량의 지도를 받도록 하라."

그렇다고 세종이 집현전 학사들과 언제나 잘 지낸 것은 아니었습니다. 중종 대의 개혁자 조광조의 글에 이런 내용이 나옵니다.

임금이 말년에 궁궐 안에 불당을 지었으므로 대신들이 간했으나 듣지 않았다. 집현전 학사들이 그 부당함을 간했으나 역시 듣지 않았다. 그 때문에 학사들이 모두 집현전을 나가버려 텅 비었다. 임금이 눈물을 지으며 황희를 불러 일렀다.

"집현전 선비들이 나를 버리고 가버렸으니 장차 어이할꼬?"

황희가 대답했다.

"신이 가서 달래겠습니다."

황희가 곧 모든 학사들의 집을 두루 찾아다니며 간청하여 돌아오게 하였다.

6
나라의 학문을 책임진
홍문관과 예문관

청요직의 상징, 홍문관

홍문관은 궁중의 서적과 역사기록물 관리, 문서 처리에 관여했고 각종 현실 문제에 대한 왕의 물음에 답하던 기관입니다. 이러한 홍문관은 학술적 기관이자 정치적 기관으로 사헌부, 사간원과 함께 '언론삼사'로 불렸습니다. 실은 홍문관보다 옥당玉堂이라는 이름으로 더 많이 불렸으며 맑고 깨끗한 곳이라고 하여 청연각淸燕閣이라고도 했습니다.

홍문관이라는 명칭은 당나라에서 온 것입니다. 당나라에는 수문관이라는 학문 기관이 있었는데 그 이름이 홍문관으로 바뀐 뒤 고려로 유입되었습니다. 고려의 학문 기관이던 숭문관을 성종 대에 홍문관으로 이름을 바꾼 것이지요.

조선에서 홍문관의 전신은 세종이 만든 집현전이라 할 수 있습니다. 실제로 홍문관 관원의 직책은 집현전의 그것을 거의 그대로 물려받았습니다. 학문 연구뿐 아니라 정치적 언론 기관 역할도 한 집현전을 눈엣가시로 여긴 세조는 집현전을 없애고 왕의 교서(왕이 백성이나 신하에게 내리는 명령서)를 작성하던 예문관에 그 기능을 넘 겼습니다. 당시 예문관은 학문 연구에만 몰두했을 뿐 정치적 역할 은 거의 하지 않았습니다.

1463년(세조 9년) 양성지의 건의에 따라 장서각을 홍문관으로 개 명했는데, 이때 홍문관은 도서관 기능만 했습니다. 그러다가 성종 대에 집현전의 기능과 관직을 되살려 홍문관에 옮겨놓았고 예문관 은 다시 예전에 하던 일로 되돌려놓았습니다. 결국 학술과 언론 기 관 역할을 한 홍문관은 1478년(성종 9년)에야 비로소 제 모습을 드 러냈습니다.

홍문관 관리는 청렴결백한 관리의 상징으로 이곳 관원은 출세 를 보장받았습니다. 조선 시대 정승과 판서 중에서 이곳을 거치지 않은 사람이 없을 정도로 중요한 자리였지요.

그만큼 홍문관 관원이 되는 것은 매우 어려웠습니다. 무엇보다 왕이 내리는 교서를 작성할 만한 문장력과 왕에게 경서를 강의할 정도의 학문 및 인격을 갖춰야 했습니다. 여기에다 출신 가문에 허 물이 없어야 하고 홍문관, 이조, 의정부의 투표에 통과해야 등용이 가능했습니다. 그 정도로 홍문관 관직은 요직 중의 요직이었습니다.

홍문관의 업무와 직책

홍문관 관원은 정1품 영사 1명을 비롯해 정2품 대제학 1명, 종2품 제학 1명, 정3품 부제학 1명, 정3품 직제학 1명, 종3품 전한 1명, 정4품 응교 1명, 종4품 부응교 1명, 정5품 교리 2명, 종5품 부교리 2명, 정6품 수찬 2명, 종6품 부수찬 2명, 정7품 박사 1명, 정8품 저작 1명, 정9품 정자 2명으로 모두 20명이었습니다. 이 중 정1품 영사는 의정부 정승이 겸직했기 때문에 실질적으로 홍문관을 관장한 직책은 정2품 대제학이었습니다.

홍문관 대제학은 조선 학문을 맡은 수장으로 홍문관과 예문관의 최고 책임자를 겸했습니다. 이런 까닭에 대제학을 일컬어 '온 나라의 학문을 바르게 평가하는 저울'이라는 의미로 문형文衡이라 불렀지요. 대제학은 대개 종1품에서 종2품의 다른 관서 관리가 겸직했습니다. 마찬가지로 제학도 다른 관서의 관원이 겸직했습니다.

반면 부제학은 정3품 당상관으로 다른 관서를 겸직하지 않았고 홍문관의 실질적인 책임자였습니다. 그래서 부제학을 흔히 홍문관의 장관이라고 불렀습니다.

홍문관 관원은 모두 왕에게 강의를 하는 경연관을 겸했고 부제학에서 부수찬까지는 왕의 지시문을 작성하는 지제교를 겸하기도 했습니다. 이처럼 홍문관 관원은 승정원의 승지와 함께 왕을 가장 가까이에서 보필하는 직책이었습니다.

삼사의 중심

언론삼사로 불린 홍문관과 사헌부, 사간원은 그 역할에 다소 차이가 있었습니다. 대개 사헌부와 사간원을 합쳐 언론양사라 하고 홍문관은 별도의 언론사로 취급했지요. 사헌부와 사간원은 어떤 사안을 두고 왕과 의견을 달리하며 대립하는 경우가 많았는데, 이때 홍문관은 중재하거나 방향을 제시하는 역할을 했습니다. 또 사헌부나 사간원이 신하의 잘못에 대해 논하지 않을 때 이를 지적하는 역할도 했습니다. 예컨대 1568년(선조 1년) 10월 4일 홍문관은 선조에게 이런 내용의 글을 올렸습니다.

"헌부가 환관 주태문이 능침陵寢의 위전位田을 남몰래 사사寺社에 옮겨줘 주상의 의중을 시험하려 한 간사한 행동에 대해 논핵한 지 얼마 안 되어 곧 정계停啓(임금에게 보고하는 죄인 문건인 전계에서 죄인의 이름을 빼는 것)했고, 간원은 무심하게 방관만 하고 한마디도 하지 않았으니 이들은 대간의 체모를 잃었습니다. 모두 체직遞職하소서."

여기서 헌부란 사헌부와 사간원 양사를 말합니다. 이들 양사가 환관 주태문의 비리를 알고 비판했는데 얼마 되지 않아 주태문을 죄인 명단에서 빼버리고 방관했으니, 사헌부 관원들을 모두 바꿔야 한다는 것입니다. 선조는 홍문관의 말을 듣고 양사의 관원을 모두 체직했습니다. 체직은 다른 직책으로 보내는 것을 의미합니다.

이렇듯 홍문관은 언론양사가 제 기능을 하지 않을 때 양사를 공격하거나 무게 중심을 잡는 역할도 했습니다.

왕의 글을 짓는 예문관

예문관은 나라에 필요한 글을 맡아서 짓는 곳으로 주로 왕의 말과 명령을 글로 지었습니다. 이러한 예문관의 전신은 고려 시대에 왕명과 국사 편찬을 담당한 예문춘추관입니다.

조선 초기에는 예문춘추관이 그대로 있었지만 1401년(태종 1년) 예문관과 춘추관으로 분리되었고, 이때 독립한 예문관은 왕의 교서만 담당했습니다. 그 뒤 세조가 집현전을 폐지하자 예문관이 학문 연구와 인재 양성 기능을 떠맡기도 했습니다.

그러다가 집현전 폐지를 안타깝게 여긴 성종이 예문관에 집현전 관직 제도를 도입하면서 예문관은 집현전과 뒤섞인 기관이 되었습니다. 이로 인해 예문관 관리들의 불만이 늘어나고 여러 문제가 발생하자 성종은 집현전 기능을 홍문관으로 옮기고 예문관은 본래 기능만 하게 했습니다.

예문관 관리는 정1품 영사 1명 아래 대제학, 제학, 직제학, 응교, 봉교, 대교, 검열이 있었습니다. 영사, 대제학, 제학을 비롯해 직제학(도승지)과 응교(홍문관 교리나 직제학)도 겸직이었기 때문에 실제로 예문관 전임관은 정7품 봉교 이하였습니다. 2명의 봉교 밑으로 정8품 대교가 2명, 정9품 검열이 4명 있었습니다.

이처럼 예문관 전임관은 벼슬이 낮아 정치적 영향력을 크게 행사할 수 없었습니다. 하지만 한림이라 칭한 이들 8명은 춘추관 사관을 겸했기에 자부심이 대단했습니다. 이들의 직책은 나라의 일이나 역사적 사실을 기록하는 중요한 위치였지요. 이에 따라 예문관을 한림원이라 부르기도 했습니다.

가장 영예로운 선비, 문형

조선 시대에 나라의 학문을 책임지고 모든 학자를 대표하는 문형이 되는 것은 사대부 집안의 엄청난 영예였습니다. 조선 선비 사회에서는 집안에서 정승보다 문형을 배출하는 것을 더 영예롭게 여겼다고 합니다. 문형을 거쳐 정승이 되는 사례는 있어도 정승이 되었다고 반드시 문형을 거치는 것은 아니었기 때문입니다.

정승을 선택할 때는 별도의 과정을 거치지 않았으나 문형을 뽑을 때는 꼭 별도의 과정을 거쳤습니다. 그 과정을 권점圈點이라 하는데 이것은 요직의 관원을 뽑을 때 추천권자들이 한자리에 모여 추천 대상자의 명단 위에 각각 동그라미를 표시해서 가장 표를 많이 받은 사람을 임금이 임명하는 제도입니다.

이러한 권점 제도를 가장 엄격하게 시행한 부서가 바로 홍문관과 예문관입니다. 이 두 기관은 관원을 뽑을 때 반드시 권점 과정을 거쳤고 예문관의 한림은 더욱더 엄격하게 권점 제도를 시행했습니다. 특히 대제학은 이 두 기관의 우두머리라 반드시 권점을 거쳐 뽑았습니다.

권점에서 올린 득점 기록은 별도로 보관했는데 이를 홍문록 또는 도당록이라고 했습니다. 1차 권점에는 부제학 이하 모든 현직 관원이 참여했고, 2차 권점에는 의정부와 이조의 당상관이 모두 참여했습니다.

여기서 뽑힌 사람은 다시 역사 시험을 치러 최종 합격자를 가렸습니다. 이렇게 홍문관과 예문관의 권점을 통과해 최종 합격한 사람은 권점 없이 부제학까지 승진했습니다.

하지만 나라의 학문을 책임지는 대제학이 되려면 다시 권점을 거쳐야 했습니다. 대제학 권점 때는 전임 대제학들이 모두 참여했지요. 그들로부터 가장 많은 점수를 받은 사람을 왕이 임명한 것입니다. 이에 따라 대제학은 홍문관이나 예문관 출신이 아니면 오르기 어렵고, 설령 두 기관 출신일지라도 권점에서 높은 점수를 받지 못하면 결코 대제학 자리에 오를 수 없었습니다. 이 때문에 대제학 직위를 정승보다 더 명예롭게 여긴 것입니다.

조선의 예문관과 홍문관을 책임진 역대 문형에는 어떤 인물이 있을까요? 우선 태조 대에는 권근이 있고 태종 대에는 변계량, 세종 대에는 윤회·권제·안지·정인지가 있습니다. 세조 대에는 신숙주와 최항이 있고 성종 대에는 어세겸과 홍귀달이 있습니다. 중종 대에는 신용개, 남곤, 이행, 김안로, 소세양, 김안국, 성세창으로 7명입니다. 선조 대에는 박순, 이황, 노수신, 김귀영, 이이, 이산해, 유성룡, 이양원, 황정욱, 이덕형, 윤근수, 홍성민, 이항복, 심희수, 이귀, 이호민, 유근으로 17명에 달합니다.

선조 대에 문형이 많은 이유는 선조 시절에 학문적으로 가장 많은 인재를 배출했기 때문입니다. 광해군 대의 문형으로는 이이첨을 꼽고 인조 대에는 신흠, 김류, 최명길, 이식, 김상헌, 이경석, 이명한, 정홍명, 조경을 꼽습니다. 숙종 대는 박태상, 남구만, 남용익, 이여를, 영조 대에는 조문명, 이덕수, 김양택, 서명응, 이휘지, 이복원, 정실, 황경원을 꼽습니다. 정조 대의 문형으로는 오재순, 김종수, 서유신이 있습니다.

7
실록 편찬을 관장하는 춘추관

역사를 책임지는 곳

춘추관은 조정에서 일어나는 모든 일을 기록하는 관청입니다. 이곳 관리는 사관이라 부르는데 모두 문관이며 승정원, 홍문관, 예문관, 의정부의 관직을 겸임했습니다. 사관에는 대개 문과에 새로 급제한 유망한 청년 문사를 임명했습니다. 비록 이들은 벼슬 직급이 낮았지만 왕과 함께 모든 중대한 회의에 참석하는 임무를 맡았습니다.

사관의 임무 중 가장 중요한 것은 사초史草 작성이었습니다. 사초는 역사의 기초가 되는 기록으로 매일 조정에서 일어나는 일을 한 치도 더하고 빼는 일 없이 그대로 쓴 것입니다. 사관은 사초를 종합해 역사적 자료가 될 만한 것을 추려 만든 시정기時政記를 춘추관에 올렸습니다. 사관 자신의 주관적인 생각을 곁들인 인물평과 궁중 비밀 등은 그대로 기록해서 개인적으로 보관했습니다. 이것은 왕이 사망한 후 춘추관에 제출했는데 이 기록물은 시정기와 함께 실록을 편찬할 때 중요한 자료로 쓰였습니다.

사관이 정리한 사초는 왕도 볼 수 없었습니다. 이는 왕이 자기 마음에 들지 않는 내용을 고치라고 압력을 가해 거짓 역사가 기록될 것을 염려해 만들어둔 장치입니다.

이렇듯 역사의 중요성을 알고 있던 임금과 사관들의 투철한 사명감이 이뤄낸 문화유산이 바로 1,893권 888책에 달하는《조선왕조실록》입니다. 춘추관직을 겸한 관원들은 실록 편찬을 담당했고 그들이 편찬한 실록은 충주, 성주, 전주에 있는 세 곳의 역사서 창고인 사고史庫에 보관했습니다. 그리고 궁궐에 있는 춘추관 사고에도 따로 1부를 보관했습니다.

그러다가 임진왜란 때 충주와 성주의 사고가 불타버리자 강화도 정족산, 묘향산, 태백산, 오대산에 새로 4개의 사고를 마련했습니다. 이 중 묘향산 사고는 정묘호란 이후 무주의 적상산으로 옮겼지요. 전쟁에도 실록이 소실되지 않도록 사고를 깊은 산중에 만들어 보관한 것입니다.

이처럼 역사 기록을 소중히 여긴 선조들의 노력이 있었기에 오늘날 우리가《조선왕조실록》이라는 치밀하고도 자랑스러운 역사 유산을 갖게 된 것입니다.

《조선왕조실록》의 탄생

《조선왕조실록》은 1대 태조부터 25대 철종까지 472년간의 역사를 연월일 순서에 따라 기록한 책으로 총 1,893권 888책으로 이루어져 있습니다. 고종과 순종이 빠진 데는 그럴 만한 이유가 있습니다. 원래 실록은 왕이 사망한 이후에 썼는데 고종과 순종은 일제의 압박을 받던 시기와 일제강점기에 돌아가시는 바람에 따로 실록청을 차리지 못했습니다.

나중에 일본총독부에서 《고종실록》,《순종실록》을 만들었지만 일본인의 압력을 받고 쓴 것이라 일본에 유리한 내용과 허위 사실까지 들어가 있기에 정통 실록에 넣지 않고 따로 떼어서 다룹니다. 엄밀한 의미에서 《조선왕조실록》은 실록청을 차려 제대로 쓴 철종 대까지로 한정합니다. 왕조실록은 어떤 경로를 거쳐 편찬할까요?

조선 시대에 왕이 사망하면 다음 왕이 '실록청'이라는 임시 관청을 설치해 돌아가신 왕의 실록을 편찬했습니다. 실록 편찬에 이용한 자료는 각 관청에서 보고한 문서를 연월일 순서로 정리한 춘추관 시정기와 사관들이 작성한 사초를 비롯해 《승정원일기》,《의정부 등록》,《비변사 등록》,《일성록》 등입니다.

실록은 3단계를 거쳐 완성했습니다. 먼저 각종 자료 중에서 중요한 내용을 뽑아 초초初草를 작성합니다. 그다음으로 초초 가운데 빠진 것을 추가하고 불필요한 내용은 삭제하며 잘못된 내용은 수정해 중초中草를 만듭니다. 마지막으로 총재관과 도청당상이 중초에서 잘못된 것을 재수정하고 체제와 문장을 통일해 정초正草를 작성했습니다. 이렇게 세 번에 걸쳐 내용을 점검한 이유는 혹시라도 잘못된 내용이 들어가는 것을 막고 사실성과 객관성을 검증하기 위해서였습니다.

3단계에 걸쳐 완성한 실록은 전국의 사고에 보관하고 편찬에 이용한 시정기와 사초, 초초, 중초는 기밀 누설을 방지하고 종이를 재생하기 위해 자하문 밖 시냇물에서 세초洗草했습니다. 종이를 빨아서 재활용한 것입니다.

과거 우리나라 한지는 굉장히 질기고 튼튼했기 때문에 물에 담그면 먹물만 쏙 빠져나가고 하얀 종이로 되살아나 다시 사용할 수 있었습니다. 지금처럼 물에 담그면 흐물흐물해지거나 쭈글쭈글해지는 종이와는 차원이 달랐지요.

완성한 실록에는 정치의 잘잘못과 왕의 실정, 신하들의 장단점까지 낱낱이 기록한 까닭에 사관 외에는 누구도 못 보게 했습니다. 만일 왕과 관리들이 실록의 내용을 보고 노여워하거나 모함을 하면 나라에 일대 정쟁이 일어나 많은 사람이 목숨을 잃거나 귀양을 갈 수도 있었으니까요. 그런 일을 막기 위해 사관 외에는 누구도 실록을 볼 수 없게 했고 사관은 기밀을 누설하지 못하게 했습니다.

현재 실록은 정족산본, 태백산본, 적상산본이 전해오고 있습니다. 이 중 서울대 규장각에 있는 정족산본 실록은 임진왜란 때도 참화를 입지 않은 가장 오래된 실록입니다. 《조선왕조실록》은 국보 151호로 1997년 유네스코 세계기록유산으로 등재되었습니다.

8

간쟁 전문 기관 사간원

용기가 필요한 자리

사간원은 임금의 결함을 지적하고 그릇된 정치나 관리들의 잘못을 규탄하는 일을 맡았는데, 이런 일을 간쟁諫爭이라고 합니다.

간쟁에는 크게 다섯 가지가 있습니다. 어떤 사실을 간접적으로 비유하는 풍간, 임금의 마음에 거슬리지 않도록 말을 순화하는 순간, 있는 그대로 사실을 정면으로 간하는 직간, 시비를 가려 행할 것을 강요하는 쟁간, 자신의 목숨을 걸고 간하는 함간이 그것입니다. 이 다섯 가지 간쟁 중에서 가장 바람직한 것으로 여겨진 것은 풍간입니다.

사간원이라는 명칭에서 '간諫'의 뜻이 '아뢸 간', '충고할 간'이라는 게 이 기관의 성격을 잘 말해줍니다.

사간원은 청렴한 관리만 근무한다는 언론삼사 중에서도 청요직

淸要職의 대명사로 오직 언론 기능인 간쟁만 담당했기에 흔히 간관이라 불렀습니다. 임금에게 간언하는 것이 중심 기능이다 보니 사간원은 궁궐 안에 위치했습니다.

이러한 사간원은 중국 진한 시대의 간의대부에서 유래한 기관입니다. 이후 당송 시대에 문하성과 중서성에 산기상시, 간의대부, 보궐, 사간, 습유, 정언 등의 관직을 두었고 이를 고려가 수입한 것입니다. 고려 시대에 사간원 관직에 해당하는 직책에는 산기상시, 직문하, 간의대부, 급사중, 중서사인, 문하사인, 기거주, 기거랑, 기거사인, 사간, 보궐, 헌납, 습유, 정언 등이 있었습니다. 조선 시대에는 고려의 문하부낭사 제도를 계승해 유지하다가 문하부를 없애고 의정부를 설치할 때 문하부낭사가 독립해 사간원이 된 것입니다.

4대에 걸쳐 죄가 없어야 한다

언론 기관 사간원의 기능은 상당히 폭넓고 중요했습니다. 그 기능은 크게 세 가지로 나눠볼 수 있습니다.

첫째, 임금이 잘못할 때 간쟁하고 비리를 저지른 관원을 탄핵하는 한편 그릇된 정치의 시정을 요구하고 부당한 인사를 경고하는 등 활발하게 언론 활동을 하는 것입니다.

둘째, 왕이 중신들을 접견하거나 보고와 자문을 받는 자리는 물론 의정부, 육조와 함께 정치 및 입법에 관한 논의에 참여하는 일입니다.

셋째, 왕이 경서를 배우는 경연과 세자를 교육하는 자리인 서연에 참석하는 일입니다.

승정원이라는 비서실이 있었지만 사간원은 언론 기관으로서 왕을 모시는 역할도 수행한 것입니다. 왕이 행차하는 곳이면 어디든 따라다녔지요. 그 외에 관리들의 인사나 상벌을 주는 일에 관여해 비리나 부정이 없도록 하는 일도 담당했습니다.

이처럼 사간원의 기능이 광범위하고 힘이 막강했던 터라 관원의 자격 조건이 매우 까다로웠습니다. 예를 들면 자기 자신을 비롯해 4대에 걸쳐 죄가 없는 집안의 인물이어야 하고 성품이 강직하면서도 올곧은 선비여야 했습니다.

어찌 보면 사간원의 기능은 사헌부에서 다 하는 것입니다. 그렇지만 여기에는 분명한 차이가 있습니다. 사헌부는 왕뿐 아니라 모든 관리와 일반 백성까지 아울러 폭넓은 역할을 수행한 반면 사간원은 왕과 중요 관리에 국한해 그 역할을 수행했습니다. 이런 차이 때문에 사헌부가 궁궐 바깥에 있는 것과 달리 사간원은 궁궐 안에 있었던 것입니다.

사헌부와 사간원의 관직은 그야말로 청요직으로 학문과 인품이 남다르고 행실이 반듯해 모범이 되는 사람만 임명했습니다. 그런데 다른 관리들의 잘잘못을 비판하고 때론 왕의 잘못도 거침없이 지적해야 하는 자리이다 보니 더러는 동료에게 인심을 잃었고 왕의 분노를 사 옥에 갇히거나 파직되기도 했습니다.

태종 시절 좌사간 윤사수가 궁실 확장을 반대하자 태종은 그를 순군옥에 가둬버렸습니다. 하지만 사간원은 업무 자체가 탄핵하고 비판하는 자리였기 때문에 비록 자리에서 쫓겨나도 오래지 않아 다시 다른 자리에 기용되곤 했습니다.

사간원 관리는 정3품 당상관인 대사간 1명과 종3품 사간 1명, 정5품 헌납 1명, 정6품 정언 2명으로 이뤄져 있었습니다. 이들 관원은 사헌부 관원과 함께 대간으로 불렸지요.

사간원은 비록 사헌부와 함께 언론양사로 불렸으나 두 기관의 근무 분위기는 사뭇 달랐습니다. 사헌부는 엄격한 상하 관계를 유지하며 조직 기강을 중시한 반면, 사간원은 상하 관계가 엄격하지 않았고 근무 분위기도 자유로웠습니다. 심지어 사간원 관원은 근무 중에 술을 마셔도 징계를 받지 않았습니다. 또한 금위군도 사간원 안으로는 들어갈 수 없었고, 사간원 관원이 잘못을 해도 사간원 안으로 도망치면 잡지 못했습니다. 그만큼 자신의 언행에 따른 책임이 큰 곳이라 일종의 특별대우를 받은 것입니다.

한데 선조 이후 붕당 정치를 시행하면서 사간원 관원의 권력을 당파에 이용하는 사례가 많았습니다. 이로 인해 왕의 압박을 받아 그 기능을 제대로 수행하지 못하는 때도 있었습니다. 실은 대다수 왕이 사간원을 성가신 존재로 여겼습니다. 연산군 같은 폭군은 아예 사간원을 없애버렸지요.

시간이 흐르면서 사간원 간관은 계속 줄어들었습니다. 고려 시대에는 간관이 13명이었지만 조선 시대에는 7명으로 줄었고 이것은 이후에도 마찬가지입니다. 본래 좌·우사간대부가 2명이었으나 대사간 1명으로 줄었고, 헌납도 2명이다가 1명으로 줄어들면서 결국 사간원 관원은 5명으로 감소했습니다.

외교문서 전담 기관 승문원

사대교린의 제일선

승문원은 중국, 일본, 여진 등 이웃나라와의 외교문서를 맡아보는 곳으로 홍문관과 예문관처럼 문과 출신 관리들이 선호하는 관청이었습니다.

조선의 외교 정책은 사대교린事大交隣이었는데 이는 '큰 나라는 섬기고事大 이웃나라와는 사귄다交隣'는 뜻입니다. 즉, 세력이 강한 중국은 섬기면서 외교하고 일본이나 여진 같은 나라와는 대등한 입장에서 사귄다는 의미입니다.

승문원은 나라의 외교문서를 작성하고 맡아보는 곳이라 의정부의 영의정, 좌의정, 우의정이 이곳 우두머리를 겸임했고 관원은 모두 문관으로 임명했습니다. 승문원의 전임관으로 가장 높은 직책은 정3품 판교 1명이었고 그 아래로 종3품 참교 1명, 종4품 교감 1명,

정5품 교리 2명, 정6품 교검 2명, 정7품 박사 2명, 정8품 저작 2명, 정9품 정 2명, 종9품 부정 2명이 있었습니다. 이들 외에 이두로 문서를 작성하는 이문습독관이 20명 있었지요. 또한 글자를 베껴 쓰는 사자관을 수십 명 배치했습니다.

이문습독관이란 직책은 어떻게 생긴 걸까요? 승문원에서 만드는 외교문서는 단순한 한자가 아닌 이문吏文이라는 독특한 문체로 서술했습니다. 가령 중국과 외교문서를 주고받을 때는 일반적인 한문 문장이 아니라 한문의 골격에 중국 속어나 특수 용어를 섞어 썼는데, 이러한 공식 서식을 이문이라고 했습니다. 즉, 한문에 통달해도 외교문서를 작성할 수 있는 것은 아니었습니다. 이문을 모르면 외교문서를 작성하지도, 이해하지도 못했지요. 승문원에는 이문 강습을 위한 관원을 두었는데 그들이 바로 이문습독관입니다.

승문원의 본래 명칭은 문서응봉사文書應奉司였으나 태종 대인 1411년 승문원으로 개칭했습니다. 그리고 세조 때는 판사를 판교로, 지사는 참교, 부지사는 교감, 저작랑은 저작, 부교리는 교검으로 개칭했습니다.

승문원의 관원 중 참교 이하는 대개 홍문관과 예문관, 성균관 관원이 겸임했습니다. 중종 대에는 참교, 교감, 교리 직제를 없앴고 교검을 1명으로 줄였습니다. 교검은 보통 승문원에서 장기간 근무했지요. 이러한 승문원은 원래 한양 북부 양덕방(지금의 종로구 계동)에 있었으나 세종 때 보다 편리한 업무를 위해 경복궁 안으로 옮겨 왔습니다.

글자 하나 숫자 하나도 틀리면 안 되는 곳

직제를 간단하게 정리했다고 해서 이곳이 만만한 기관이었던 것은 아닙니다. 승문원은 외교문서를 작성하는 곳이라 용어 하나, 글자 하나, 숫자 하나만 틀려도 큰 벌을 받았습니다.

1415년(태종 15년) 6월 4일 승문원 지사 윤회와 부교리 정인지를 의금부에 가뒀는데, 그 내용은 이렇습니다.

> 사역원판관 강유경을 보내 도망해온 군사 박몽사 등 23명을 압령押領하여 요동으로 가게 하였다. 승문원에서 요동으로 보낼 자문咨文과 안인安印한 것을 올렸는데, 지신사 유사눌이 그 자문 속의 일월이 잘못된 것을 발견하였다.

사건의 내막을 설명하자면 명나라 요동에서 23명의 군사가 조선으로 도주해오자 이들을 붙잡아 요동으로 보냈는데, 그 사안을 설명한 외교문서에 날짜를 잘못 기록한 것입니다. 명나라 요동의 관부에 보내는 문서의 날짜가 틀렸으니 징계를 받는 것은 당연하지만, 이 일로 의금부에 갇히기까지 했다는 것은 조선이 외교문서를 얼마나 깐깐하게 작성했는지 잘 보여줍니다.

사실 명나라에 보내는 자문을 잘못 작성해 승문원 관리들이 파직되는 사건은 이전에도 있었습니다. 이 사건이 일어나기 10개월 전 승문원 부교리 최흥효와 정자 구강이 의금부에 갇히고 파직을

당했는데, 그 이유는 당시 정승이던 하륜이 그들을 꾸짖는 다음의
내용에 담겨 있습니다.

> 이제 예부에 정장呈狀하는 자문 안에 정윤후鄭允厚가 경사京師에 가지
> 못하는 사유를 '환병患病'이라는 두 자를 없애고 다만 연로年老하여 능
> 히 걸어갈 수 없다고 쓰는 것이 가하다.

하륜이 명나라 예부에 보내는 문서를 읽고 정윤후가 연경에 가
지 못하는 이유를 병환 때문이라고 쓴 것은 잘못이라고 지적한 것
입니다. 병 때문에 못 가는 것이 아니라 연로해서 가지 못한다고 고
쳐야 한다는 얘기입니다. 하륜은 두 사람이 사연을 제대로 알아보
지 않고 정윤후가 병 때문에 명나라 조정에 가지 못한다고 쓴 것은
명백한 직무유기라고 다그친 겁니다. 그 실수는 하옥과 파직이라는
엄청난 결과를 낳았습니다. 이처럼 승문원은 굉장히 엄격하고 깐깐
한 관청이었습니다.

10
세자를 위한 기관

세자의 문무를 책임지다

궁궐 안에는 세자궁을 위한 2개의 관청이 있었는데 그것은 세자시
강원과 세자익위사입니다. 세자시강원은 세자에게 경서와 역사를
강론하고 나라의 군주로서 갖춰야 할 인격과 교양을 가르치는 임
무를 맡은 곳입니다.

세자에게 하는 강의를 서연이라 했는데 이는 임금에게 하는 강
의인 경연과 비슷합니다. 서연은 오전, 오후, 저녁으로 나눠 하루 세
번 열렸고 주로 《논어》, 《맹자》 같은 유교 경전과 《춘추좌전》 등의
역사책을 배웠습니다.

세자는 장차 왕이 될 사람이었기에 세자 교육에는 당대 최고의
학자를 스승으로 동원했습니다. 영의정이 세자의 최고 스승이 되고
좌의정이나 우의정 중 한 사람이 스승을 맡는 식으로 정승과 판서

까지 스승으로 나섰지요. 이는 세자에게 정치적인 식견과 국가관을 가르치기 위해서입니다. 그렇지만 정승과 판서는 정사에 바쁜 사람들이라 세자 교육을 맡은 사람은 주로 종3품 보덕 1명을 비롯해 필선, 문학, 사서, 설서 등의 문관으로 총 5명이었습니다.

세자익위사는 세자를 모시고 호위하는 임무를 맡은 관청입니다. 쉽게 말해 세자의 경호 기관이라고 할 수 있습니다. 장차 나라의 임금이 될 세자의 신변을 보호하는 것은 굉장히 중요한 일이었지요. 따라서 이곳 관리는 모두 무술에 능한 무신으로만 구성했습니다.

그렇지만 늘 세자 주변에서 보필하는 이들이기에 무신 중에서도 특히 교양이 풍부한 사람으로 가려 뽑았습니다. 이들은 세자가 행차할 때는 앞에서 인도하고, 수업을 받을 때는 섬돌 아래에서 호위하며 그림자처럼 세자를 보필했습니다. 정5품 좌익위, 우익위 각 1명을 우두머리로 하여 좌사어, 우사어로 모두 14명이 근무했습니다.

세자시강원 출신의 세도가 홍국영

세자시강원 출신으로 한 시대를 풍미한 권력가를 꼽으라면 단연 정조 시대의 홍국영입니다. 홍국영은 24세 때인 1771년 문과에 급제해 승문원 부정자로 벼슬살이를 시작했고, 이후 세자시강원 관원으로서 당시 세손이던 정조를 보필했습니다. 세손 시절 정조는

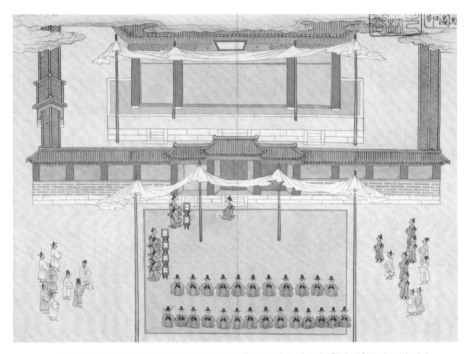

《회강반차도會講班次圖》. 매월 초하루와 보름에 사부 이하 세자시강원의 관원들이 모여 세자와 회강을 가졌다. 이 그림은 관원들이 문밖에서 세자를 기다리며 회강을 준비하고 있는 모습을 담았다. 19세기 초에 제작된 것으로 추정된다. 규장각한국학연구원 소장.

노론과 대립한 까닭에 암살 공포에 시달렸습니다. 이때 홍국영은 세자익위사 관원들을 지휘하며 세손을 지켜냈고 마침내 1776년 정조를 왕위에 앉히는 데 성공했습니다.

왕위에 오른 정조는 홍국영을 동부승지로 전격 발탁하고 이내 도승지로 임명했습니다. 그리고 근위부대인 숙위소를 설치해 홍국영에게 숙위대장을 겸하도록 했습니다. 이때 홍국영의 나이는 29세에 불과했습니다.

이처럼 정조의 신임을 한 몸에 받으며 실권을 장악한 홍국영은 삼사三司의 소계疏啓(상소문과 계문)와 팔도의 장첩狀牒(지방에서 올라오는 장계 혹은 공문서), 묘염廟剡(관아의 관원을 의정부에서 천거해 뽑는 것), 전랑직 인사권 등을 총괄했습니다. 그러자 백관을 비롯한 8도 감사와 수령까지도 그에게 머리를 조아렸습니다. 여기에다 그는 누이동생을 정조의 후궁으로 들이게 함으로써 권력을 한 손에 쥐었지요. 모든 관리가 그의 명령에 따라 움직이면서 이른바 '세도勢道'라는 말이 생겨나기까지 했습니다.

그러나 홍국영의 세도 정치는 4년밖에 가지 못했습니다. 그가 정조의 후궁으로 바친 누이동생 원빈은 입궁한 지 얼마 되지 않아 죽었고, 정조 또한 그에게 권력이 지나치게 집중되는 것을 경계했기 때문입니다. 정조는 그에게 스스로 조정에서 물러날 것을 권고하기도 했습니다. 오히려 홍국영은 권력을 독점하기 위해 왕비 효의왕후를 독살하려는 계획까지 세웠다가 발각되면서 집권 4년 만인 1780년(정조 4년) 가산을 몰수당하고 전리방축田里放逐되었습니다.

정조의 정략

사실 정조는 홍국영의 세도 정치 기간에 규장각을 충실히 확대하고 인재를 끌어 모았습니다. 모든 신하의 눈이 홍국영에게 쏠리도록 해놓고 자신은 앞으로 펼칠 정치를 치밀하게 준비한 것입니다.

이는 그가 고의로 홍국영의 세도 정치를 부추기거나 방치했음을 방증합니다.

1780년 2월 26일 정조는 홍국영을 전리방축하며 이런 글을 내렸습니다.

이 사람인데도 이런 말이 있구나. 이 사람으로서도 이런 일이 있는가? 말이 터무니없이 거짓을 꾸며댄 것이 아니면 일이 과연 참으로 그런 것이 있는가? 일이 참으로 그런 것이 있는 게 아니라면 말이 과연 터무니없이 거짓을 꾸며댄 것인가? 내가 어찌 말 많음을 용서하여 은정恩情이 적다는 한탄을 받겠으며 나쁜 소문의 비난을 얻겠는가? 두 가지 사이에서 그것은 옳고 그것은 그른데 내가 누구를 속이겠는가? 남을 속이겠는가? 대개 옳고 그른 것은 그만두고라도 내가 참으로 착하지 못하여 이런 말이 있게 하고 이런 일이 있게 하였으니, 자신을 돌아보면 부끄럽고 괴로워서 차라리 죽고 싶다. 어찌 스스로 재촉하였다 하겠는가? 모두가 내가 착하지 못하기 때문인데 오히려 누구를 허물하겠는가? 아! 누구를 예전에 기대하였는데 오늘날 나라 사람들의 비방하는 말이 있으니, 이것을 어떻게 설명해야 하겠는가? 엎어지고 자빠짐이 이에 이르렀으니 다시 말할 만한 것이 없다. 다만 종시終始를 보전하려 하면 이 사람이 자취를 감추고 근신하여 이제까지의 화기和氣를 잃지 않게 해야 할 따름이다. 봉조하 홍국영을 전리에 돌려보내 내 군신君臣의 처음과 끝을 보전하라.

이후 홍국영을 유배 보내거나 죽여야 한다는 상소가 빗발쳤지만 정조는 받아들이지 않았습니다. 당시 사관은 1781년(정조 5년) 4월 5일 홍국영 졸기卒記(죽음에 대한 기록)에 다음과 같은 비판의 글을 남겼습니다.

"홍국영이 죽었다. 경자년(1780년) 봄부터 조정 신하들이 일제히 홍국영의 하늘까지 닿은 큰 죄를 성토하였지만 임금은 끝내 주벌을 가하지 않았다. 처음에는 횡성현으로 방축했다가 다음에는 강릉부로 방축했는데, 이때에 이르러 죽었으므로 나라 사람들이 통분하게 여기지 않는 이가 없었다."

그러나 정조는 홍국영의 죽음을 매우 애석하게 여겼습니다.

이 사람이 이런 죄에 빠진 것은 참으로 사려思慮가 올바른 데 이르지 못한 탓이다. 그가 공을 세운 것이 어떠하였으며, 내가 의지한 것이 어떠하였는가? 처음에 나라와 휴척休戚을 함께한다는 것은 지위가 중하지 않으면 위엄이 서지 않기에 권병權柄을 임시로 맡긴 것인데, 그가 권병이 몹시 중하고 지위가 너무 높은 것을 조심하고 두려워하며 스스로 삼가는 방도를 생각하지 않고 오로지 총애만 믿고 위복威福을 멋대로 사용하여 끝내는 극죄極罪를 저지른 것이다. 돌이켜 생각하건대 이는 내 허물로 이제 와 스스로 반성하기에 겨를이 없으니 무슨 말을 할 수 있겠는가? 9월 이전의 죄는 우선 논하지 않더라도 9월 이후의 죄에 대해서는 더욱 할 말이 없다. 만약 내가 말하지 않으면 다른 사람들이 어떻게 알 수 있겠는가? 그런데 중신重臣의 한 차자箚子에 그의 죄가 남김없이 드러났으니, 공의公議는 숨기기 어렵다는 것을 알 수 있다.

이 말을 듣고 당시 예조판서 김익이 말했습니다.

"권력을 휘두른 간악한 신하가 예로부터 한정할 수 없이 많았습니다만, 홍국영처럼 손으로 나라의 명운을 움켜쥐고 권세가 임금을 넘어뜨릴 정도에 이른 자는 전적이 있은 이래 없던 바입니다. 전하께서 홍국영의 작위를 높여주고 은혜를 수없이 내려 총애하신 것 또한 전적이 있은 이래 없던 것이었습니다. 권병을 한 번 옮기자 국세國勢가 거의 위태할 뻔하였으니 지금 돌이켜 생각해보면 써늘하여 가슴이 떨립니다. 이는 실로 전하의 과실인데 신이 전석前席(왕 앞)에서 자신을 책망하는 하교를 우러러 받드니, 삼가 어리석은 신하로서 스스로 격동하는 마음을 금할 수 없습니다."

정조가 한탄조로 한마디 덧붙였습니다.

"예판의 말이 옳다. 한마디로 포괄하여 말하자면 이는 곧 내 과실이다."

정조는 홍국영의 권력 농단이 자신의 과실이었다고 말했지만, 실은 홍국영을 앞세워 정적을 제거하고 홍국영이 왕위를 지키는 동안 규장각을 기반으로 자신의 친위 세력을 키웠습니다.

11
옥새와 병부를 관리하는 상서원

나라를 움직이는 표식

상서원은 왕의 도장인 옥새를 비롯한 각종 인장, 병력을 운용할 때 쓰는 명패인 병부兵符와 여러 증표, 군사를 지휘하는 표식물 등을 맡은 관청입니다.

지금도 인감도장이라 불리는 도장에 중요한 법적 효력이 있듯 조선에서는 옥새(국새)가 가장 중요한 도장이었습니다. 옥새는 넓은 의미로 왕이 업무용으로 쓰는 모든 종류의 도장을 일컫습니다. 흔히 왕위를 계승할 때 물려주는 도장만 옥새로 알고 있는데 그것은 특별히 대보大寶라고 부르는 옥새입니다. 옥새의 왕이라 할 수 있는 대보는 중국에 보내는 외교문서에만 한정해서 쓰거나 왕위 계승자에게 나라를 물려준다는 징표로 전해졌습니다.

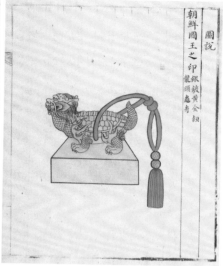

〈조선국왕지인〉. 조선의 대보이다. 1876년(고종 3년) 편찬한 《보인소의궤》에 수록된 그림이다. 규장각한국학연구원 소장.

임금이 명령을 내리는 교서와 교지에는 시명지보라는 옥새를 썼고 신하들에게 서책을 줄 때는 동문지보, 물품을 줄 때는 선사지보, 과거합격증인 홍패나 백패에는 과거지보를 썼습니다. 이 모든 인장을 통틀어 옥새라고 부릅니다. 옥새는 원래 옥으로 제작한 왕의 도장을 일컫는 말이며 금으로 만든 것은 금보金寶 또는 금인金印이라 했습니다. 물론 금보도 대개는 옥새로 통칭했습니다.

상서원에서 관리한 것 중 옥새 다음으로 중요한 것은 병부였습니다. 병부는 병사를 동원할 때 쓰던 표식인데 두 쪽으로 쪼개 한 쪽은 군사를 지휘하는 장수가 갖고, 다른 한쪽은 그 장수의 상관이 갖고 있다가 군사 동원 명령을 내릴 경우 서로 짝을 맞춰봄으로써 증거로 삼게 한 표식입니다. 병부는 나무, 금, 옥 등으로 만들었고 꽃과 동물 모양이 대부분이었습니다.

옥새와 병부는 승정원의 우두머리인 도승지의 책임 아래 관리했으며 상서원에는 판관 1명과 직장 1명, 부직장 2명이 있었습니다.

병부가 부른 참화

1418년(세종 즉위년) 군대를 동원할 때 쓰는 병부 때문에 조선 조정에 한바탕 피바람이 불었습니다.

1418년 8월 25일 상왕(태종)이 병조참판 강상인과 좌랑 채지지를 의금부에 가두라고 지시했습니다. 이들이 군사에 관한 일을 상왕인 자신이 아니라 세종에게 먼저 보고했기 때문입니다. 원래 태종은 세종에게 왕위를 물려줄 때 군사에 관한 권한은 내주지 않았습니다. 그래서 세종은 강상인이 자신에게 먼저 군사 업무를 보고하면 왜 아버지에게 먼저 보고하지 않았는지 따져 묻곤 했습니다. 상왕은 강상인을 불러 이렇게 물었습니다.

"상아패와 오매패는 무엇에 쓰는 것인가?"

"재상들을 불러들이는 데 쓰는 것입니다."

상왕은 상아패와 오매패를 다시 돌려주며 말했습니다.

"정사에 관한 것이면 임금에게 가야지 왜 이곳으로 왔는가? 어서 임금에게 가져가라."

그 후 강상인이 그것을 들고 세종에게 가자 세종도 같은 질문을 합니다.

"이것이 어디에 쓰는 패입니까?"

"장수들을 불러들이는 것입니다."

이에 세종이 정색을 하고 말했습니다.

"그렇다면 아버님께 가져가도록 하시오."

강상인이 그것을 다시 태종에게 가져가자 태종이 면전에서 임금을 속인다 하여 하옥시킨 것입니다.

강상인은 원래 무인 출신으로 태종의 가신이자 심복이었습니다. 그런데 태종이 세종에게 왕위를 물려준 뒤에도 군권을 그대로 쥐고 있는 것이 못마땅했던 모양입니다. 그는 내심 군권을 세종에게 몰아주고 싶었던 것입니다. 태종은 강상인의 그런 속내를 읽고 괘씸하게 여겨 옥에 가둬버린 것이지요.

이 일은 강상인 한 사람에게 벌을 내리는 것으로 끝나지 않았습니다. 다음 날인 8월 26일 강상인 사건과 관련해 병조판서 박습, 참의 이각, 정랑 김자온·이안유·양여공, 좌랑 송을개·이숙복을 추가로 의금부 옥에 가뒀습니다. 이후 병조의 관리들을 대거 교체했습니다.

강상인 사건 이후 조정 대신들은 강상인과 박습에게 죄를 줘야 한다는 상소를 연이어 올렸습니다. 세종이 이를 받아들여 상왕에게 보고했으나 상왕은 받아들이지 않았습니다. 덕분에 강상인은 목숨을 구해 단천 고을의 관노가 되고, 박습을 비롯한 병조의 관리들은 귀양살이를 하는 것으로 사건이 끝나는 듯했습니다.

국구 심온의 몰락

며칠 뒤인 9월 2일 태종은 정승들을 모아놓고 세종의 장인 심온을 영의정으로 삼아야 한다고 말했습니다. 그리고 9월 3일 영의정 한상경을 서원부원군에 봉하고, 청천부원군 심온을 영의정에 임명했습니다.

9월 4일 세종이 명나라로부터 세자 책봉 칙서를 받자 심온은 사은사가 되어 명나라로 떠나게 되었습니다. 그가 떠날 때 사대부들이 앞다퉈 나와 전송하는 바람에 수레와 말이 도성을 뒤덮을 정도였지요. 이 소문을 들은 태종은 심온을 그대로 두면 외척이 득세할 것이라 판단하고 심온을 축출할 방도를 모색했습니다. 그때 그는 강상인 사건과 심온을 연계할 묘책을 떠올렸습니다.

태종이 강상인 사건을 떠올린 이유는 병조의 군부에 심온의 동생 심정이 있었기 때문입니다. 말하자면 강상인과 심정을 연계하고, 다시 심정과 심온을 연계해 세종의 장인 심온을 강상인 사건의 주모자로 만들 속셈이었던 것입니다.

태종은 강상인에게 모진 고문을 가해 역모의 마음을 품었음을 자백하라고 강요했습니다. 강상인은 자신이 배신할 이유가 없다면서 끈질기게 버텼습니다. 하지만 매에는 장사가 없다고 누차 압슬형을 당한 강상인은 고문을 이기지 못하고 심온의 동생 심정의 이름을 토해냈습니다.

태종은 강상인의 허위자백을 근거로 심정은 물론 이조참판이관과 삼군부총제를 지낸 조흡까지 잡아들여 고문을 가했습니다. 그리고 결국 원하는 대답을 얻어냈습니다. 심정은 고문 끝에 자기 형이 병권을 한군데로 집중해야 한다는 말을 했다고 자백했고, 자신도 형님의 말이 옳다고 맞장구를 쳤다고 했습니다.

그 말을 들은 태종은 만족감을 드러내며 말했습니다.

"진상은 이미 드러났다. 더 심문할 것도 없다. 주모자는 심온이다. 그자는 아직 돌아오지 않았지만 그 패거리인 강상인, 이관 등을 마땅히 극형에 처하고 5도에 조리를 돌릴 것이니 빨리 처결하여 보고하라."

태종은 강상인의 사지를 찢어 죽이고 박습과 심정, 이관을 참형에 처했습니다. 그의 형제와 친척은 모두 유배를 보냈습니다. 심온의 처와 딸들을 천민으로 내몰고 심온의 재산을 모두 몰수하기까지 했습니다. 얼마 뒤인 12월 5일 심온이 명나라에서 돌아온다는 소식을 듣자, 태종은 역관 전의에게 군사 10명을 내주고 심온에게 칼을 씌워 압송해오라고 했습니다.

심온이 의금부로 압송되어온 것은 그로부터 17일 후인 12월 22일이었습니다. 심온은 자신이 대역죄를 지었다는 말을 듣고 강상인 등과 대질 심문을 하게 해달라고 요구했습니다. 의금부에서 그들을 이미 참형에 처했다며 고문을 가하자 심온은 이렇게 말했습니다.

"결국 죽음을 면할 수 없겠구나!"

심온은 강상인 등이 말한 내용이 모두 사실이라고 자백했습니다. 이는 중전인 자신의 딸과 살아남은 가족을 위한 배려였지요.

심온의 자백이 있었다는 보고가 올라오자 태종은 형을 가해 죽일 수는 없다며 자진 명령을 내렸습니다. 결국 심온은 사약을 마셨고 강상인의 병부 사건은 국구 심온을 죽이는 것으로 마무리되었습니다. 태종은 죄 없이 죽은 그에게 미안했는지 이런 말을 했습니다.

"심온은 물론 규례에 정해진 장사는 지내줄 수 없지만 후하게 지내주지 않을 수 없다."

그는 이양달을 시켜 무덤 자리를 정하게 하고 수원부에 지시해 장사를 치르게 했으며, 초상에 필요한 관과 종이와 석회도 내려줬습니다. 또 내시를 보내 장사를 주관하게 하고 그 고을에 지시해 제사도 지내게 했습니다.

이후 소헌왕후 심씨를 폐위해야 한다는 상소가 많았으나 태종과 세종이 이에 동조하지 않았습니다. 그렇지만 심온의 처와 딸들은 노비의 처지에서 풀려나지 못했습니다. 태종이 죽은 뒤에도 세종은 아버지의 판단을 번복할 수 없다는 이유로 심온의 신분을 복작復爵하지 않았습니다. 문종 대에 이르러서야 심온은 영의정 직책을 회복하고 안효공이라는 작위를 받았습니다.

12
궁궐 전속 병원 내의원

조선의 엘리트 의사

내의원은 왕실을 전담한 의료 기관으로 태종 때에 설치한 내약방이 그 모체입니다. 이곳은 1443년 세종이 내의원으로 개칭하고 관원 16명을 배치함으로써 독립 기관으로 거듭났습니다. 이어 세조 때 관제 개혁을 하면서 정과 첨정을 1명씩 배치하고 판관과 주부 각 2명, 직장 3명, 봉사·부봉사·참봉을 각 2명씩 배치했습니다. 이후 인원수에 약간의 변화가 있긴 했으나 큰 변화는 없었습니다.

이들 관원 외에 산관이 많았는데 당상과 당하 12명, 침의 12명, 의약동참 12명, 어의 3명이 있었습니다. 내의원 소속 산원(맡은 직무가 없는 벼슬자리), 의관은 정원이 없었고 필요에 따라 많은 인원을 둘 수 있었습니다. 의관의 정원을 정해두지 않은 것은 왕실 사람들의 숫자가 일정하지 않았기 때문입니다.

내의원 산관은 서원 23명, 종약서원 2명, 대청직 2명, 본청사령 7명, 임시사령 5명, 의약청사령 1명, 침의청사령 2명, 급수사령 1명, 군사 2명, 물을 길어 나르는 수여공 2명, 동변군사 3명, 삼청군사 18명을 별도로 배치했습니다. 또 이곳에 근무하는 의녀도 18명이 있었습니다.

내의원은 특별히 왕의 약을 짓는 곳이기에 의원 중에서도 실력이 출중한 자들을 가려 뽑았습니다. 이곳의 일을 실질적으로 맡은 장관은 정3품 내의원 정 1명입니다. 그 위로 의견을 내놓는 도제조, 제조, 부제조가 있었는데 이들은 모두 겸직이었습니다. 도제조는 왕이나 국방, 외교 등과 관련된 중요한 기관에 둔 정1품 겸직으로 삼정승 중 한 사람이 맡았습니다. 제조는 종2품 벼슬이 겸직하고 부제조는 승지가 겸임했기 때문에 내의원도 상서원과 마찬가지로 승정원의 지배 아래 있었다고 볼 수 있습니다. 이처럼 왕의 비서 격인 승지는 왕과 직접 관련이 있는 부서마다 관여해 왕의 안전에 이상이 없도록 별도의 업무를 수행하기도 했습니다.

평소에는 내의원과 전의감에서 왕실의 의약을 관장했으나 왕과 왕비의 병환이 위중할 때는 특별히 시약청과 의약청을 임시로 설치해 담당자가 궁중에 상주하면서 치료와 투약에 신중을 기했습니다.

다른 의료 기관

조선의 의료 기관으로는 내의원 외에 제생원濟生院, 혜민국惠民局, 전의감典醫監, 활인서活人署가 있었습니다.

제생원은 1397년(태조 6년) 조준의 건의로 설립한 의료 기관으로 의료, 의약의 수납 및 보급, 의학 교육과 의서 편찬 사업을 담당한 곳입니다. 조선 초기의 대표적인 의서《향약제생집성방》30권이 제생원에서 편찬한 책입니다.

제생원은 혜민국, 전의감과 더불어 일반 서민의 질병을 치료하고 구호 사업에도 관여해 조선 초기 의학 발전의 핵심 역할을 했습니다. 그러나 1459년(세조 5년) 5월 정부 조직 간소화 작업을 추진할 때 혜민국과 합병했습니다.

제생원과 합병한 혜민국은 혜민서惠民署로 거듭났는데, 이곳에서는 종6품 의학교수가 의원과 의녀를 훈육했습니다. 혜민서에 근무한 관원에는 종6품 주부를 비롯해 종6품 의학교수 1명, 종7품 직장, 종8품 봉사, 정9품 훈도, 종9품 참봉 4명이 있었습니다. 이외에 산원으로 치종교수 1명, 청사를 지키는 위직 2명, 침의 1명이 있고 이속으로 서원 1명, 창고지기 1명, 사령 5명이 있었습니다. 혜민서에 근무하는 의녀는 31명이 정원이었으나 숫자는 상황에 따라 늘기도 하고 줄기도 했습니다.

전의감은 궁중에서 쓰는 의약을 공급하고 의학 교육과 의원 취재取才(재주를 시험해 사람을 뽑음)를 담당했습니다. 말하자면 의원을 뽑고 가르치고 약을 공급하는 중추적인 기능을 담당한 부서입니다. 이러한 전의감은 혜민서의 상급 기관으로 주부 위로 정, 부정, 판관의 관리가 있었습니다. 이곳에 근무한 관원은 시기에 따라 조금씩 조정했지만 조선 말기까지 취재, 교육, 약 보급이라는 본질적 기능은 변하지 않았습니다.

활인서는 종6품 아문으로 도성 내의 병자를 무료로 구료하는 임무를 띤 관서입니다. 그 전신은 고려 시대의 동·서대비원입니다. 조선 시대에도 대비원이라는 이름을 버리지 않고 있다가 태종 대에 불교 억압책을 본격화하면서 불교식 이름을 버리고 동·서활인원으로 개칭했습니다.

동활인원은 동소문 밖에, 서활인원은 서소문 밖에 있었는데 이곳에서는 도성 내의 병자나 오갈 데 없는 사람들을 치료하는 한편 무료로 식사와 의복을 내주었습니다. 동·서활인원은 세조 대에 활인서로 통합했고 제조 1명, 별제 4명, 참봉 2명, 서리 4명의 관제를 뒀습니다. 활인서는 임진왜란 때 잠시 사라졌다가 부활해 1882년(고종 19년)까지 존속했습니다.

가장 영예로운 의사

어의는 임금과 왕실 사람들을 치료한 의원으로 의사로서는 최고로 영예로운 직책이었습니다. 어의를 '태의'로 부르기도 했는데 태의 중 가장 높은 태의를 수태의라고 했습니다. 수태의를 줄여서 수의, 즉 '우두머리 의사'라고 부르기도 했지요.

어의는 나라에서 가장 실력이 좋다고 인정받은 의사로 주로 왕을 치료했고, 때로는 왕의 명령을 받아 중요한 신하들을 치료했습니다. 세종은 양녕대군이 학질을 앓을 때 어의를 보내 치료하게 했고, 자신의 친척인 원주목사 조박이 아플 때도 어의 어승진과 김지수를 보내 치료하게 했습니다.

왕이 신하에게 어의를 보낸다는 것은 그만큼 그 신하를 아낀다는 의미였습니다. 세종을 비롯한 조선의 왕들은 아끼는 신하나 중요한 신하가 병을 앓으면 의당 어의를 보내 치료하게 했습니다.

어의는 왕이 신뢰하는 사람 중 하나였지만 조선의 의원들은 대개 양반 출신이 아니었습니다. 양반 출신의 의원을 유의라고 하는데 양반들은 유의에게 치료받는 것을 좋아했습니다. 그러나 유의는 흔치 않았고 내의원에 속한 대다수 의원은 평민이나 중인 출신이었습니다. 개중에는 천민 출신 의관도 있었지요. 그러다 보니 의원의 벼슬은 종3품이 한계였습니다. 더러 왕의 병을 고치는 데 큰 공을 세운 사람에게는 1품 벼슬을 내리기도 했습니다. 그 대표적인 인물이 《동의보감》의 저자 허준입니다. 허준은 서자 출신의 의관으로 임진왜란 때 선조를 보필한 공으로 종1품 숭록대부 벼슬을 받았습니다. 1606년(선조 39년)에는 선조의 중병을 치료한 공을 인정받아 정1품 보국숭록대부 벼슬을 받을 뻔했지만 선조의 뜻과 달리 신하들의 맹렬한 반대로 정1품에는 오르지 못했습니다.

어의의 삶에 영광만 있었던 것은 아닙니다. 허준은 선조의 총애를 받았으나 선조가 죽자 그 책임을 지고 유배당하는 처지에 놓였습니다. 이런 일은 허준만 겪은 것이 아니라 내의원 어의는 누구라도 겪는 일이었습니다. 1659년 효종은 얼굴에 종기가 생기자 과거에 자신의 낙상 사고를 침술로 치료해준 신가귀를 불러들였습니다. 과거의 치료로 큰 영예를 누린 신가귀는 다시 한 번 치료에 들어갔으나 침을 맞은 효종의 종기에서 출혈이 멈추지 않아 과다출혈로 사망하자 교수형에 처해졌습니다. 이처럼 어의는 내의원의 꽃인 동시에 언제 죽을지 알 수 없는 불안한 자리였습니다.

의녀는 무슨 일을 했을까

의녀는 1406년(태종 6년) 여성 환자들을 돌보기 위해 만든 여의사 제도입니다. 이들은 대부분 관가의 노비 중에서 총명하고 재주가 있는 여자아이로 선발했습니다. 3년에 한 번씩 의녀를 뽑았는데 그 숫자가 150명 정도였다고 합니다. 이 중에서 실력이 나은 70여 명은 내의원에 들어가 한양에서 근무했고 나머지는 각 지방의 의원에 소속되었습니다.

내의원 소속의 의녀들은 궁궐을 드나든 까닭에 궁녀로 인식되기도 했으나 궁녀와 확연히 다른 방식으로 근무했습니다. 의녀는 궁녀처럼 품계가 있는 것도 아니었고 궁궐에 사는 것이 아니라 출퇴근을 했습니다. 또한 결혼할 수도 있었지요. 한마디로 의녀는 궁녀에 비해 좀 더 자유로운 존재였습니다.

의녀는 부인병을 앓는 환자를 보살피고 출산을 돕는 등 산부인과 의사와 간호사 역할을 동시에 수행했습니다. 그 밖에 포도대장의 지휘 아래 여자경찰의 역할도 톡톡히 해냈습니다. 예를 들어 여자로 변복한 도둑을 수색하거나 아녀자의 방을 뒤지는 일, 여자 범죄자의 몸을 수색하는 일 등을 맡았지요. 궁녀가 죄를 지었을 때 체포하는 것도 의녀의 몫이었습니다.

그 밖에 의녀들은 종종 사대부집 잔치에 불려가 춤을 추고 술 따르는 일을 했는데, 이 때문에 의녀를 약방기생이라고도 불렀습니다. 연산군 때 시작된 이런 일이 쉽게 고쳐지지 않고 내려오면서 사람들이 의녀를 기생처럼 천하게 여기기도 했습니다.

의녀의 교육과 직책

조선 초기 의녀는 모두 제생원에서 교육을 받았습니다. 그러다가 세조 이후 제생원이 사라지면서 전의감과 혜민서에서 교육을 받았지요. 교육은 2명의 교수가 중심이 되어 진행했고 교수 외에 훈도들이 보조 기능을 했습니다. 2명의 교수는 모두 문신이고 그 아래에 의원들을 배치했습니다.

의녀 교육은 모두 3단계로 나뉘었는데 첫 단계는 초학의初學醫로 이때는 오직 학업에만 전념하는 시기입니다. 이 기간은 보통 3년이었고 의녀들은 《천자문》, 《효경》, 《정속편正俗篇》 등으로 글을 익히는 한편 《인재직지맥》, 《동인침혈침구경》, 《가감십삼방》, 《태형혜민화제국방》, 《부인문산서》 같은 의서와 요즘의 수학인 《산서算書》를 배웠습니다. 지방에서 중앙으로 올라오는 의녀는 먼저 지방에서 글을 익힌 다음 이동했습니다.

초학의 기간에 학습은 이렇게 이뤄졌습니다.

제조가 매달 상순 책을 강독하고 중순에는 진맥과 약을 익혔으며 하순에는 혈의 위치를 교육받았습니다. 연말에는 제조가 방서, 진맥, 명약, 점혈 등을 총체적으로 강의한 뒤 1년 동안 강의에서 받은 점수를 계산해 성적에 따라 조치했습니다.

불통이 많아 성적이 낮으면 의녀의 집안에 주어진 봉족을 빼앗았는데 첫해엔 1명, 둘째 해에는 2명에게 빼앗았습니다. 만약 셋째 해에도 불통을 개선하지 못할 경우 원래 신분인 관노의 자리로 돌려보냈습니다. 이때 생긴 빈자리는 비자 중 1명을 선택해 채웠지요.

봉족은 국역 편성의 기본 조직으로 나랏일을 위해 복무하는 집안에 붙여주던 일종의 공익 요원입니다. 원래 16세 이상 60세 이하의 모든 평민은 군역을 부담해야 했는데 이들 중 군역에 동원되지 않은 사람에게는 봉족이 주어졌습니다. 봉족으로 분류된 사람은 배치받은 집안에 가서 일을 도와야 했고 이는 일종의 경제적 혜택이었습니다. 결국 의녀의 봉족을 줄이는 것은 곧 급료를 줄이는 것이나 마찬가지였습니다.

또한 초학의 기간 동안 세 달 이내에 세 번 불통 점수를 받은 사람은 혜민서의 다모茶母로 보냈고, 다모 생활을 하면서도 여전히 공부를 게을리 해 성적이 좋지 않으면 다시 관비의 신분으로 돌려보냈습니다.

초학의 3년 기간이 끝나면 간병의看病醫로 넘어갑니다. 이때는 말 그대로 의원을 보조하면서 간병하며 질병을 익히는 실습 기간입니다. 간병의 기간은 따로 정해져 있지 않았습니다. 특정 분야를 빨리 익혀 뛰어난 의술을 보이면 내의로 발탁되고 그렇지 않으면 40세가 될 때까지 간병의로 남아야 합니다. 40세가 지났어도 전문 분야가 없으면 본래의 신분인 관노로 돌아갑니다.

급료는 간병의 중에서 매달 성적이 뛰어난 4명을 뽑아 그들에게만 주었습니다. 간병의 중에서 뛰어난 능력을 보이는 2명을 선택해 내의녀로 임명했는데 그제야 비로소 월급이 나왔습니다. 또한 녹전은 없지만 계절에 한 번씩 녹봉을 받는 체아직에 임명될 수 있었습니다. 명실공히 관직을 얻었던 것입니다. 《경국대전》에 따르면 의녀에게 벼슬을 줄 때는 체아직밖에 내리지 못했다고 합니다.

내의녀 중에서 뛰어난 의녀는 임금을 보살피는 어의녀로 삼았습니다. 어의녀는 대개 내의녀 중에서 최고 선임자가 했는데 개중에는 60세가 넘도록 근무한 사람도 있습니다. 조선 시대의 대표적인 어의녀 대장금은 무려 20여 년 동안 어의녀로 지냈습니다.

13

천문과 지리를 관장하는 관상감

조선의 과학 관료

관상감의 원래 명칭은 서운관書雲觀이었으나 세조 대에 관상감으로
개칭한 것입니다. 연산군 시절에 잠시 사역서로 이름이 바뀌었다가
중종 때 다시 관상감으로 돌아왔습니다. 이 기관은 지금의 기상청
이나 천문관측소 같은 곳으로 천문, 풍수지리, 달력, 기상 관측, 시
간 측정, 사주팔자 등의 일을 맡아보았습니다. 관상감에서 연구한
학문은 천문학, 지리학, 명과학 등이었지요.

이곳 관리들은 모두 잡과에 합격한 인재로 이른바 자연과학 분
야의 전문가였습니다. 과거에는 어떤 일을 위해 날짜를 잡을 때도 예
조에서 기안해 올리면 관상감에서 좋은 날짜를 정해 시행했습니다.

천문학은 천체에서 일어나는 현상과 기상을 연구하고, 지리학
은 좋은 집터와 무덤 자리 같은 풍수지리를 살피는 학문입니다.

그리고 명과학은 사주팔자학처럼 앞날의 운세를 알아보는 명리학을 말합니다. 그중에서도 특히 명과학은 고려 시대 때부터 시각을 잃은 사람들이 전문으로 해왔습니다.

《경국대전》에 따르면 관상감 관원은 65명이었습니다. 정1품 영사는 영의정이 겸하고 그 밑의 제조 2명도 겸직을 했습니다. 이어 정3품 정 아래로 부정, 첨정, 판관, 주부, 천문학교수, 지리학교수, 직장, 봉사, 부봉사, 천문학훈도, 지리학훈도, 명과학훈도, 참봉 등의 관직과 다수의 임시직이 있었습니다.

조선의 천문학 수준

현대인이 생각하기에 조선 시대의 천문학은 기껏해야 별을 보고 점을 치는 수준이 아니었을까 싶을 것입니다. 이러한 편견과 달리 조선의 천문학은 결코 서양에 뒤지지 않았습니다. 아마 요하네스 케플러가 독일의 유명한 천문학자라는 사실은 알고 있을 겁니다. 그럼 '케플러 초신성'이라는 용어도 알고 있습니까?

케플러 초신성이란 1604년 10월 17일 관측한 초신성 폭발 현상을 일컫습니다. 그런데 케플러가 초신성을 관찰하기 나흘 전인 10월 13일 조선의 천문학자들이 이것을 먼저 발견한 내용이 《선조실록》에 실려 있습니다.

밤 1경更 객성客星이 미수尾宿 10도의 위치에 있었는데, 북극성과는 1백 10도의 위치였다. 형체는 세성歲星보다 작고 황적색黃赤色이었으며 동요하였다(선조 37년 9월 21일).

이 내용을 쉽게 풀어보자면 17시에서 19시 사이에 떠돌이별(객성)이 전갈자리(미수) 10도의 위치에 있었다는 얘기입니다. 북극성과 110도의 위치에 있었던 그 별은 크기가 목성(세성)보다 작고 황갈색이었으며 움직이고 있었다는 설명입니다.

당시 음력 9월 21일을 양력으로 환산하면 10월 13일입니다. 이는 케플러가 초신성을 발견한 시간보다 나흘 앞서 조선의 천문학자들이 초신성을 발견했다는 뜻입니다.

이 기록이 보여주듯 조선의 천문학자들은 별을 보고 점을 치는 따위의 일을 하는 사람들이 아니었습니다. 객성과 관련된 기록은 여기에서 그치지 않습니다. 이듬해 3월 15일까지 무려 6개월 동안 50여 차례에 걸쳐 관찰한 기록이 남아 있습니다.

이 기이한 천문 현상 때문에 선조는 몹시 불안해했습니다. 객성 출현을 나라에 심상치 않은 일이 벌어질 징조로 받아들였기 때문입니다. 이 현상과 관련해 홍문관에서는 천재지변이 생겼으니 임금은 몸과 마음을 삼가야 한다는 글을 올리기도 했습니다.

이때 천문학자들이 관측한 초신성은 결국 폭발했습니다. 그 이유는 태양을 제외한 별은 대부분 쌍둥이이기 때문입니다. 두 별이 함께 돌다가 서로 부딪쳐 폭발하는 것입니다.

조선 시대에는 이 현상을 하늘의 엄중한 경고로 여긴 까닭에 홍문관에서 임금에게 몸과 마음을 삼가야 한다는 글을 올린 겁니다. 별을 관측하는 수준은 발달했어도 그것을 해석하는 수준은 과학적이지 못했던 셈입니다. 사실 조선 시대에 별을 관측한 가장 큰 이유는 별의 움직임이 나라의 안위와 연관되어 있다고 생각했기 때문입니다.

천문학의 대가 이순지

조선의 천문학을 거론할 때 빼놓을 수 없는 인물이 이순지입니다. 이순지는 지사간知司諫 이맹상의 아들로 언제 태어났는지는 기록이 없으며 자는 성보誠甫, 본관은 양성陽城입니다. 태어날 때부터 병약했던 그는 혼자 제대로 먹을 수 없었고 5세가 되도록 말하지도, 걷지도 못했습니다.

그의 어머니는 병약한 그를 살리기 위해 아이를 유모에게 맡기지 않고 직접 양육하며 늘 포대기에 싸서 데리고 다녔다고 합니다. 그런 어머니의 헌신과 노력 덕분에 그는 5세가 넘자 말문이 트이고 제대로 걷기 시작했습니다. 하지만 늘 귀에서 고름이 나고 눈에서 눈물이 흐르는 병을 안고 살았습니다. 그럼에도 불구하고 그는 학문을 좋아해 항상 책을 가까이했습니다.

처음에 동궁에서 행수로 지내던 그는 1427년(세종 9년) 문과에 급제해 관직 생활을 시작했습니다. 당시 천문학에 깊은 관심을 보인 세종은 명석한 문인들을 따로 뽑아 산학을 익히게 했는데 이순지도 그중 하나였습니다. 그 무렵 이순지는 이미 역산에 정통한 인재였지요. 세종이 그 명성을 듣고 이순지를 불러 물었습니다.

"지도상으로 이 나라가 어디에 위치해 있는지 아느냐?"

"본국은 북극에서 38도 강强에 위치하고 있습니다."

그때 이순지를 과소평가한 세종은 그 말을 믿지 않았습니다. 그런데 얼마 뒤 중국에서 온 산학자가 천문학 책을 바치자 세종이 그에게 말했습니다.

"이 나라가 어디에 위치해 있는지 그대는 잘 알겠군."

"고려(당시에는 조선을 여전히 고려라고 부르는 중국인이 많았습니다)는 북극에서 38도 강에 위치한 나라입니다."

그 말을 들은 세종은 이순지를 과소평가한 점을 크게 반성했고, 역산에 관한 일만큼은 이순지의 능력을 인정하기 시작했습니다.

이순지가 과거에 합격해 처음 근무한 곳은 승문원입니다. 이곳은 중국과의 외교를 담당하는 기관으로 주로 사대교린 관련 문서를 작성하고 이두를 가르쳤으며 역관 교육 업무를 담당했습니다. 이순지는 이곳에서 4년 동안 이두를 배우고 역산을 연구했지요.

그의 역산 지식이 깊어지자 세종은 그에게 고래古來의 역법을 상고相考해 사실과 맞지 않는 부분을 수정하게 했습니다. 이후 그는 3년 동안 역법 교정에 전념하면서 역산의 대가로 성장해갔습니다.

이순지의 역산 능력을 높이 평가한 세종은 그를 서운관으로 보내 간의대 업무를 보게 했습니다. 간의대는 천문을 관측해 별의 운행과 변화를 기록하고 그 원리를 파악하는 곳으로 요즘의 천문 관측대 역할을 했지요. 이곳에서 이순지는 장영실, 이천 등과 머리를 맞대고 간의, 규표, 앙부일구, 보루각, 흠경각, 서책 인쇄를 위한 주자 등을 제작했습니다.

1436년(세종 18년) 이순지는 종5품 봉상판관으로 간의대에서 천문 관측 임무를 맡고 있다가 모친상을 치르기 위해 관직에서 물러나길 청했습니다. 승정원에서 그의 후임으로 김담을 천거했지만 세종은 1437년 이순지를 정4품 호군으로 승진시키면서 상복을 벗고 관직에 나올 것을 명했습니다(상중에 관복을 입고 벼슬에 근무하는 것을 기복起復이라고 합니다). 이순지가 이를 받아들이지 않자 세종은 그의 아버지 이맹상에게 아들 순지가 벼슬에 나오도록 설득하라고 명령을 내렸습니다. 이 정도 하위직에 임금이 직접 기복 명령을 내리는 일은 거의 없었습니다. 이는 세종이 천문학 발전에 얼마나 심혈을 기울였는지 잘 보여주는 대목입니다.

세종이 기복 명령을 내리자 이순지는 장문의 글을 올려 효도를 다하도록 해달라고 청했습니다. 그는 자신이 다른 형제들에 비해 어머니의 은혜를 크게 입어 절대로 기복할 수 없다면서 역산 업무는 굳이 관청에 나가지 않아도 할 수 있는 일이라고 역설했습니다. 세종은 그의 청을 받아들이지 않았으나 이순지는 상이 끝날 때까지 출사하지 않았습니다.

어쩔 수 없이 세종은 이순지의 관직을 그대로 두고 그의 부재를 메울 인물을 물색했는데 그때 천거받은 인물이 집현전 정자로 있던 김담입니다. 당시 젊은 학자였던 김담은 훗날 이순지의 뒤를 이어 역산 발전에 크게 기여했습니다.

1437년 이순지를 정4품 호군으로 승진시킨 세종은 1443년 그를 동부승지로 전격 발탁했습니다. 동부승지는 공조를 맡은 비서관으로 세종이 이순지를 여기에 배치한 것은 과학, 특히 천문학 분야 업무를 자신이 직접 챙기겠다는 의미였습니다.

그 무렵 세종은 이순지에게 새로운 천문학 서적을 편찬하라는 특별한 명령을 내렸습니다. 기존 천문역서의 문제점을 보완하고 중복된 부분을 삭제해 긴요한 사항만 한눈에 볼 수 있도록 하라는 것이었지요.

세종의 명령에 따라 작업에 들어간 이순지는 1445년(세종 27년) 3월 30일 드디어 《제가역상집諸家曆象集》을 편찬했습니다. 4권 4책으로 이뤄진 이 책의 제1권은 천문, 제2권은 역법, 제3권은 의상, 제4권은 구루(해시계와 물시계)를 다루고 있습니다.

당대 최고의 천문역서인 《제가역상집》은 《칠정산내·외편》과 함께 천문학을 향한 이순지와 세종의 열정을 고스란히 담아낸 역작입니다. 이 책의 강점은 천문학의 요점을 일목요연하게 정리해 역산 지식이 깊지 않아도 한눈에 알아보게 만든 점입니다. 이는 실용주의 정책으로 일관한 세종의 면모와 고금의 천문역서에 통달한 이순지의 지식 체계가 일궈낸 조선 천문학의 쾌거입니다.

14
천상시계 옥루를 설치한 흠경각

독창적인 시계, 옥루

흠경각은 천상시계 옥루를 설치한 건물로 그 위치에 관해 여러 설이 있습니다. 《조선왕조실록》에는 천추전 서쪽에 세웠다는 기록이 있고 《동국여지승람》에는 강녕전 서쪽에 있다는 기록이 나옵니다. 이는 임진왜란 때 경복궁이 불타버린 이후 복구하지 못해 위치를 정확히 고증하지 않은 탓입니다. 대체로 경회루 동남쪽에 있었던 것으로 보고 있습니다.

흠경각이라는 이름은 세종이 지은 것으로 이는 요임금이 천문 분야를 전담한 희씨와 화씨에게 내린 '하늘을 공경하여 백성에게 때를 일러주라欽敬昊天 敬授人時'라는 문구에서 따온 것입니다.

흠경각에 설치한 옥루는 세종 시대의 뛰어난 장인 장영실이 만든 천상 자동 물시계였습니다. 천상시계란 하늘의 움직임을 알려주는 시계를 말합니다. 이것을 물시계 형태로 만든 것이 옥루였지요.

우승지 김돈이 쓴 〈흠경각기〉에 따르면 옥루는 물의 흐름으로 모든 것이 자동으로 돌아가면서 시간과 천상天象을 표시하도록 만든 정교한 기계 장치입니다. 이것은 종이를 발라 만든 7자(약 2미터) 정도의 모형 산 둘레에 금으로 만든 해가 돌게 하고 옥녀玉女 인형 넷과 방위신 인형 넷이 시각에 맞춰 움직이는 한편 다른 인형들이 시간에 맞춰 종, 북, 징을 치게 되어 있었습니다. 말하자면 시간을 눈으로도 보게 하고 소리로도 알려주는 특이한 장치였지요.

이 교묘하고 뛰어난 기계 장치는 원나라를 통해 받아들인 아라비아 천문기구의 영향과 장영실의 독창성이 결합한 결과물입니다. 아쉽게도 장영실이 만든 옥루는 1553년(명종 8년) 화재로 불타버렸습니다. 그것을 이듬해에 박민헌을 비롯한 기술자들이 복구했으나 임진왜란 때 경복궁이 완전히 불타면서 옥루는 영원히 사라졌습니다.

흠경각과 같은 이름의 전각이 1614년(광해군 6년) 창덕궁에 세워졌고 1770년(영조 46년)에는 관상감에 다시 세워졌습니다. 하지만 불행히도 옥루는 복원하지 못했습니다.

위대한 장인 장영실

흠경각과 옥루를 소개할 때 결코 빠뜨릴 수 없는 인물이 장영실입니다. 장영실은 그야말로 세종의 과학 정책을 현실화한 '위대한 손'

이었습니다. 《세종실록》은 장영실의 아버지가 원나라 소항주蘇杭州 사람이고 어머니가 기생이었다는 것, 그가 동래현의 관노 신분이었 다는 것을 기록하고 있습니다.

장영실의 성씨로 미뤄보건대 그의 아버지는 원나라 사람이긴 해도 몽골인이 아닌 한족이었고, 장영실이 관노였다는 사실은 그의 어머니가 관기였음을 추측하게 합니다. 즉, 장영실은 몽골 지배 시 절의 한족 아버지와 고려 동래현에 예속된 관기 사이에서 태어난 혼혈아였던 것입니다.

동래의 관노 신분인 장영실을 궁궐로 불러들인 사람은 사실 태 종입니다. 태종이 그를 궁궐에 둔 것은 그의 뛰어난 손재주 때문이지 요. 그러나 태종 시절에 그의 재능은 크게 빛을 발하지 못했습니다.

그의 재능을 알아본 사람은 세종이었고, 세종은 그를 관노 신분 에서 풀어주고 상의원 별좌 자리를 주려고 했습니다. 그간 장영실 은 공장에서 많은 기계를 제작했는데 그가 제련 기술에서 남다른 재능을 보이자 그를 기술 관료로 키우려고 한 것입니다.

그때 이조판서 허조가 기생 소생을 상의원에 둘 수 없다며 반대 를 했습니다. 상의원은 왕의 의복과 궁중에서 쓰는 일용품, 금은보 화 등을 공급하는 일을 맡아본 기관입니다. 별좌는 비록 월급을 받 지 못하는 무록관이지만 종5품의 문반 실직實職이었습니다. 또 1년 을 근무하면 다른 직책으로 옮겨가 녹봉을 받는 녹관이 될 수도 있었 습니다. 그런 만큼 허조는 한낱 관기의 자식이 작은 능력이 있다 하 여 문반의 5품직 관직을 받는 것은 용납하기 어렵다고 한 것입니다.

그러나 병조판서 조말생은 장영실을 상의원 별좌에 앉히는 것이 옳다고 주장했습니다. 비록 천인 출신이지만 능력이 있고 국가에 공로가 있으면 신분을 높여줄 수 있다는 견해였지요. 세종은 조말생의 주장에 힘입어 장영실을 종5품 별좌에 앉혔습니다. 당시 이것은 굉장히 파격적인 대접이었습니다. 세종은 거기에서 그치지 않고 장영실에게 종3품 대호군 벼슬까지 주면서 그를 독려했습니다.

세종의 적극적인 지원 아래 장영실이 일궈낸 과학적 쾌거를 열거하면 대표적으로 혼천의, 혼상(천구의), 물시계, 해시계, 측우기, 간의대, 갑인자 등이 있습니다. 물론 장영실 혼자 이 모든 일을 해낸 것은 아닙니다. 주로 정초와 정인지, 세종이 이론과 원리를 설명하고 이순지와 김담이 수학적 기반을 마련했으며 이천이 현장을 지휘했습니다. 그렇지만 실제로 이들 기계를 제작한 인물은 장영실이었습니다.

조선 기계공학의 정수

그럼 조선의 위대한 손, 장영실이 만든 과학적 산물의 면면을 살펴봅시다.

우선 경복궁의 경회루 북쪽에 설치한 석축 간의대는 높이 6.3미터, 길이 9.1미터, 너비 6.6제곱미터의 천문관측대입니다. 이 간의대에는 혼천의, 혼상 등을 설치했습니다. 간의대와 주변 시설물은 중국, 이슬람 양식에 조선의 전통 양식을 혼합한 것으로 1438년(세종 20년) 3월부터 서운관 관원들은 매일 밤 이곳에서 천문을 관측했습니다.

간의대에 설치한 혼천의는 천체의 운행과 그 위치를 측정하는 기계로 중국 우주관 중 하나인 혼천설에서 비롯된 것입니다. 혼천설의 골자는 우주가 새알처럼 둥글게 이 땅을 둘러싸고 있고, 땅은 그 알껍데기 속의 노른자위 같이 생겼다는 학설입니다. 이는 우주가 둥근 원 모양이고 지구는 그 속의 또 다른 둥근 원이라는 뜻으로 곧 지구 구형설인 셈입니다. 혼천의는 혼상과 함께 물레바퀴를 동력으로 움직이는 시계 장치와 연결되어 천문시계 기능을 했습니다.

혼상은 일종의 우주본으로 지구본처럼 둥글었고 둥글게 만든 씨줄과 날줄을 종이로 감싼 모양입니다. 어설퍼 보이는 이 천문관측기는 당시로서는 최고의 과학적 결정체였습니다. 이 외에도 간의대에는 방위·절기·시각을 측정하는 도구 규표와 태양시·별의 시간을 측정하는 일성정시의를 설치했습니다.

천문학 발전은 시계를 발명하는 기반이 되었습니다. 당시 대표적인 시계는 해시계와 물시계인데 해시계에는 앙부일구, 현주일구, 천평일구, 정남일구가 있었고 자격루와 옥루는 물시계입니다.

해시계를 일구日晷라고 한 것은 해 그림자로 시간을 알게 했기 때문입니다. 이러한 일구는 모양과 기능에 따라 여러 가지로 나뉘며 우리나라 최초의 공중시계인 앙부일구는 그 모양이 '솥을 받쳐 놓은 듯하다仰釜'고 해서 이렇게 명명했습니다. 이 시계는 혜정교

(현재의 광화문우체국 동쪽에 있던 다리)와 종묘 남쪽 거리에 설치했지요. 현주일구와 천평일구는 규모가 작은 일종의 휴대용 시계였고 정남일구는 시곗바늘 끝이 항상 '남쪽을 가리킨다'고 해서 붙인 이름입니다.

앙부일구는 다른 나라의 해시계와 달리 단순히 시간만 알려준 것이 아니라 바늘의 그림자 끝만 따라가면 시간과 절기를 동시에 알 수 있는 다기능 시계였습니다. 또한 앙부일구는 세계에서 유일하게 반구로 된 해시계입니다. 여기에 착안해 그 제작 과정을 살펴보면 놀라운 사실이 드러나는데, 그것은 당시 사람들이 해의 움직임뿐 아니라 지구가 둥글다는 것도 알고 있었다는 점입니다. 물론 그것은 지금과 같은 지구 구형설이나 지동설이 아니라 혼천설에 따른 것이었지요.

해시계는 조선의 시계 문화에 획기적인 발전을 일으켰지만 기능적 한계를 안고 있었습니다. 해의 그림자로 시간과 절기를 알아내는 방식이라 흐린 날과 비가 오는 날에는 이용할 수 없었던 것입니다. 그래서 만들어진 것이 물시계입니다.

시간을 자동으로 알려주는 시보장치가 달린 물시계는 일종의 자명종시계입니다. 1434년(세종 16년) 세종의 명을 받아 장영실, 이천, 김조가 고안한 자격루는 시·경·점에 따라 자동으로 종·북·징을 쳐서 시간을 알려주었습니다. 1437년에는 장영실이 독자적으로 천상시계 옥루를 발명해 경복궁 흠경각에 설치했습니다. 옥루는 중국 송·원 시대의 모든 자동시계와 중국에 전해진 아라비아 물시계에 관한 문헌을 철저히 연구한 끝에 고안한 것으로 중국과 아라비아의 시계보다 훨씬 더 뛰어나다는 평가를 받고 있습니다.

천문학 발전으로 이뤄진 또 하나의 뜻 깊은 발명품은 측우기입니다. 1441년(세종 23년)에 발명된 측우기는 관상감과 각 도 감영에서 강우량을 측정할 때 쓴 관측 장비로 현대적인 강우량 계측기와 유사합니다. 이것은 갈릴레오의 온도계나 토리첼리의 수은기압계보다 200년이나 앞선 세계 최초의 기상 관측 장비입니다.

측우기 발명으로 조선은 새로운 강우량 측정 제도를 마련했고 이를 농업에 응용해 농업기상학에서 괄목할 만한 진전을 이뤘습니다. 또 강우량을 정확히 파악한 덕분에 홍수 예방에도 도움을 받았지요.

인쇄 문화도 획기적으로 발전해 갑인자가 등장했습니다. 세종은 당시까지 사용하던 경자자 문제를 해결하기 위해 새로운 활자를 만들도록 명했고 이천의 지휘 아래 이순지, 장영실, 김돈, 김빈을 중심으로 한 인재들은 두 달 만에 활자 20만 자를 만들었습니다.

1434년 갑인년에 동활자로 만든 갑인자는, 가늘고 빽빽해서 보기 어렵고 판이 잘 허물어져 글자가 한쪽으로 쏠리거나 삐뚤어지는 경자자의 문제를 거의 완벽하게 개선했습니다. 필력이 정확한 갑인자는 아름답고 보기에 편하며 크기가 일정해 흔히 한국 활자본의 백미로 불리며, 세계 활자사에도 한 획을 그은 업적으로 평가받고 있습니다.

그 후 조선 정부는 400여 년 동안 갑인자를 사용했습니다. 하지만 세종 이후 동활자가 계속 유실되면서 많은 부분을 목활자로 대체한 까닭에 조선사를 통틀어 세종 때의 동판 갑인자로 찍은 글자보다 더 세밀하고 유려한 활자는 없습니다. 갑인자는 조선 500년은 물론 중국의 어느 활자보다 정교했던 것입니다.

간의대, 해시계, 물시계, 측우기, 갑인자 등 세계 과학사에 빛나는 업적은 세종의 뛰어난 지도력 아래 탄생했습니다. 학문은 물론 기술 측면에도 지대한 관심과 노력을 아끼지 않은 세종은 측우기 제작에 왕세자를 직접 참여시키는가 하면, 출신 성분에 관계없이 능력에 따라 학자와 기술자를 등용했습니다. 장영실은 세종의 그 같은 실용적 가치관에 힘입어 능력을 마음껏 발휘했고 덕분에 조선은 과학 혁명을 이룰 수 있었습니다.

15
없어서는 안 될 궐내각사들

고관들의 회의실, 빈청

빈청은 의정부 삼정승을 비롯한 고관들의 회의실입니다. 이러한 빈
청은 경복궁에는 승정원 남쪽, 경희궁에는 승정원과 시강원 동쪽에
있었고 다른 궁에도 주로 승정원 근처에 위치해 있었습니다. 빈청
에서는 정2품 이상의 고위 관료들이 정기적으로 회의를 했는데, 비
변사의 정기 회합도 매달 이곳에서 3~6회 있었습니다.

빈청에서는 구체적으로 어떤 일을 했을까요? 《조선왕조실록》
에는 빈청에서 삼정승이 모여 회의하는 장면을 기록한 것이 많은
데 그중 하나만 소개하면 이렇습니다.

1452년(단종 즉위년) 6월 23일 빈청에 영의정 황보인, 좌의정 남
지, 우의정 김종서가 모여 정사를 논의했습니다. 먼저 김종서가 말
했습니다.

"무릇 모든 제수는 비록 권무의 직이라도 정부에서 모두 마감하여 매듭지어 주는 것이 가능합니다."

권무란 임시로 맡은 사무를 일컫는데 말하자면 비록 임시직일지라도 의정부에서 모든 직책을 결정하는 것이 가능하다는 말입니다. 당시 단종은 너무 어려 이른바 황표정사라는 것을 시행하고 있었습니다. 황표정사란 어떤 직책을 임명할 때 세 사람의 후보를 올리되 거기에 정승들이 황색 표시를 해두면 어린 단종이 그 위에 점을 찍어 임명을 확정하는 것을 말합니다. 신하를 임명하는 임명권을 정승이 대신 행사한 것을 일컫는 것이지요. 이런 상황에서 김종서는 모든 신하의 임명을 의정부 정승들이 결정할 수 있다고 주장한 것입니다.

그러자 영의정 황보인이 반대 의사를 표시합니다.

"육조, 대간, 각 관청의 판사 그리고 지방 수령은 의정부에서 결정하고 나머지 관직은 이조에서 선택해 올리게 하는 것이 맞습니다. 만약 우의정의 말과 같이 한다면 의정부에서 이조를 겸한 다음에야 가능한 일이지요."

두 사람은 논박을 거듭했고 결국 황보인이 이렇게 단언하며 대화를 끝냈습니다.

"이것은 큰일이니 갑자기 정할 수 없소."

이처럼 빈청은 나라의 중대사를 의논하는 곳이었습니다. 하지만 회의 외에 왕이 참석하는 행사를 열기도 했습니다. 예를 들어 왕은 여진족 족장이나 유구국 사신을 접견할 때, 신하와 사신에게 잔치를 베풀어줄 때, 빈청을 이용했습니다. 때론 왕이 참석하는 회의를 빈청에서 열기도 했습니다.

왕의 정치 토론장, 경연청

경연청은 왕을 위해 옛글을 외우고 해석하고 연구하는 일을 맡은 곳입니다. 고려 말부터 조선까지 이어져 내려온 '경연'은 왕 앞에서 사서삼경 등의 경서를 강론하는 자리 혹은 그 일을 맡은 관청을 가리키는 말로 쓰였습니다. 고려 공민왕 때 '서연'이라고 했다가 공양왕 때 경연으로 바꿨는데 조선은 왕에게 강론하는 곳은 경연, 왕세자에게 강론하는 곳은 서연으로 부르며 구분했습니다.

경연에서는 주로 경서를 강론했지만 왕이 신하들과 만나 오랜 시간을 함께하다 보니 자연스럽게 정치 문제를 다루거나 인물평도 했습니다. 이로 인해 경연은 정치의 중심을 이루게 되었지요. 경연의 최고위직인 영사는 의정부의 우두머리 영의정, 좌의정, 우의정이 겸임했고 정3품 참찬관은 승정원 승지나 홍문관 부제학이 맡았습니다.

경연청은 단순히 왕과 신하가 정치 토론만 하는 곳은 아니었습니다. 1400년(정종 2년) 12월 19일 기록에 이런 내용이 있습니다.

"왕이 중궁의 투기 때문에 경연청에 나와 10여 일 동안 거처하였다."

정종은 재위 기간이 얼마 되지 않지만 후궁을 9명이나 뒀고 그들에게서 25명의 자녀를 얻었습니다. 한데 정작 왕비 정안왕후 김씨는 자식을 낳지 못한 탓에 질투가 심했던 모양입니다. 그 질투가 얼마나 무서웠는지 정종은 자신의 처소에 가지도 못하고 무려 10일 동안이나 경연청에서 잤던 것입니다.

경연청에서는 사신을 접대하거나 잔치를 베풀기도 했습니다. 때론 역모와 관련해 국문장으로 쓰기도 했지요. 1525년(중종 20년) 3월 15일 실록의 기록에 따르면 경연청에 죄인을 잡아놓고 추관들이 형장을 가하며 국문했고, 중종 22년에도 경연청에서 나인을 국문한 기록이 나옵니다.

경연청과 관련해 1573년(선조 6년) 8월 16일의 다음 기록은 매우 흥미롭습니다.

"예조참판 이택이 특진관으로 경연청에까지 왔으나 코피가 몹시 나서 들어가지 못하였다."

왕과 토론하는 경연에 참여하는 것은 굉장히 영광스럽고도 긴장이 되는 일입니다. 그것도 특진관으로 초청을 받았으니 이택이 몹시 긴장하는 것은 당연한 일입니다. 특진관으로서 왕에게 진강할 내용을 준비하느라 며칠 동안 온갖 정성을 다했을 텐데, 그것이 지나쳐 코피를 쏟는 바람에 경연청 안에 들어가지도 못했으니 이택의 입장에서는 참으로 낭패였을 겁니다.

인쇄와 도장 글씨를 책임진 교서관

교서관은 책 인쇄와 배포, 제사에 쓰는 향과 축문, 인장에 새기는 글자에 관한 업무를 맡아본 곳입니다. 성균관, 예문관과 함께 삼관으로 불린 교서관의 관원은 모두 문관으로 대개는 겸직이었습니다. 구체적으로 제조 2명, 판교 1명, 교리 1명, 별좌와 별제가 모두 4명이 있었습니다. 별좌와 별제는 정6품과 종6품이고 정7품 박사 2명 이하로 저작 2명, 정 2명, 부정 2명이 있었습니다.

교서감이라 불리기도 하는 교서관은 세조 때 전교서로 개칭했다가 성종 대에 다시 교서관으로 환원했습니다. 정조 때는 규장각에 편입했는데 규장각을 내각이라 하고 교서관을 외각이라 했습니다.

특히 도장에 글씨를 새기는 일 때문에 교서관에는 반드시 전서篆書에 능통한 인력을 3명 이상 배치했습니다. 조선 시대에는 도장을 보통 전서로 새겼기 때문입니다. 전서란 한나라 이전에 사용하던 글씨체를 말합니다. 지금 일반적으로 사용하는 한자는 한나라 때 전서를 간단하게 만든 글자이며, 그런 의미에서 '한자'라고 부르는 것입니다.

전서는 좁게는 진秦나라 통일 이전의 대전大篆과 통일 이후 소전小篆의 글씨체를 일컫습니다. 넓게는 갑골문자를 포함해 상고 시대 글자를 통칭하는 의미입니다. 조선 시대의 고택에 가면 전서체를 많이 볼 수 있는데 이는 갑골문자에서 유래한 것이라 흡사 그림처럼 보입니다.

수레, 말, 목장을 관리하는 사복시

사복시는 수레와 말, 목장에 관한 일을 맡은 곳으로 고려 때부터 있던 관청입니다. 소속 관원에는 제조 2명을 비롯해 정3품 정 1명, 종3품 부정 1명, 종4품 첨정 1명, 종5품 판관 1명, 종6품 주부 2명이 있었습니다. 그 아래로 안기 1명, 조기 1명, 이기 2명, 보기 2명, 마의 10명이 예속되어 있었습니다. 종6품 안기부터 종9품 보기까지는 모두 잡직관입니다.

잡직관 중 안기는 말을 조련하고 보양하는 임무를 총괄하는 직책입니다. 종7품 조기는 임금이 타는 수레와 말을 책임지는 관리입니다. 종8품 이기는 조기와 함께 가마와 수레를 관리하는 직책입니다. 종9품 보기 역시 조기와 이기를 보조해 수레와 말을 관리하는 역할을 합니다. 품계가 없는 마의는 말을 치료하는 의사를 말합니다.

사복시에는 이들 관원 외에도 서리가 15명 있었고 그 아래로 일꾼 600명, 차비노 14명, 근수노 8명, 이마 4명, 견마배 11명, 고직 4명, 대청직 1명, 사령 11명, 군사 2명을 배치했습니다. 차비노와 근수노는 심부름을 하는 관노이며 이마는 말을 관리하는 직책입니다. 고직은 창고지기, 대청직은 건물관리인입니다. 그리고 사령은 관아를 지키거나 심부름을 하는 나졸입니다.

사복시는 각 지역의 목장을 관리해야 했기에 지방 조직도 있었습니다. 지방에 있었던 목장의 수를 기록한 내용을 보면《세종실록지리지》53개,《동국여지승람》87개,《대동여지도》114개,《증보

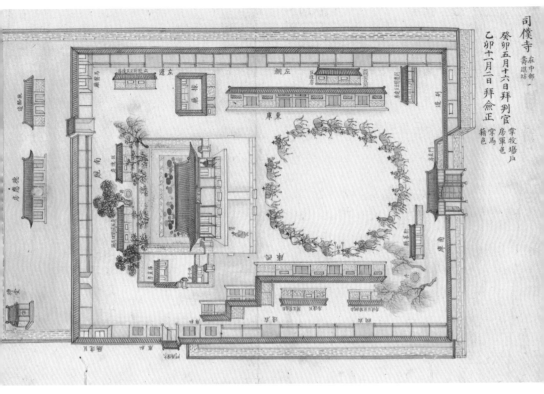

조선 후기 사복시의 모습. 고위 문관 한필교(1807~1878년)가 자신이 평생 근무한 관청을 그려서 편찬한 화첩《숙천제아도宿踐諸衙圖》에 수록된 그림이다. 하버드대학교 옌칭도서관 소장.

문헌비고》 209개로 나타나 있습니다. 이들 목장은 각 도의 관찰사 관할 아래 감목관이 지휘·감독했습니다. 감목관 아래로는 군두, 군부, 목자를 다수 배치했습니다.

사복시에 바치는 말값

조선 초 풍습 중에 이제 막 관리가 된 신참이 사복시에 말값을 바치는 것이 있었습니다. 1401년 윤3월 태종이 이와 관련해 경연 중에 이런 질문을 했습니다.

"일찍이 들으니, 사복시에 신참이 말값을 바치는 법이 있다던데 사실인가?"

시독관이 있다고 대답하자 태종이 다시 물었습니다.

"처음에 그런 법을 만든 이유가 무엇인가?"

시독관이 다시 대답했습니다.

"예전에 참외관은 말을 타지 못하고 배참拜站하여 말을 준 연후에야 탈 수 있었기에 그 값을 바쳤습니다. 지금은 말을 주는 법은 없어지고 값을 바치는 법만 그대로 있는 것입니다."

참외관이란 정7품 이하의 무관 잡직을 말합니다. 배참은 지방으로 내려갈 때 쉬어갈 역참을 배정받는 것을 일컫습니다. 말하자면 무관 잡직이 관직을 받고 배속되면 궁궐에 들어올 때 말값이라며 사복시에 일종의 통과세를 낸 것입니다.

사실 조선 시대 잡직은 대개 이런 통과세를 주수입원으로 삼았습니다. 지방관들도 발령을 받으면 궁궐을 지키는 문지기나 별장들에게 통과세를 내야 궁궐 안으로 들어갈 수 있었습니다. 태종은 이런 관행이 있다는 얘기를 듣고 웃으며 말했습니다.

"말을 주고 그 값을 바치게 하는 것도 그릇된 일인데, 하물며 말도 주지 않고 값을 바치게 하는 것이겠는가. 의정부에 명을 내려 없애도록 하라."

이런 왕명에도 불구하고 사복시 관원들은 계속 말값을 받았습니다. 사복시 관원 중 잡직에 종사하는 사람들에겐 말값이 중요한 수입원이라 암암리에 받아 챙겼던 것입니다.

장막을 공급하는 전설사

전설사는 예식에 쓰는 장막을 공급하는 일을 맡아보던 관청으로 고려 시대의 상사국이 이어져온 것입니다. 고려 목종 대에 만든 상사국은 충렬왕 때 사설서로 불리다가 공양왕 들어 상사서로 개칭했습니다. 이것은 조선 개국 후 사막司幕, 즉 장막을 다루는 관청이라는 뜻으로 불리다가 세조 때에 전설사로 굳어졌습니다.

전설사의 관원에는 제조 1명과 정4품 수守 1명이 있었고 그 아래로 제검 2명, 별좌 2명, 별제 2명이 있었습니다. 그리고 서원 1명, 일꾼 14명, 사령 4명, 군사 2명도 있었습니다.

이들의 주 업무는 장막과 유악油幄(비가 새지 않도록 기름을 먹인 천막), 차일을 관리하는 일이었습니다. 천막에 기름을 먹인 유악은 비가 올 때 사용하고, 차일은 햇빛을 가릴 때 사용하는 도구입니다.

1468년(세조 13년) 8월 11일 실록의 기록에는 전설사 별제 강거정에게 죄를 주는 내용이 나옵니다. 그때 비바람이 몹시 불자 세조가 환관 안중경을 시켜 장막과 유악을 점검하게 했는데, 빗물이 많이 새 벌을 줬던 것입니다. 1475년(성종 6년) 9월 15일에는 전설사 관리를 국문하기도 했습니다. 이는 성종이 광릉에 행차할 때 장막을 엉뚱한 곳에 설치했기 때문입니다.

이렇듯 전설사 관원은 장막 관리와 함께 장막을 설치하는 임무도 겸했습니다. 나라에 행사가 있거나 임금의 행차가 있으면 매우 분주하게 움직여야 하는 관청이었지요.

유악 남용으로 숙청된 남인 세력

조선의 정치사를 살피다 보면 전설사에서 관리하는 유악 때문에 일어난 중요한 사건 하나가 눈에 들어옵니다. 그것은 1680년(숙종 6년) 남인 일파가 대거 축출된 경신환국인데, 그 사건의 전말은 이렇습니다.

1680년 3월 당시 집권당이던 남인의 영수 허적은 숙종이 조부 허잠에게 시호를 하사하자 잔치를 벌이게 되었는데 그날 공교롭게도 비가 내렸습니다. 그때 숙종은 허적에게 유악을 내주라고 명했으나 그것은 이미 허적이 빌려간 상태였습니다. 이 사실을 안 숙종은 격노하며 패초(나라에 급한 일이 있을 때 국왕이 신하를 불러들이는 것)를 써서 군권 책임자를 모두 불러들였습니다.

사실 유악은 군사 물자로 개인이 사사로이 사용할 수 없는 물건이었습니다. 혹시라도 유악이 필요할 때는 왕이 선처해 빌려주는 형태를 취했는데 당시 군권과 조정을 거의 장악한 남인이 허적의 권세를 믿고 왕에게 보고하지도 않은 채 마음대로 유악을 빌려준 것입니다.

이 일을 남인이 권세를 믿고 왕을 업신여긴 행동이라 단정한 숙종은 남인이 대부분 차지하고 있던 군권을 서인에게 넘겼습니다. 훈련대장을 남인계의 유혁연에서 서인계의 김만기로 바꾸고 총융사에 서인 신여철을, 수어사에 서인 김익훈을 임명했습니다. 어영대장은 당시 서인 김석주가 맡고 있었으므로 보직을 유임함으로써 서인이 군권을 완전히 장악하게 되었습니다.

설상가상으로 남인은 '삼복의 변'에 직면하고 말았습니다. 김석주의 사주를 받은 정원로가 허적의 서자 허견이 인조의 손자이며 인평대군의 세 아들인 소위 삼복 형제 복창군, 복선군, 복평군과 함께 역모를 도모했다고 고변한 것입니다.

고변 내용을 살펴보면 허견과 삼복 형제는 숙종이 즉위 초년에 병을 자주 앓는 것을 보고 왕위를 넘겨다보았고, 도체찰사부 소속 이천 둔군에게 몇 차례에 걸쳐 특별 군사훈련을 시켰다는 것이 골자였습니다. 도체찰사부의 둔군을 사적으로 움직이는 것은 왕권에 도전하는 행위로 간주될 수 있었고, 이는 도체찰사였던 영의정 허적에게 치명적인 타격을 입힐 만한 일이었습니다.

문제가 된 도체찰사부는 효종 대까지만 해도 잦은 전란과 군비의 필요성으로 상설 기관이었으나 평화가 정착되던 현종 대에 폐지되었습니다. 그러다가 숙종 초 중국 대륙의 정성공과 오삼계의 움직임에 대비해 군비를 강화해야 한다는 남인 윤휴, 허적의 주장에 따라 1676년(숙종 2년) 다시 설치했습니다. 이후 허적은 지방 군대는 물론 훈련도감, 어영청 등 도성의 군영도 도체찰사부 아래 두어 군권을 일원화하자고 했으나 외척이자 서인이던 김석주의 반대로 오히려 1677년 6월 도체찰사부 자체가 일시 혁파되었습니다.

도체찰사부는 영의정을 도체찰사로 하는 전시 사령부로 외방 8도의 모든 군사력을 이곳에서 통제했습니다. 하지만 인조반정 뒤 국왕과 궁성 호위부대로 발족한 중앙 군영은 예외적으로 도체찰사부에 예속되지 않았습니다. 허적이 중앙 군영까지 도체찰사부에 예속시키려다 김석주의 반대로 뜻을 이루지 못한 것입니다.

이후 영의정 허적의 주장으로 1678년 12월 도체찰사부를 다시 설치했는데, 이때 숙종은 허적을 견제할 요량으로 부체찰사로 김석주를 임명했습니다.

중앙 군영은 비록 도체찰사부에 통합되긴 했으나 이 군사 기관은 서인 측이 창설하고 육성해온 터라 서인은 그 기득권을 놓치지 않으려고 했습니다. 그렇지만 남인이 정권을 장악하면서 중앙 군영 지휘권마저 거의 남인에게 넘어갔다가 허적의 유악 남용 사건으로 다시 서인이 중앙 군영의 군권을 손에 넣은 것입니다.

한편 '삼복의 변'은 주요 고변 내용이 도체찰사부 군사를 동원한 것이라 도체찰사부 복설復設에 관련된 자들은 모두 역모에 연루되었습니다. 이때 허견과 삼복 형제뿐 아니라 허적, 윤휴, 유혁연,

이원정, 오정위 등 남인의 중진이 대거 죽거나 유배되었습니다. 고변자 정원로도 역모자의 하나로 지목받아 처형당했습니다.

이렇게 남인을 대거 축출하고 서인을 대폭 등용하면서 서인이 조정을 장악했습니다. 처음에는 단순히 유악 남용 사건에 불과했지만 이것이 대대적인 남인 숙청으로 이어져 권력마저 바뀌는 상황에 이른 것입니다.

2부

육조거리의
중앙 관청

區　掾

1
왕조의 핵심 기관이 모인 곳

중앙 관청 거리

조선 왕조의 중앙 관청 중 핵심 관청은 경복궁의 정문인 광화문 앞 육조거리에 모여 있었습니다. 광화문을 중심으로 좌측에는 의정부·이조·호조·예조·한성부·기로소가 늘어서 있었고, 우측에는 삼군부·중추부·사헌부·병조·형조·공조가 자리하고 있었습니다. 이름은 육조거리였지만 실은 중앙 관청 거리였던 셈입니다. 폭 40미터의 이 중앙 관청 거리를 따라 핵심부서가 마주보고 있었고 그 관청 뒤로 민가가 빽빽하게 자리하고 있었습니다.

조선의 주요 관청이 광화문 앞에 모여 있었던 것은 궁궐에 머무는 왕과 가까운 거리에 있어야 했기 때문입니다. 의정부·육조·사헌부의 고위 관료들은 궁궐 안에서 정사를 논의하던 빈청을 늘 들락거려야 했고, 각 청사 관원은 돌아가며 궁궐 내부의 궐내각사에

'Kwŏkwa-mon,' Front Gate of Keifuku Palace, Keijō (Seoul).

광화문과 육조거리. 1900년경으로 추정. 서울역사박물관 소장.

가서 당번을 서야 했기에 청사가 궁궐 가까운 곳에 위치하는 것은 당연했습니다.

그런데 조선의 왕이 늘 경복궁에만 머문 것은 아니었기에 때론 청사를 왕이 머무는 다른 궁궐 앞으로 옮기기도 했습니다. 이런 이유로 창덕궁 정문인 돈화문 앞에서 종로에 이르는 길에 관청이 늘어서기도 했습니다. 임진왜란과 이괄의 난으로 경복궁과 창덕궁이 모두 소실되었을 때는 임금이 경운궁이나 경희궁에서 정사를 보아야 했고, 그때마다 중앙 관청도 임금이 머무는 궁궐 주변으로 옮겨 갔습니다. 궁궐 앞에 관청을 마련하지 못했을 때는 경복궁의 육조

경복궁

광화문

삼군부
예조
정부서울청사
중추부

사헌부
세종문화회관

병조
현대해상화재
형조
공조

광화문
광장

세종대로
사거리

의정부
시민열린마당
역사박물관
이조
미국대사관
한성부
KT빌딩
호조
기로소 교보빌딩

종로

육조거리 지도.

거리에 관청을 그대로 두고 다소 먼 거리의 궁궐을 들락거리기도
했습니다.

그러나 비상 상황이 아니면 조선의 핵심 관청은 늘 궁궐 정문 앞
에 모여 있는 것이 정상이었지요. 핵심 관청 중 언제나 정문에서 가
장 가까운 곳에 위치한 관청은 의정부였습니다. 만인지상 일인지하
의 영의정을 필두로 좌의정, 우의정 같은 정1품 재상들의 관청이니
의정부가 궐문에서 가장 가까운 곳에 있는 것은 당연한 일입니다.

의정부 맞은편에는 삼군부가 있었는데 조선 군대를 총 지휘하
는 부서라 특히 개국 초기에 위상이 대단했습니다. 당시 조선 개국

의 일등공신인 정도전이 삼군부 판사였으니 그 위세가 당당할 수밖에 없었지요. 삼군부는 태종 시절에 승추부로 개편되면서 명칭이 사라졌다가 조선 말기 흥선대원군이 부활시켜 잠시 사용했습니다.

　육조거리에 있던 관청 중 중추부는 유명무실한 곳이었습니다. 중추부는 특별히 관장하는 업무가 없었고 기껏해야 문무 당상관 중 소임을 얻지 못한 자에게 벼슬을 주기 위한 관청이었을 뿐입니다.

　육조거리에 있긴 했지만 별로 중요하지 않은 또 하나의 관청은 기로소입니다. 기로소는 연로한 고위 문신들의 친목과 예우를 위해 설치한 관청입니다. 말하자면 원로들을 위한 경로당 같은 곳입니다. 그렇지만 왕도 늙으면 참여한 곳이라 관청 서열이 첫 번째였습니다.

2
최고의 정무 기관 의정부

의정부 변천사

의정부는 조선의 모든 관리를 통솔하고 일반 정사를 처리하던 최고의 정무 기관으로 도당이나 묘당, 정부, 황각 등으로도 불렸습니다.

조선은 원래 재상 중심 정치를 표방하며 건국한 국가라 초기에는 재상들의 힘이 막강했습니다. 조선 초 재상들의 관청은 고려 충렬왕 이래 국정의 최고 의결 기관이던 도평의사사였습니다. 고려 시대에 형성된 재상의 관청이 조선 개국 후에도 그 이름과 역할을 유지한 것입니다.

이 도평의사사는 태종 대에 의정부로 개편되었습니다. 의정부에는 삼정승(영의정·좌의정·우의정)과 좌찬성, 우찬성, 좌참찬, 우참찬 같은 재상이 속했고 명실공히 조선의 최고 기구이자 집행 기관이었습니다.

1414년(태종 14년) 의정부의 권력이 너무 커지는 것을 못마땅하게 여긴 태종은 왕권을 강화하기 위해 자신이 직접 육조와 각 도의 일을 챙기고 결재하는 육조직계제를 시행했습니다. 이로 인해 의정부는 합의기구나 집행 기관으로서의 역할을 잃었고, 단지 정승의 의견을 임금에게 올리는 정도의 자문 기관으로 전락했습니다.

그 뒤 왕위에 오른 세종은 다시 의정부에 각 도와 육조를 통제할 권리를 부여했는데, 이를 의정부서사제라고 일컫습니다. 이것은 지금으로 말하면 '책임총리제'와 같은 것으로 권력을 분산하는 분권 정책에 해당합니다. 하지만 단종을 내쫓고 왕권을 잡은 세조는 의정부서사제를 폐지하고 육조직계제를 시행해 자신이 직접 육조와 각 도의 일을 지시하고 챙겼습니다.

이처럼 의정부의 역할은 왕의 성향에 따라 늘어나기도 하고 줄어들기도 했습니다. 그러다가 1510년(중종 5년) 삼포왜란이 일어나자 의정부의 삼정승과 군사 분야에 밝은 대신들을 모아 급히 방어책을 논의했는데, 이 비상시국 대책 기구를 비변사라고 불렀습니다. 이처럼 임시 관청이던 비변사는 임진왜란을 전후로 상설 기관으로 자리 잡아 의정부 기능을 대신했습니다. 특히 비변사는 조선 중기 이후 최고의 정치 기구로 거듭났습니다.

비변사에서는 의정부의 삼정승을 비롯해 육조판서, 사헌부·사간원·홍문관의 관료 들이 모여 군사적인 일과 정사를 논의하고 인사를 결정했습니다. 비변사에서 중요한 위치를 차지한 존재는 의정부의 삼정승이었지만 의정부가 독자적으로 힘을 발휘하지는 못했습니다. 1864년(고종 1년) 대원군이 비변사를 폐지하면서 의정부만 남았으나 그때는 이미 이름뿐인 기관이었습니다.

어쩌면 왕이 절대 권력을 쥔 왕조 시대에 신하에게 권력을 나눠주는 의정부가 존재한다는 것 자체가 애초에 이율배반적인 일인지도 모릅니다. 이를 증명하듯 의정부는 태조와 세종 시절에 잠시 합의 기구나 집행 기관 역할을 수행했을 뿐 이후로는 왕의 자문 기관에 지나지 않았습니다. 그저 정1품 관청이라는 이름에 만족해야 했지요.

일곱 재상의 역할

의정부에는 정2품 이상의 재상이 7명 있었습니다. 영의정, 좌의정, 우의정을 비롯해 좌·우찬성과 좌·우참판이 그들입니다. 이러한 직책에 오른 재상들은 어떤 일을 했을까요?

먼저 영의정은 흔히 영상으로 불렸고 좌·우의정과 함께 삼정승 혹은 삼공으로 불리기도 했습니다. 1400년 4월 도평의사사를 의정부로 개편했을 때 최고 관직의 명칭은 영의정부사였습니다. 이후 그 명칭을 간소화해 영의정으로 부르게 된 것입니다.

좌의정은 좌상이라 부르기도 하며 도평의사사 시절에는 문하좌정승이라고 불렸습니다. 이후 의정부좌정승으로 부르다가 좌의정으로 굳어졌습니다. 좌의정은 보통 우의정을 역임한 대신이 맡았고

1436년(세종 18년) 이전에는 영의정부사가 의정부 업무에 관여하지 않아 실질적인 내각 수상이었습니다. 그러다가 의정부서사제가 되면서 영의정에게 수상 자리를 내준 것입니다.

흔히 우상이라 부르는 우의정은 도평의사사 시절에는 문하우정승으로 불렸고 나중에 의정부우정승이 되었다가 우의정으로 굳어졌습니다. 우의정은 거의 좌찬성이나 중추부영사를 거친 사람이 올랐고 영의정, 좌의정과 함께 삼공으로 불리며 나라의 원로 대우를 받았습니다.

의정부 삼정승은 맡은 임무가 각각 달랐습니다. 좌의정은 판이조사判吏曹事라고 해서 이조의 인사권과 관련된 업무를 맡았고, 우의정은 판병조사判兵曹事라고 하여 병조의 인사권 관련 업무를 맡았습니다. 이는 좌의정·우의정이 문관과 무관의 인사권을 맡았다는 뜻입니다.

그러면 영의정은 어떤 임무를 맡았을까요? 영의정은 외교와 형벌에 관한 업무를 심사했는데 이것은 좌의정과 우의정의 업무에 비해 훨씬 가벼운 일입니다. 이미 좌의정과 우의정을 거친 인물인 만큼 업무를 가볍게 해서 우대한 것입니다.

삼정승이 가장 활발하게 활동한 시기는 세종 후반부터 단종 때까지입니다. 1436년 세종은 의정부사서제를 도입해 재상 정치를 구현했고 이때 삼정승은 조선 시대를 통틀어 가장 힘 있는 정승들이었습니다. 당시 육조는 먼저 삼정승에게 모든 업무를 보고했습니다. 그러면 삼정승은 이를 검토해 임금에게 올렸고 임금의 재가가 나면 다시 육조에 내려 보냈습니다. 삼정승을 거치지 않고는 정무가 결정되지 않는 구조였던 겁니다.

삼정승의 업무 처리 구조는 좌의정과 우의정이 각각 육조를 이·호·예와 병·형·공으로 나눠 정무를 분담해서 관장하고, 영의정이 두 정승과 논의해 왕에게 재가받는 방식이었습니다.

삼정승 밑에는 종1품 재상직인 좌찬성과 우찬성이 있는데, 이들은 삼정승에 이어 두 번째 가는 재상이라 하여 이상貳相 또는 이재二宰라고도 합니다. 도평의사사 시절에는 문하시랑찬성사門下侍郎贊成事로 불리다가 의정부가 생길 당시 찬성사라 불렸으며 원래 1명이었습니다. 의정부서사제를 도입하면서 좌·우찬성이 생겨 2명이 된 것입니다. 이들의 임무는 삼정승을 보필하는 일이었습니다.

찬성 아래에는 정2품 참찬이 2명 있었습니다. 참찬도 원래 1명이었으나 의정부서사제 도입 후 2명으로 늘었습니다. 이들 역시 삼정승을 보필하는 역할을 맡았고 대소 국정 논의에 참여했습니다. 이들은 비변사가 생긴 뒤 의정부의 힘이 약해지면서 영향력이 줄어들었습니다. 본래 참찬은 육조판서보다 서열이 높았으나 비변사가 정무의 중심이 된 뒤로 판서보다 서열이 밀리는 상황에 놓인 것입니다.

왜 좌의정이 우의정보다 높을까

의정부 삼정승을 언급할 때는 흔히 영의정, 좌의정, 우의정 순으로 말합니다. 지금은 오른쪽을 뜻하는 우右를 왼쪽을 뜻하는 좌左보다 먼저 꼽지만 조선 시대만 해도 그 반대였습니다. 왜 조선 시대에는 '우'보다 '좌'를 앞세웠을까요?

동양사상에서 세상의 원리나 이치를 따질 때 빠지지 않는 것이 바로 만물을 음양陰陽으로 보는 것입니다. 가령 하늘에 떠 있는 해와 남자는 양陽, 달과 여자는 음陰에 속한다고 봤습니다. 이와 마찬가지로 세상만물은 모두 음양의 조화로 이뤄져 있다고 믿었지요.

좌우를 말할 때도 음양설에 근거했는데 좌는 '양'에 속하고 우는 '음'에 속합니다. 이런 이유로 절을 할 때 남자는 왼손을 위에 올려놓고 여자는 오른손을 위에 올려놓습니다.

이처럼 조선 시대에는 일상생활뿐 아니라 나라의 관직을 정할 때도 음양설에 근거해 '좌'가 들어간 관직을 우위에 두었습니다. 좌의정은 영의정 바로 밑에 있던 관직으로 품계는 정1품입니다. 좌상, 좌정승으로도 불린 좌의정은 대개 우의정을 맡아보던 원로 대신을 임명했지요. 이에 따라 좌의정은 위로는 영의정, 아래로는 우의정과 함께 임금을 보좌하며 문무백관을 통솔하고 정무를 감독했습니다.

정승이 되는 나이

의정부는 그야말로 정승의 부서라고 할 수 있는데, 정승이란 나라를 떠받치는 기둥을 말합니다. 그러면 몇 살쯤 되어야 정승 자리에 오를 수 있었을까요?

정승은 대체로 50대가 가장 많았습니다. 선조 대를 표본으로 해서 살펴보면 박순 50세, 유전 55세, 이산해 50세, 정철 54세, 유성룡 49세 그리고 김응남과 이원익이 50세에 정승이 되었습니다.

심수경은 75세에 정승이 되었는데 당시 사람들은 70이 넘은 나이에 정치를 하는 것을 부끄럽게 여겼습니다. 70이 넘으면 기로소에 들어가 원로 역할을 하는 것이 마땅하며 의정부에 남아 정치를 하는 것은 옳지 않다고 여겼던 것이지요.

그렇지만 황희가 90세 가까이 정승 자리에 있었다는 점을 감안하면 나랏일을 하면서 꼭 나이를 따질 필요는 없을 듯합니다.

정승의 대명사 황희

조선에서 가장 화려했던 시대는 세종 대이고 그 시대를 떠받친 정치인 중 대표적인 인물은 바로 황희입니다. 그는 1426년(세종 8년) 우의정이 된 이래 1449년까지 무려 24년 동안 정승 자리에 있었고, 1432년부터 1449년까지 무려 18년 동안 영의정을 지냈습니다. 이는 세종이 그를 얼마나 깊이 신임했는지 잘 보여줍니다.

영의정이 되던 해 그는 이미 69세였고 그 때문에 누차 사직을 청했습니다. 하지만 세종은 이를 허락하지 않다가 그가 87세가 되던 1449년에야 영의정에서 치사致仕(스스로 벼슬에서 물러남)하는 것을 인정했습니다. 세종 재위 31년 중 8년을 제외한 나머지 23년 동안 정승으로 있었으니, 세종이 남긴 업적 중에서 절반은 황희의 공이라고 해도 과언이 아닐 것입니다.

21세에 사마시, 23세에 진사시에 합격한 황희는 27세(1389년)에 문과에 급제한 뒤 이듬해에 성균관 학관으로 벼슬살이를 시작했습니다. 그런데 황희가 관직에 몸을 담았을 무렵 고려 조정은 엄청난 격랑에 휘말려 있었고 급기야 이성계의 손에 왕조가 몰락하고 말았습니다.

1392년 7월 이성계가 왕위에 오르자 황희는 관직을 내던지고 여러 학관과 함께 두문동으로 찾아들었습니다. 조선 조정은 두문동에 은거한 학자들 중에서 인재를 찾았고 함께 머물던 동료들은 황희의 등을 떠밀며 조정으로 돌아갈 것을 권했습니다. 그때 황희는 자의 반, 타의 반으로 조정으로 돌아왔습니다. 조선 조정에서 여러 관직을 거친 황희는 태종 대에 승지와 형조판서를 지냈고, 1431년(세종 13년)에는 영의정에 임명되었습니다.

당시 세종은 모든 정사를 황희와 의논했습니다. 그 이듬해 70세가 된 황희가 치사를 요청하자 세종은 오히려 궤장几杖(70세 이상의 연로한 대신에게 하사한 몸을 기대는 방석과 지팡이)을 내려 영의정에 머물게 했습니다. 그뿐 아니라 정치 제도를 육조직계제에서 삼정승 중심의 의정부서사제로 바꿔 황희의 정치적 비중을 한층 더 높여줬습니다.

나중에 황희가 너무 연로해 거동이 불편해졌을 때도 관직에서 물러나게 하지 않았고, 초하루와 보름에만 조회에 나오도록 배려하며 영의정 직을 수행하게 했습니다. 그 뒤 황희의 거동이 점점 어려워지자 큰일 외에는 그를 번거롭게 하지 말라고 조정에 명령했다가 황희가 87세가 된 1449년에야 영의정 벼슬에서 치사하게 했습니다. 그 이듬해인 1450년 세종이 승하했으니 그야말로 세종 치세의 거의 모든 정책은 황희가 결정했다고 해도 과언이 아닙니다.

황희는 그로부터 2년 뒤인 1452년(문종 2년) 2월 8일 90세를 일기로 생을 마감했습니다. 죽은 뒤 그는 세종의 묘정에 배향配享(종묘에 신하의 신주를 모시는 것)되었고 익성翼成이라는 시호를 얻었습니다.

실록은 그를 이렇게 평가하고 있습니다.

황희는 관후하고 침중하여 재상의 식견과 도량이 있었고 자질이 풍후하고 훌륭하며 크게 총명하였다. 집을 다스림에 있어 검소하고 기쁨과 노여움을 안색에 나타내지 않았으며, 일을 의논할 땐 공명정대하여 원칙을 살리기에 힘썼고 자주 뜯어고치는 것을 좋아하지 않았다. 범죄 사건을 논의할 때는 너그러움을 위주로 처리했으며 차라리 형벌을 가볍게 처리하는 실수를 할지언정 지나치게 해서는 안 된다고 말하곤 하였다.

약자에게 너그러운 선비

황희의 개인사와 성정은 여러 야사가 다양하게 전해주고 있는데
그 내용을 정리해보면 이렇습니다.

황희는 평소 거처가 담박하고 성품이 유순하며 너그러웠습니
다. 어린아이들이 울부짖고 떼를 쓰거나 말을 함부로 해도 좀체 꾸
짖는 법이 없었지요. 심지어 아이가 수염을 뽑고 뺨을 때려도 화를
내거나 제지하지 않았습니다.

서거정의 《필원잡기》에 이런 이야기가 나옵니다.

언젠가 황희가 부하 관리들과 함께 집에서 일을 의논하며 붓을
풀어 글을 쓰려 하는데, 여종의 아이가 종이 위에 오줌을 썼습니다.
그때 황희는 전혀 노여워하는 낯빛을 보이지 않고 그저 손으로 오
줌을 훔쳐냈다고 합니다.

성현의 《용재총화》는 또 다른 이야기를 전해주고 있습니다.

황희의 성정은 나이가 들고 벼슬이 무거워져도 변함이 없었다
고 합니다. 나이 90세가 다 되어도 겸손했던 황희는 누구에게나 공
손함을 잃지 않았고, 노쇠한 몸으로 늘 방 안에 앉아 눈을 떴다 감
았다 하며 글을 읽었습니다. 또한 주변 사람들에게 너그럽다는 것
이 소문 나 마을의 아이들이 그의 집을 제집 드나들 듯 했습니다.

어느 해 마당에 심은 복숭아가 제법 먹음직스럽게 익었는데, 동
네 아이들이 무더기로 몰려와 마구잡이로 따고 있었습니다. 그러자
황희는 창을 슬쩍 열고는 나직한 목소리로 말했습니다.

"다 따 먹지는 말거라. 나도 맛 좀 봐야지."

그런데 조금 뒤에 나가 보니 나무에 가득하던 복숭아가 하나도 남아 있지 않았다고 합니다.

그뿐이 아닙니다. 매일 아침저녁으로 밥을 먹을 때면 아이들이 그의 집으로 모여들었습니다. 그는 아이들에게 밥을 덜어주었고 아이들이 왁자지껄 떠들며 서로 먹으려고 다투는 것을 보면서 늘 미소를 짓고 있었다고 합니다.

황희는 집안 종들에게도 너그럽기 짝이 없는 주인이었습니다. 그는 얼굴에 노여움을 드러내는 일이 없었고 종들을 인정으로 대할 뿐 매를 드는 일도 전혀 없었습니다. 심지어 여종들이 그가 보는 앞에서 희롱하는 말을 해도 그저 웃을 뿐이었다고 합니다.

이와 관련해 이륙은 《청파극담》에 다음 이야기를 싣고 있습니다.

정언 이석형이 황희를 만나러 집으로 가자 황희가 강목과 통감을 꺼내 책 표지 제목을 쓰게 했다. 잠시 후 여종 하나가 약간의 안주를 가져와 벽에 기대서서 이석형을 내려다보며 황희에게 물었다.

"곧 술을 올리리까?"

황희가 대답했다.

"조금만 기다려라."

그런데 황희가 한동안 아무 말이 없자 기다리다 지친 여종이 화를 내며 고함을 질렀다.

"어찌 그리 꾸물거리십니까?"

황희가 미안한 표정을 짓더니 웃으면서 말했다.

"그러면 들여오려무나."

여종이 술상을 들여오자 그 뒤를 따라 남루한 옷차림의 아이들이 맨발로 뛰어들어 왔다. 아이들은 모두 노비의 자식이었는데 버릇없게도 황희의 수염을 잡아당기기도 하고 시키면 발로 옷을 밟고 다니며 안주를 순식간에 다 집어먹었다. 더구나 아이들이 등에 올라타 손으로 마구 두들겨도 황희는 그저 "아야, 아야" 소리만 할뿐 전혀 화를 내는 기색이 없었다.

그는 "노비도 하늘의 백성이니 어찌 함부로 부리리요"라고 말했고 그런 뜻을 글로 써서 자손들에게 명심하라며 전해주었다. 모든 인간은 근본적으로 평등하다고 본 황희는 누구든 후덕하게 대하면 언젠가 그 뜻을 알고 악한 이도 행실을 고친다고 믿었다.

하루는 그가 홀로 동산을 거니는데 이웃에 사는 젊은이가 과수원 한가운데서 돌을 던졌다. 그 젊은이는 돌을 던져 배를 따 훔쳐가려 했던 것이다. 황희가 큰 소리로 시중을 드는 어린 종을 부르자 그 젊은이는 깜짝 놀라 몸을 숨겼다. 그리고 황희의 행동을 가만히 살폈는데 뜻밖에도 황희는 종에게 그릇을 가져오라 하더니 이렇게 말했다.

"그릇에 배를 가득 담아 저 뒤에 숨어 있는 젊은이에게 갖다 줘라."

황희와 김종서

황희는 굉장히 너그러운 사람이었지만 누구에게나 그랬던 것은 아닙니다. 특히 당대에 뛰어난 관리로 명망이 높던 김종서에게는 지나치리만큼 박절하게 굴었다고 합니다. 그 사연을 허균의 《성옹지소록》은 다음과 같이 전하고 있습니다.

> 황희가 정승이고 김종서가 공조판서에 있을 때였다. 하루는 정승들이 공적인 일로 모이자 공조에서 술과 안주를 준비했다. 그때 황희가 노기를 드러내며 김종서를 무섭게 꾸짖었다.
>
> "국가에서 예빈시를 정부 곁에 설치한 것은 삼공을 접대하기 위함인데, 만일 허기가 진다면 의당 예빈시에서 음식을 장만하게 해야 할 것이 아닌가. 그런데 어찌하여 판서가 사사로이 정부의 물자를 제공한단 말인가?"
>
> 그 뒤에도 황희는 김종서만큼은 아무리 작은 잘못이라도 그냥 지나치는 법이 없었다. 김종서가 작은 실수라도 보이면 박절할 정도로 심하게 꾸짖는 것을 넘어 김종서 대신 그의 노비에게 매질을 가하거나 시종을 가두기도 했다.
>
> 그 모습을 보고 김종서와 같은 반열에 있는 사람들이 지나치다며 불만을 터뜨렸고, 김종서 역시 얼굴이 서지 않았다. 그쯤 되자 정승 맹사성이 황희에게 타이르는 투로 물었다.
>
> "김종서는 당대에 뛰어난 신하인데 대감은 어찌 그리 심하게 그의 허물

을 잡는 거요?"

그러자 황희가 웃으면서 대답했다.

"내가 종서를 아껴서 그런 겁니다. 인물을 만들려는 게지요. 종서는 성품이 곧고 기운이 좋아 일을 지나치게 빨리 처리하는 경향이 있습니다. 종서가 뒷날 우리 자리를 이을 텐데 만사를 신중히 하지 않으면 국가 대사를 망칠 우려가 있지 않겠습니까? 그래서 미리 그의 기운을 꺾고 경계해 스스로 뜻을 가다듬고 무게를 유지하여 혹시 무슨 일을 당하더라도 가벼이 처신하지 않도록 하려는 겁니다. 결코 그를 곤란하게 하려는 것이 아니외다."

맹사성이 그 말을 듣고 감복했다.

훗날 황희가 영의정 자리를 내놓고 물러가기를 청할 때 김종서를 추천해 자기 자리를 대신하게 했으니, 김종서를 아낀다는 그의 말은 사실로 증명된 셈이다.

3
조선의 행정부 육조

중앙 관직의 주춧돌

육조란 조선 시대에 정무를 맡아본 여섯 곳의 큰 행정 집행 기관을 말합니다. 지금의 행정부에 해당하지요. 육조는 고려 시대의 육부에서 유래했는데 고려에 육부 체제를 도입한 왕은 6대 성종입니다. 이후 육부는 고려의 중앙 행정 기관이었으나 원나라 복속기를 거치며 육부의 기능은 와해되고 말았습니다.

그러다가 원나라의 영향력에서 벗어나자 1389년(고려 공양왕 원년) 조준, 정도전 등의 개혁 세력이 중심이 되어 도입한 것이 육조 체제입니다. 고려 시대에 육조의 서열은 이조, 병조, 호조, 형조, 예조, 공조 순이었으나 유교 국가 조선은 유교 경서《주례周禮》의 순서에 따라 이조, 호조, 예조, 병조, 형조, 공조 순으로 바꾸었습니다.

육조에는 당상관으로 판서, 참판, 참의가 있었고 병조에만 '참지

參知'라는 당상관이 하나 더 있었습니다. 당상관 밑에는 낭청이라 불리는 정랑과 좌랑이 있었는데 이들이 실질적인 사무를 담당했습니다. 정랑과 좌랑은 육조의 꽃이라 할 수 있는 관직으로 젊고 학식이 풍부하며 청렴한 인재를 앉혔습니다. 이에 따라 훗날 이들이 정승과 판서에 오르는 일이 많았지요.

육조는 각 부서를 사司로 나눠 사무를 분담했으며 나머지 모든 중앙 관청은 육조의 속아문으로 나뉘어 소속되었습니다. 아문衙門은 관청을 지칭하고, 속아문은 어떤 부서에 속해 있는 관청을 의미합니다.

조선의 중앙 관청 구조를 보면 사헌부나 사간원 같은 언론 기관과 비서 기관인 승정원을 제외한 나머지는 대부분 육조에 예속되었습니다. 물론 병조의 속아문만 실제로 육조의 지배를 받았을 뿐 다른 속아문은 형식상으로만 예속된 까닭에 큰 의미는 없으나 그래도 어떤 관청이 육조에 속해 있었는지 알 필요는 있습니다.

육조의 조직 체계

이조에 속한 관청에는 종부시, 상서원, 내시부, 충훈부, 사옹원, 내수사, 충익부, 액정서가 있습니다. 이들을 이조의 속아문이라 하는데 속아문 관청은 이조에 속해 있긴 해도 보통 자율적으로 운영했습니다.

호조의 속아문 관청은 이조보다 훨씬 더 많았습니다. 내자시, 내섬

이조	
	소속 관청
소속 부서	종부시, 충익부, 충훈부, 상서원
문선사, 고훈사, 고공사	내시부, 내수사, 사옹원, 액정서

호조	
	소속 관청
	내자시, 내섬시, 사도시, 사섬시, 군자감, 제용감,
소속 부서	사재감, 풍저창, 광흥창, 전함사, 평시서, 사온서,
판적사, 회계사, 경비사	의영고, 장흥고, 사포서, 양현고, 오부

예조	
	소속 관청
	홍문관, 예문관, 성균관, 춘추관, 승문원, 통례원,
	봉상시, 교서관, 내의원, 전의감, 예빈시, 장악원,
소속 부서	관상감, 사역원, 세자시강원, 종학, 소격서, 종묘서,
계제사, 전향사, 전객사	사직서, 빙고, 전생서, 사축서, 혜민서, 활인서,
	도화서, 귀후서, 사학, 각 능과 전

병조	
	소속 관청
소속 부서	오위도총부, 훈련원 , 사복시,
무선사, 승여사, 무비사	군기시, 전설사, 세자익위사

형조	
	소속 관청
소속 부서	장례원, 전옥서, 율학청, 보민사,
상복사, 고율사, 장금사, 장례사	좌·우포청, 좌·우순청

공조	
	소속 관청
소속 부서	상의원, 선공감, 수성금화사,
영조사, 공야사, 산택사	전연사, 장원서, 조지서, 와서

육조와 소속 관청.

시, 사도시, 사섬시, 군자감, 제용감, 사재감, 풍저창, 광흥창, 전함사, 평시서, 사온서, 의영고, 장흥고, 사포서, 양현고, 오부로 모두 17개 기관이 있었지요. 이들 기관은 대부분 나라의 물품을 관리하거나 창고 역할을 했고 특히 평시서平市署는 시장을 관리했습니다. 이 중 오부는 한성의 다섯 구역(중·동·남·서·북)을 일컫습니다.

예조에 속한 관청으로는 홍문관, 예문관, 춘추관, 성균관, 승문원, 통례원, 봉상시, 예빈시, 전의감, 사역원, 관상감, 교서관, 내의원, 장악원, 세자시강원, 종학, 종묘서, 소격서, 사직서, 빙고, 전생서, 사축서, 혜민서, 도화서, 활인서, 귀후서, 사학, 궁궐 전각 그리고 왕과 왕비를 모신 각 능陵이 있었습니다. 대개 학문과 역사, 예식, 예술 등과 관련된 부서였지요.

병조의 속아문 관청에는 중앙 군사 조직인 오위도총부, 훈련원, 사복시, 군기시, 전설사, 세자익위사가 있는데 이들 속아문의 인사권과 지휘감독권은 병조에 있었습니다. 육조의 다른 부서와 달리 병조는 속아문 관청을 지배한 것입니다.

형조 소속의 관청에는 법률을 다루고 공부하는 율학청, 옥獄을 관리하는 전옥서, 노비를 관리하는 장례원掌隸院, 죄를 면하려고 바치는 돈인 속전贖錢을 관리하는 보민사, 좌포도청, 우포도청, 좌순청, 우순청이 있었습니다. 공조의 속아문으로는 상의원, 선공감, 수성금화사, 전연사, 장원서, 조지서, 와서가 있었습니다.

육조의 속아문 중 2부에서 다루지 않은 관청은 3부에서 별도로 언급하겠습니다.

4
하늘이 내린 관직 이조

인사를 책임지는 곳

이조는 문관 선발 및 임명, 공훈과 작위 결정에 관한 정사를 맡아본 곳입니다. 인사 관련 업무라서 그런지 하늘이 내린 관직이라고 해서 천관天官이라 부르기도 했습니다. 또한 문무 양반 중에서 문관인 동반東班(궁궐 조회를 할 때 임금을 중심으로 동쪽에 나열한 문관을 동반, 서쪽에 나열한 무관을 서반이라 불렀습니다)의 인사 관리를 담당한 까닭에 동전東銓이라고도 불렀습니다. 동전은 '동반을 저울질하는 곳'이라는 의미입니다.

그뿐 아니라 무관의 인사를 담당한 병조와 함께 전조銓曹라고 부르기도 했습니다. 전조는 '사람을 저울질하는 부서'라는 뜻으로 인사권을 쥐고 있는 곳임을 뜻합니다.

이조의 업무는 문선사文選司, 고훈사考勳司, 고공사考功司라는 세

부서에서 분담했습니다. 이 세 곳의 사무를 책임진 관직은 정랑이고 정랑을 보좌하는 자리가 좌랑으로, 이조에 정랑과 좌랑을 3명씩 배치했습니다.

문선사는 종친·문관·잡직 등의 벼슬을 임명하는 일, 임명장과 녹봉 증서를 발급하는 일, 문과의 생원과 진사의 합격증 배부, 임시 직무 선정 및 취재 시험 등을 맡았습니다. 그 밖에 이름 변경과 죄인의 이름이 적힌 명부 관리를 맡기도 했습니다.

고훈사는 종친과 공신에게 작위나 시호를 주는 일, 제사를 맡을 관리를 뽑는 일, 작위를 받은 여인에게 증서를 내주는 일, 지방 관리에게 임명장을 발급하는 일 등을 맡았습니다. 고공사는 문관의 공로·과오·근무 실태 조사, 근무 평가 등을 맡았습니다.

문선사, 고훈사, 고공사의 정랑과 좌랑을 관리하는 직책은 참의였습니다. 말하자면 참의가 실질적인 책임자였습니다. 이조 내에서 벌어진 잘못도 웬만한 일은 참의가 책임을 졌지요. 참의 위로 참판과 판서가 있었지만 이들은 오늘날의 장관과 차관에 해당하는 정무직으로 실무 책임보다 정무 책임을 졌습니다. 이는 이조뿐 아니라 나머지 오조도 마찬가지였습니다.

이조의 관리에는 정2품 판서 1명, 종2품 참판 1명, 정3품 당상관 참의 1명이 있었습니다. 그리고 그 아래로 정5품 정랑 3명, 정6품 좌랑 3명, 그 외에 서리를 비롯한 하위직들이 있었습니다.

이조에서 일어나는 중대사는 판서와 참판이 처리했으나 일상사는 정랑과 좌랑을 중심으로 수행했습니다. 정랑과 좌랑을 합쳐

'전랑銓郞'이라 부르기도 했는데, 이는 '저울질하는 낭관'이라는 뜻으로 인사권을 쥔 낭관이라는 의미입니다. 전랑 위에 있는 참의는 6명의 전랑을 관리하는 자리이자 행정 실무를 참판과 판서에게 보고하는 직책이었습니다.

인사권을 담당한 이조전랑은 홍문관 출신의 실력 있는 청년 문신 중에서 발탁했습니다. 특히 문관 임명에서 정승과 판서도 함부로 할 수 없을 만큼 권한이 막강한 그 자리를 청년에게 준 것입니다. 이처럼 젊은 전랑에게 강력한 권한을 준 것은 대신들의 권한을 견제하고 젊은 관리들의 의견을 수렴하기 위해서였습니다.

그런데 누가 전랑직을 차지하느냐가 권력의 향방을 결정한 터라 전랑직을 놓고 각 파벌 사이에 치열한 쟁탈전이 벌어지기도 했습니다. 이런 일이 당쟁을 일으키는 원인이 되기도 했지요.

전랑직은 본래 그 자리에 있던 사람이 물러나면서 후임을 추천했는데, 이것이 파벌을 조성하고 당파 싸움에 이용되는 문제를 일으켰습니다. 그 폐단이 심해지자 결국 선조는 전랑 추천제를 폐지했습니다. 그 뒤로 전랑직의 힘은 과거보다 많이 약해졌습니다. 더욱이 선조 시대 이후 붕당 싸움이 심해지면서 이조전랑은 과거와 같은 막강한 영향력을 행사하지 못했습니다.

조선에 붕당이 생긴 것은 선조 대인 1575년입니다. 당시 조정을 장악한 사림 세력은 동인과 서인으로 갈라져 싸웠는데, 그 원인은 심의겸이 김효원의 이조좌랑 임명을 반대한 것에서 비롯되었습니다.

심의겸은 명종의 왕비 인순왕후의 동생으로 외척이었습니다. 명종이 왕위에 오르자 인순왕후의 외삼촌 이량이 권세를 부렸고, 이를 지켜보던 심의겸이 명종을 만나 이량의 횡포와 전횡을 고발하면서 이량은 귀양을 갔습니다. 이후 이조참의에 임명된 심의겸은 제법 명망을 얻는 한편 사림에서도 인정을 받았지요.

그 무렵 김효원도 사림에서 명망을 얻고 있었습니다. 가난하지만 인품이 훌륭하다는 평가를 받은 그는 1565년(명종 20년) 문과에 급제해 1567년 호조좌랑이 되었습니다. 그리고 그해에 이조정랑이 된 오건이 이조참의 심의겸에게 김효원을 이조좌랑으로 추천했습니다. 당시 이조정랑과 좌랑은 대신을 추천하는 인사권을 쥔 자리라 비록 품계는 낮아도 권한은 막강했습니다. 그만큼 청빈하고 뛰어난 관리임을 인정받아야 오를 수 있는 그 자리를 젊은 관리라면 누구나 선호했습니다.

한데 심의겸은 김효원이 이조좌랑이 되는 것을 저지했습니다. 오건이 그 연유를 묻자 심의겸은 이렇게 대답했습니다.

"김효원은 윤원형의 문객이었는데 그런 사람을 천거한다는 것이 말이 되오?"

김효원은 윤원형의 사위 이조민과 친한 사이였고 젊은 시절에 윤원형의 집에 자주 들락거렸습니다. 그 무렵 이조민은 처가살이를 했는데 그와 친한 김효원은 가끔 침구를 싸들고 윤원형의 집에 가서 이조민과 함께 자기도 했습니다.

그러던 어느 날 심의겸이 공무로 윤원형의 집에 갔다가 김효원이 그곳에서 지내는 것을 본 이후로 그는 김효원을 권력에 아부하는 자로 생각했습니다. 심의겸은 1535년생으로 김효원보다 일곱 살 위였는데 젊은 서생이 윤원형 같이 악덕한 인물의 집에서 묵는 것을 보고 혀를 차며 한심하게 여겼던 것입니다.

그때 김효원을 평가하는 심의겸을 말을 듣던 김계휘가 손을 내저으며 김효원을 두둔했습니다.

"그런 말은 아예 입 밖에 내지 마시오. 그 일은 어린 시절에 있었던 게 아니오."

김계휘는 심의겸보다 아홉 살이 많았고 사간원 대사간으로서 존경받는 인물이었습니다. 하지만 심의겸은 기어코 김효원을 이조좌랑으로 삼지 않았습니다. 이후 명종이 죽고 1567년 7월 선조가 왕위에 올랐습니다. 선조가 즉위한 뒤 김효원은 사간원 정언을 거쳐 1574년(선조 7년) 7월 8일 이조좌랑이 되었습니다. 그리고 정6품 좌랑이 된 지 한 달도 지나지 않아 정5품 정랑이 되었습니다.

김효원이 정랑이 되었을 때 심의겸은 대사헌을 거쳐 오위도총부 종2품 부총관에 올라 있었습니다. 이때 어떤 이가 김효원에게 비어 있던 이조좌랑 자리에 심의겸의 동생 심충겸을 추천했습니다.

당시 심충겸은 사간원의 정6품 정언 자리에 있었습니다. 그러자 김효원이 말했습니다.

"천관이 외척들의 집안 물건이냐?"

결국 김효원의 반대로 심충겸은 이조좌랑이 되지 못했고 사간원 정언에서 사헌부의 정5품 지평으로 승진해서 옮겨갔습니다. 그후 명종의 왕비 인순왕후 심씨가 죽자 심의겸은 선조의 후원을 받지 못하는 처지에 놓였습니다. 그렇듯 심의겸이 끈 떨어진 갓 신세가 되면서 주변 인사들이 하나, 둘 떠났고 심지어 그를 따르던 자들도 등을 돌려 비난하는 바람에 그의 명성이 모두 허명이었다는 말까지 돌았습니다.

외로운 기러기 신세가 된 심의겸의 처지와 달리 김효원의 명성은 한껏 올랐습니다. 사림은 그를 대단한 인물로 여기며 따랐고 덕분에 명망은 점점 더 올라갔습니다. 그런 상황에서 누군가가 심의겸을 들먹이자 김효원이 이런 말을 했습니다.

"그 사람은 어리석고 고지식하여 쓸 곳이 없다."

이 말을 전해들은 심의겸은 김효원을 몹시 미워했고 이후 두 사람의 대립은 온 조정이 시끄러울 정도로 심해졌습니다. 이이가 중재에 나서 두 사람을 모두 외직으로 내보냈지만 소란은 이어졌고 결국 사림은 동인과 서인으로 갈라지고 말았습니다. 김효원 지지자들을 동인이라 하고 심의겸 지지자들을 서인이라 했는데 이는 김효원의 집이 한양 동쪽인 건천동에, 심의겸의 집이 한양 서쪽인 정동에 있었던 것에서 비롯되었습니다.

5

왕조의 부를 책임진 호조

기획재정부 더하기 국세청

호조는 인구 조사, 세금, 나라 살림살이와 관련된 일을 맡은 관청입니다. 고려 성종 시대에는 호부라 불렀는데 한때 판도사로 위상이 떨어졌다가 공양왕 대인 1389년 호조로 굳어졌습니다. 지금의 기획재정부와 국세청을 합친 것이 호조의 역할입니다.

호조는 판적사版籍司, 회계사會計司, 경비사經費司 세 곳으로 나뉘어 업무를 보았습니다.

판적사는 호구 조사, 토지·부역·조세에 관한 일, 흉년에 곡식을 꾸어주는 일 등을 맡았습니다. 이러한 판적사에는 잡물색, 금은색, 주전소, 수세소, 사섬색의 5방房이 있었지요. 잡물색은 잡비와 잡물을 맡아보는 곳, 금은색은 금과 은을 관리하는 곳, 주전소는 동전을 주조하는 곳이었습니다. 수세소는 세금을 걷는 곳으로 지금의 국세청 역할을 했고 사섬색은 저화, 즉 지폐 제조와 외거노비들이 바치는 포를 관리했습니다.

회계사는 서울과 지방 관청에 비축한 물건의 양을 관리하고, 한 해 수입과 지출을 계산하는 일을 맡았습니다. 회계사에는 판적사와 달리 별다른 방색을 두지 않았습니다.

경비사는 서울에서 치르는 국가행사에 쓰이는 경비, 왜인에게 주는 식량 지출 등에 관한 일을 맡았습니다. 경비사에는 전례방, 별 례방, 판별색, 요록색, 세폐색, 응판색, 별고색, 별영색, 사축색으로 9방을 설치했는데 색방의 수는 시기에 따라 9방에서 14방까지 있 었습니다.

전례방은 주로 종묘와 사직의 제물이나 왕에게 올리는 물건 및 특산물, 혼례와 장례 등에 필요한 물품에 관한 업무를 보았습니다. 별례방은 전각 보수와 신축을 위한 부서입니다. 판별색은 비정기적 인 별도 업무를 관장하는 곳으로 여기에는 가령 왜관에서 이뤄지 는 일본과의 무역 업무나 비정기적으로 오는 중국 사신을 통한 무 역 업무가 있습니다.

요록색은 녹봉 관리 업무, 세폐색은 중국에 가는 사신이 가져갈 공물을 준비하는 업무를 맡았습니다. 응판색은 외국 사신을 접대하 는 물품을 관리했고, 별고색은 조세로 납품하는 지방 특산물인 공 물에 관한 사무를 보았습니다. 별영색은 훈련도감의 급료 지급을 관리하고 사축색은 여러 가지 가축을 기르는 일을 맡아보았습니다.

호조는 조선 중기 이후부터 호적 관련 일을 한성부로 넘기는 등

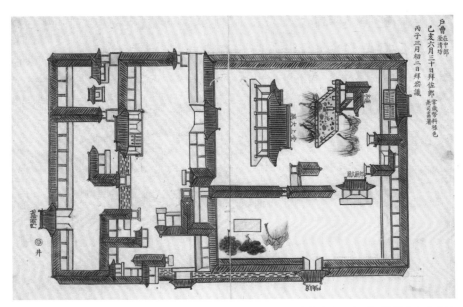

조선 후기 호조의 모습. 《숙천제아도》 수록.

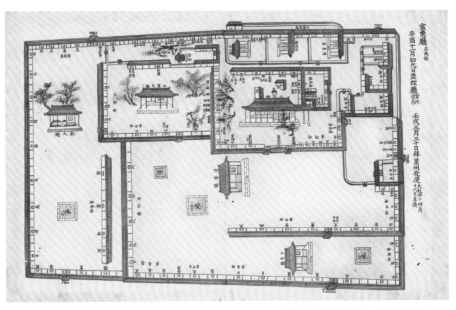

조선 후기 선혜청의 모습. 《숙천제아도》 수록.

여러 면에서 업무가 늘거나 줄기도 했지만, 1894년 갑오경장 때 탁지아문으로 바뀔 때까지 호조로 존속했습니다.

호조의 관리도 이조와 마찬가지로 판서·참판·참의가 각 1명씩 있었고 호조판서는 훈련도감, 비변사, 선혜청, 예빈시, 군자감의 제조를 겸했습니다. 그 밖에 정랑과 좌랑이 각 3명씩 있었는데 이는 호조가 판적사, 회계사, 경비사로 나뉘어 있었기 때문입니다. 이들 낭관 아래로 산술(수학)을 가르치는 산학교수, 별제 같은 관원이 있었습니다. 호조의 속아문은 앞서 말한 대로 17개 기관으로 이조보다 훨씬 많았습니다.

재정 기관의 실세 선혜청

호조판서가 제조를 겸한 선혜청宣惠廳은 사실 호조를 능가하는 조선시대 최대 재정 기관이었습니다. 선혜청은 광해군 대인 1608년 대동법을 실시하면서 설치한 관청입니다.

대동법을 처음 경기에 시험적으로 실시할 때 이를 '선혜지법'이라 불렀는데, 이것이 이어져 대동법을 관장하던 기구를 선혜청이라 부르게 된 것입니다. 대동법은 인조 대인 1624년 강원도, 충청도, 전라도에 확대 시행했고 이때 삼도대동청을 설치했습니다. 이 삼도대동청은 처음에 호조 산하에 두었습니다.

그 후 선혜청 산하로 넘어간 대동청은 조직을 크게 확대했습니다. 여기에다 상평청常平廳, 진휼청賑恤廳, 균역청均役廳을 선혜청과 통합하면서 선혜청이 호조를 능가하는 조선 최대의 재정 기관이 된 것입니다.

초기에 선혜청 관원은 영의정을 겸하는 도제조 1명, 호조판서를 겸하는 제조 1명 그리고 낭청 2명을 두었습니다. 이후 선혜청을 확대하면서 삼정승이 모두 도제조를 겸했고, 호조판서가 제조를 겸하는 것에 더해 2품 이하 관원 3명을 더 뒀습니다. 낭청도 4명으로 늘었다가 균역청을 병합한 뒤 5명이 되었습니다.

선혜청 산하에는 선혜청 직원의 급료와 소요 경비를 관리하는 공잉색公剩色을 설치했고, 선혜청 업무만 전담 지휘·감독하는 당상도 두었습니다. 낭청 아래로는 계사를 3명 배치하고 그 아래에 서리를 각 청마다 3~4명씩 배치했습니다. 또한 각 청마다 고직 2명과 내지 5명을 배속했습니다.

선혜청은 임오군란과 밀접한 관련이 있는 곳입니다. 5영營 군사들의 급료를 선혜청에서 지급했는데 1882년 6월 초 도봉소에서 무위영 소속 군병들에게 한 달분의 급료를 전라도에서 올라온 쌀로 지급할 때 문제가 생겼습니다. 군병들이 지급받은 쌀에 겨와 모래가 섞여 있어 실제 쌀이 정량의 절반에도 미치지 못했던 것입니다. 이 때문에 무위영 군병들이 선혜청 고직과 상관들에게 항의하는 사태가 벌어졌고, 이 소식을 접한 선혜청 당상 민겸호는 소란을 주도한 포수 김춘영과 유복만을 포도청에 가둬버렸습니다. 이들은 혹독한 고문 끝에 처형당하고 말았습니다.

이에 격분한 군병들은 대규모 폭동을 일으켜 민겸호의 집을 습격했고, 명성황후 민씨 세력에게 밀려났던 흥선대원군을 앞세워 개화 세력을 공격했습니다. 이 과정에서 흥선대원군과 반목하던 그의 형 이최응과 선혜청 당상 민겸호가 살해되었습니다. 정권을 장악한 대원군은 명성황후를 죽이려 했으나 그녀는 몰래 궁궐을 빠져나갔습니다. 다급해진 민비는 청나라 세력을 불러들였고 이때 대원군이 납치되면서 조선 조정은 청나라 군대에 의존해 내정 간섭을 받는 처지에 놓였습니다.

이렇듯 역사적 아픔을 간직하고 있는 선혜청은 임오군란 이후에도 존속하다가 1894년 갑오개혁 때 대동법을 폐지하면서 철폐되었습니다.

구황 전담 기관 상평청

상평청은 흉년이 들었을 때 굶주린 백성을 구제하기 위해 비축한 곡식과 자금을 관리하던 관청입니다. 평소에는 상평청으로 부르다가 기근이 들고 구황이 시작되면 진휼청이라고 불렀습니다. 그래서 상평청과 진휼청을 합쳐 상진청으로 통칭하기도 합니다.

원래 상평은 중국 한나라 때 진휼 사업과 물가 조절 사업을 위해 설치한 관청입니다. 고려는 성종 대인 993년 이것을 도입해 상평창을 설치하고 의창과 함께 구황 업무를 담당하게 했습니다.

조선 시대 들어 1458년(세조 4년) 상평창 운영 규정을 마련했으나 재정 부족으로 제대로 기능하지 못했습니다. 이후 조선 중기에 이르러 상평청을 설치하고 지방의 구제 곡물을 관리하게 했지만, 임진왜란으로 국가 재정이 바닥나는 바람에 유명무실한 기관이 되고 말았습니다. 그러다가 대동법을 실시하면서 선혜청 부속 기관이 된 것입니다.

1633년(인조 11년)에는 상평청에서 상평통보를 주조하기도 했습니다. 심지어 기근을 구제한다는 본래 취지를 잃고 사신을 접대하는 비용을 대는 곳으로 전락하기도 했지요.

호조의 재정을 능가한 균역청

균역청은 비록 선혜청에 예속된 관청이었지만 호조의 재정을 능가한 기관이었습니다. 이러한 균역청은 균역법 실시에 따라 관련 업무를 맡아보던 관청입니다. 균역법은 양인들이 부담한 신역身役, 즉 몸으로 치르는 노역 때문에 생긴 법입니다.

처음에 신역은 사람들을 직접 징발해 부역하게 하는 형태였으나 점차 신역 대신 곡식이나 베옷으로 대체했고, 이것은 국가 재정의 큰 몫을 차지하게 되었습니다. 말하자면 신역이 세금으로 전환된 셈입니다.

그런데 이것이 지역마다 균일하지 않아 많은 폐단을 낳으면서

1750년(영조 26년) 백성의 부담을 대폭 줄여주도록 일률적으로 해마다 포 1필로 정했습니다. 이에 따른 세금 결손이 약 100만 냥에 이르자 이를 보충하기 위해 어업이나 소금 생산에 부과하는 어염세, 숨겨 놓고 세금을 내지 않은 밭에 가산세를 부과한 은여결세 등을 신설했습니다. 이런 내용을 담은 것이 바로 균역법입니다.

균역법에 따라 거둬들인 세금을 관리하던 곳이 균역청이지요. 이 균역청의 1년 수입을 돈으로 환산하면 60여 만 냥에 이르렀는데 이는 호조의 1년 예산을 웃도는 금액이었습니다. 선혜청에 예속된 일개 관청의 수입이 호조의 예산을 웃돈다는 것은 균역청이 얼마나 중요한 관청이었는지 말해줍니다.

상인을 단속하는 평시서

조선 시대에도 지금의 소비자보호원이나 공정거래위원회 같은 기관이 있었는데, 그곳은 바로 평시서입니다. 시장을 단속한 평시서는 됫박이나 저울 등을 통일해 상인이 소비자를 속이지 못하도록 하고 물가를 조절하는 일 등을 맡았습니다. 그래서 평시서 관리들은 '상인의 호랑이'로 불렸습니다.

평시서에서는 각 시전에 전매품을 기록한 허가장을 발급했는데, 이 허가장이 없으면 절대로 물품을 판매할 수 없었습니다. 평시서에서 이처럼 상인을 철저히 관리한 가장 큰 이유는 물가를 조절하기 위해서였습니다.

농본주의 정책을 펼친 조선 왕조는 상인을 단속하는 것은 물론 시장을 철저히 규제했습니다. 이는 농업 위주의 국가 체제를 유지하기 위한 것이었지요. 만약 상인이 늘어나고 시장이 확대되면 많은 농민이 상인으로 전환될 것이고, 상인이 늘어날 경우 자본의 힘이 강해져 국가 체제를 뒤흔들 수도 있었기 때문입니다. 결국 평시서는 농본주의 정책의 전위부대였던 셈입니다.

관리들은 어떻게 봉급을 받았을까

조선 시대 관리는 지금처럼 봉급을 돈으로 받은 게 아니었고 매달 꼬박꼬박 지불받은 것도 아니었습니다. 조선의 3대 임금인 태종 때까지는 1년에 두 번, 1월과 7월에 지급받았습니다. 세종 대부터는 계절에 따라 봄, 여름, 가을, 겨울로 1년에 네 번 지급받았습니다.

봉급은 곡식, 포(옷감), 저화(지폐) 같이 돈과 바꿀 수 있는 물건이나 현금으로 지급했습니다. 그 밖에 과전科田이라 불린 토지도 받았지요.

곡식은 쌀과 누런 콩, 밀 등으로 받았고 포는 명주와 삼베였습니다. 저화는 고려 말부터 조선 초까지 사용한 지폐로 저화 한 장이 쌀 한 되에 해당했습니다. 그런데 사람들이 지폐와 물건을 교환하기를 꺼려하자 자동적으로 화폐 기능을 잃어버려 1512년(중종 7년) 저화는 완전히 사라졌습니다.

그중 곡식, 포, 저화는 1년에 네 번 받았고 과전은 관리로 일할 때는 받았다가 퇴직하면 나라에 되돌려주어야 했습니다. 그러나 많은 사람이 과전으로 받은 농토를 그대로 갖고 있거나 자손에게 물려주는 폐단이 발생하자 세조 때 현직 관리에게만 농토를 주는 직전법으로 바뀌었습니다.

그렇다고 문제가 완전히 사라진 것은 아닙니다. 욕심 많은 관리들이 소작농에게 너무 많은 곡식을 수탈하는 문제가 발생하는 바람에 아예 나라에서 농민에게 일정량의 곡식을 거둬 그것을 관리에게 나눠주는 정책을 썼습니다. 직전법이 봉급에 얹어주는 보너스처럼 되어버린 것입니다.

이 직전법은 거듭되는 흉년과 임진왜란을 전후로 나라의 재정이 악화되면서 완전히 사라졌습니다.

6
교육과 외교,
의례를 책임진 예조

일이 가장 많은 관청

예조는 예의, 음악, 제사, 외교, 큰 행사, 학교, 과거 등에 관한 일을 맡아본 관청입니다. 지금의 교육부, 외교통상부, 문화관광부, 보건복지부를 합한 것과 같은 행정 기관이라고 보면 적당할 듯싶습니다.

예조는 계제사稽制司, 전향사典享司, 전객사典客司의 3사로 나뉘었는데 유교 국가인 조선에서는 예조가 하는 일이 어마어마하게 많고 복잡했습니다.

계제사는 각종 의식과 제도, 조회, 경연, 역사를 쓰는 사관, 학교, 과거, 인장, 책봉문, 천문, 제삿날, 나라의 상사와 장사 등의 일을 맡아보았습니다. 전향사는 각종 궁중 연회와 제사, 제물, 음식물, 의약 등의 일을 맡아 했습니다. 전객사는 우리나라 사신과 중국 사신을 비롯해 왜인, 여진족 같은 북쪽의 야인을 영접하고 외국에서 조공

하러 오는 이들에게 제공하는 연회와 선물 등을 처리했습니다.

예조에는 판서·참판·참의 각 1명, 정랑·좌랑 각 3명, 그 밖에 서리를 비롯한 하위직이 있었습니다.

앞서 살펴본 대로 예조의 속아문은 육조의 그 어떤 부서보다 많았는데 이는 하는 일이 많고 다양했음을 의미합니다.

나라의 큰 행사, 과거

조선 시대에는 소과, 대과(문과), 무과, 잡과의 네 가지로 나눠 과거를 시행했습니다. 문과 과거는 예조에서 관장하고 무과 과거는 병조와 훈련원에서 맡아 진행했습니다. 이 장에서는 문과와 잡과를 다루고 무과는 병조를 설명하는 부분에서 살펴보겠습니다.

과거에는 정기적으로 3년에 한 번 열린 식년시와 수시로 열린 증광시, 별시, 알성시, 정시, 춘당대시 같은 부정기시가 있었습니다. 그중에서도 식년시와 증광시에는 소과小科, 문과, 무과, 잡과를 다 개설했으나 그 외의 시험에서는 문과와 무과만 열렸습니다.

식년시는 12간지 중 식년에 해당하는 자년, 묘년, 오년, 유년에 열리는 시험이라 하여 붙은 명칭입니다. 이 경우 3년에 한 번씩 식년시가 열립니다. 식년이란 과거를 보는 시기로 지정한 해를 말합니다.

소과에는 생원시와 진사시가 있었습니다. 이를 합쳐 사마시司馬試

라고 하는데 1차 시험인 초시와 2차 시험인 복시를 보아 각각 100명을 뽑은 뒤, 생원과 진사의 칭호를 내리고 성균관에 입학할 자격을 주었습니다. 생원과 진사가 된 자들은 성균관에 들어가 공부하다가 문과에 합격해 관리가 되는 것이 목표였습니다.

문과는 소과에 비해 어렵고 힘들다 하여 대과大科라고 부르기도 했습니다. 이러한 문과는 소과에 합격한 사람이나 일반 유생들에게 응시 기회가 주어졌습니다.

식년시에는 초시·복시·전시의 3단계 시험이 있었는데 한양과 각 지방에서 치른 초시에 합격한 240명을 식년 봄 한양에 모아 다시 시험을 치러 33명을 뽑는 것을 복시라고 했습니다. 복시에는 요즘의 면접시험처럼 학생과 시험관이 문답하는 것도 있었습니다.

마지막 단계인 전시(임금이 머무는 대전에서 보는 시험)는 복시 합격자 33명의 등급을 정하기 위한 시험으로 왕이 직접 시험 문제를 출제하는 경우도 있었습니다. 이 33명의 답안지는 임금이 보도록 되어 있었고 부정한 일이 없는 한 모두 벼슬을 받을 수 있었습니다.

최종 합격자 33명의 등급은 갑과 3명, 을과 7명, 병과 23명으로 나뉘었습니다. 갑과 급제는 최상위 점수로 합격한 자를 가리키고 그다음이 을과 급제, 마지막이 병과 급제입니다. 흔히 말하는 장원 급제란 갑과 1등을 의미합니다. 급제자는 등급에 따라 품계를 받았는데 갑과 1등은 종6품, 갑과 2등과 3등은 정7품, 을과는 정8품, 병과는 정9품의 품계를 받았습니다.

그 밖에 증광시는 나라에 큰 경사가 있거나 작은 경사가 겹쳤을 때 치렀고, 별시도 국가에 경사가 있을 때 실시했습니다.

문과 중에서 특이한 것은 알성시인데 '알성謁聖'이란 성인을 배알한다는 뜻으로, 알성시는 왕이 친히 공자 사당인 성균관 명륜당에 거둥해 시행한 특별한 과거였습니다. 이 시험은 다른 시험과 달리 단 한 번의 시험으로 급제를 결정했고 2~3시간 안에 답을 써서 내야 했습니다. 그만큼 급제자도 그 자리에서 신속하게 가려내 발표했기 때문에 다른 시험에 비해 운이 많이 작용하는 시험으로 알려져 전국 각지에서 응시생이 구름처럼 몰려들었다고 합니다.

정시도 국가에 경사나 중대사가 있을 때 실시한 것으로 성균관 유생들을 상대로 알성시와 비슷하게 전정(궁궐 뜰)에서 시험을 보았습니다.

춘당대시도 국가에 경사가 있을 때나 여러 군문의 무사들을 왕이 친히 만날 때 시행하던 것으로 창경궁의 춘당대에서 실시했다고 해서 붙은 명칭입니다. 문과와 무과만 열린 춘당대시도 알성시와 마찬가지로 한 번 시험에 당일 급제자를 발표하는 시험이었습니다.

과거 급제자에게는 합격증서인 홍패가 주어졌고 어사화와 일산(양산), 술, 과자를 하사했습니다. 또한 어사화를 꽂은 급제자가 일산을 받쳐 들고 시가행진하는 것을 허락했습니다. 급제자는 고향에 내려가 그곳 수령과 백성의 환영을 받으며 행진하기도 했지요. 출세해서 고향에 내려온다는 뜻의 '금의환향'은 여기에서 비롯된 말입니다.

과거 동기들의 호칭

조선 시대에도 요즘처럼 꼭 대학을 나오지 않아도 공무원이 될 수 있었습니다. 조선 시대에는 국립대학인 성균관을 비롯해 전국에 흩어진 서원이 모두 대학 역할을 했습니다. 그래서 과거에 합격했다는 것과 어느 서원을 나왔는가를 함께 중요하게 다뤘습니다. 오늘날 사법고시 동기, 행정고시 동기 등의 표현을 쓰듯 조선 시대에도 비슷한 표현이 있었습니다.

조선 시대에는 과거 동기를 같은 해에 합격했다고 해서 '동년同年'이라 불렀습니다. 함께 합격자 방에 붙었다고 하여 '동방同榜'이라고도 했지요. 과거에 합격한 이들은 계속 계모임 같은 모임을 이어 갔다고 합니다. 호칭은 나이에 따라 형 혹은 아우라 하고 나이 차가 없으면 서로 터놓고 지냈습니다.

하지만 장원 급제한 사람은 대접이 달랐습니다. 생원시나 진사시에 함께 합격했더라도 장원은 존경의 표시로 '장원님'이라고 불렀습니다. 설령 장원이 나이가 어려도 감히 이름을 부르지 못했던 것입니다.

과거 동기 중에 생원시나 진사시에 함께 합격하고 또다시 대과인 문과에 같이 합격한 사이를 일컬어 '재년再年'이라고 불렀습니다. 이런 재년들 중에서 서로 장원한 경험이 있으면 서로를 장원님이라 부르기도 했습니다. 선조 때의 유명한 관료인 이광전과 심수경이 그런 관계였지요. 심수경이 쓴 《견한잡록》에 보면 이광전은

생원시에 장원하고 심수경은 문과에 장원했는데, 서로를 장원님이
라 불렀다는 기록이 있습니다.

조선 시대의 기술고시, 잡과

예조에서 주관하는 과거에는 문과 외에 잡과도 있었습니다. 조선
시대 잡과에는 외국어를 통역하는 역과(중국어, 몽고어, 일본어, 여진
어), 의술을 담당하는 의과, 천문지리를 담당하는 음양과(천문학, 지
리학, 명과학), 법률을 담당하는 율과의 네 가지가 있었습니다. 역과
에 합격하면 사역원에서 역관 생활을 하고 의과에 합격하면 내의
원, 활인서, 전의감, 혜민서 등에서 의원으로 지냈습니다. 음양과에
합격할 경우에는 관상감에서 근무하고, 율과에 합격하면 형조나 각
지방 감영에서 율관으로 근무했습니다.

　기술을 천시한 조선 시대에는 전문지식이 필요한 일을 잡스러
운 공부라 하여 잡과라 했지만 지금으로 보면 통역관, 의사, 천문학
자, 지리학자, 법무사, 변호사 등으로 전문직에 해당하는 일이었습
니다.

　조선 시대에는 이런 분야를 천시한 까닭에 양반들이 잡과에 응
시하는 경우가 드물었습니다. 반면 시골 아전인 향리들은 잡과에
관심이 많았습니다. 만약 향리의 자제가 잡과에 합격하면 향리 신
분을 면할 수 있었습니다. 그렇다고 향리 집안의 모든 아들에게 잡

과 응시 기회를 준 것은 아닙니다. 향리 중에서 아들이 세 명 이상인 경우, 세 아들 중 한 명만 잡과에 응시할 수 있게 했습니다.

양반의 서얼층이나 일반 평민이 잡과를 보는 경우도 많았습니다. 잡과는 서얼과 평민에게 신분 상승의 기회였던 것입니다. 그러나 잡과 합격자의 상당수는 대대로 기술 관료를 지낸 집안에서 배출되었습니다. 잡과의 내용이 모두 전문 분야라 아무데서나 쉽게 배울 수 있는 학문이 아니었던 탓입니다.

잡과에는 1차 시험인 초시와 2차 시험인 복시만 있고 문과나 무과에서 보는 전시는 없었습니다. 시험 과목은 각 해당 과의 전공서적과 경서,《경국대전》이 필수 과목이었습니다.

조선 초기에는 잡과 합격자에게도 문과 합격자와 마찬가지로 홍패를 주었으나 뒤에 백패로 바뀌었습니다. 합격자에게는 종7품과 종9품의 품계를 주어 해당 관청의 권지로 임명했습니다. 권지는 지금의 시보試補(정식 임명 전의 수습사원)에 해당하는 관직입니다.

유일한 국립대학 성균관

예조 소속의 성균관은 조선 시대에 인재 양성을 위해 설립한 국립 교육 기관입니다. 지금으로 말하자면 서울대학교 같은 곳이라 할 수 있습니다. 성균관은 태학太學, 반궁泮宮, 현관賢關, 근궁芹宮, 수선지지首善之地 등 여러 명칭으로 불렸고 일제강점기에는 경학원經學院으로 개칭되어 교육 기능을 상실한 채 문묘의 제향 기능만 담당했습니다.

성균관의 기원은 고구려의 태학으로 거슬러 올라갑니다. 물론 신라에는 국학이, 고려에는 국자감이 있었습니다. 고려는 1298년(충렬왕 24년) 국자감을 성균감으로 개칭했는데 이것이 1308년(충선왕 즉위년) 성균관으로 이름이 바뀌어 조선으로 이어진 것입니다.

성균관은 조선의 건국이념인 유학을 가르치고 배우는 한편 유학의 시조 공자를 모시는 곳이었습니다. 이곳에서 학습한 이들 중 대다수가 나라의 관리로 등용되었기에 성균관은 조선의 관리 후보생을 교육하는 곳으로 이름이 났습니다.

이러한 성균관은 양반 자제에게만 입학을 허락했는데 그중에서도 생원시, 진사시에 합격했거나 나라에 끼친 부모의 공이 크거나 별도의 입학시험에 합격한 자만 유생이 될 수 있었습니다. 이곳 학생은 유학을 배우고 받드는 자들이라 하여 '유생'이라 불렸지요.

사실 유생들 중에서 진사나 생원은 성균관에서 지내는 것을 좋아하지 않았습니다. 행동도 자유롭지 않고 별도로 다른 스승에게 배울 수도 없었기 때문입니다. 이에 따라 나라에서는 이들이 성균관에 머물도록 특별한 제도를 두기도 했습니다.

성균관에서 시행하는 관시에 합격하면 여러 가지 혜택을 주었는데, 그 응시 자격을 얻으려면 성균관에 300일 이상 머물러야 했습니다. 그렇게 머문 날을 확인하기 위해 밥을 먹을 때마다 표시하는 제도를 만들었습니다. 즉, 아침과 저녁에 반드시 성균관에서 식사를 하고 식사가 끝나면 서명하게 한 것입니다. 장부에 자신의 서명이 600개가 되면 원점圓點이라고 했으며 그제야 관시를 볼 자격을 얻었습니다. 이를 원점부시법圓點赴試法이라고 합니다.

일부 유생은 식사 때만 참석해 서명하고 집으로 돌아갔다고 합니다. 그만큼 성균관에 머무는 것이 싫었던 겁니다. 임진왜란 이후에는 이 원점부시법도 사라졌습니다. 유생들은 대부분 성균관에 이름만 올려놓고 집에서 생활했습니다. 이로 인해 성균관에서 밤을 새워 공부하는 풍조가 많이 사라졌다고 합니다. 유생들은 공부만 한 것이 아니라 때로 나라의 일에 집단 의견을 표명하거나 상소를 올렸습니다.

성균관 유생들도 요즘 대학생들처럼 가끔 데모를 하기도 했는데, 이를 권당捲堂이라고 했습니다. 성균관 유생들은 집단적인 의사 표시로 일종의 상소에 해당하는 유소를 올렸는데, 이에 대한 왕의 비답이 만족스럽지 않으면 권당을 감행했던 것이지요. 권당에 들어가면 유생들은 강의를 거부하거나 연좌 시위를 했는데, 그래도 주장이 관철되지 않으면 공관 즉 성균관을 아예 비우는 강수를 쓰기도 했습니다.

왕은 이에 대해 유생들의 주장이 정당하면 그 주장을 들어주기도 했고, 정당하지 않으면 권당을 주도한 유생들을 잡아다 감옥에 가두거나 유배 보내기도 했습니다. 이때 유배되거나 감옥에 갇히는 인물은 대개 장의掌議를 맡은 유생이었습니다. 장의는 지금으로 치면 학생장이라고 할 수 있는데, 성균관 유생들의 자치 기구인 재회齋會의

회장입니다. 장의는 동재와 서재에 각각 1명씩 2명을 선출했다고 합니다.

나라를 대표하는 교육 기관인 만큼 세자도 세자 책봉 직후 성균 관에 입학하는 예식을 치렀습니다. 성균관 안에 있는 공자님 사당 에 절하고 그곳 교수인 박사에게 제자로서의 예를 올린 것입니다. 그렇지만 실제로 세자가 이곳에 입학해서 배우지는 않았습니다.

세자 교육은 따로 세자시강원이란 관청에서 맡아 했습니다. 그 럼에도 불구하고 굳이 성균관 입학례를 행한 것은 세자 스스로 예 비 왕으로서 유학도가 되어 열심히 학습하고 철저히 준비하겠다는 다짐을 세상에 널리 알리기 위함이었습니다.

이곳 관리로는 정2품 지사를 비롯해 동지사, 대사성, 사성, 사예, 직강, 전적, 박사, 학정, 학록, 학유, 서리가 있었습니다. 그리고 성균 관과 관련해 양현고養賢庫라는 관청이 있었는데 이곳은 성균관 유생 들에게 쌀과 콩 등의 식량을 공급했습니다.

성균관에 속한 또 하나의 교육 기관으로 사학四學이 있었습니 다. 사학은 국립 중등교육 기관에 해당하며 태종 시절 한양의 북쪽 에 중학中學을 세우고 동·남·서에 각각 동학, 남학, 서학을 세워 그 지역 유생들을 가르치는 일을 맡았습니다. 이 4개의 학교를 합쳐 사학이라고 한 것입니다.

사학은 성균관에 속한 교육 기관이라 학제와 교육 방침이 성균 관과 비슷했습니다. 사학을 졸업한 유생은 설령 진사시나 생원시에 합격하지 못해도 성균관에 입학할 특전을 얻었습니다. 결국 사학에

〈반궁도泮宮圖〉. 성균관의 건물 구조와 배치를 보여 주는 그림 중에 가장 오래된 것이다. 1747년 (영조 23년)에 편찬된 《태학계첩》에 수록되었다. 서울역사박물관 소장.

입학한다는 것은 곧 한양의 주요 양반 자제로서 출세 길을 보장받는 첫 번째 단추를 끼웠다는 뜻이었습니다.

봉상시, 통례원, 예빈시

예조 소속의 관청 중 국가의 제사나 시호를 논의해 정하는 일을 관장한 기관이 바로 봉상시奉常寺입니다. 봉상시는 신라 시대의 전사서에서 기원한 기관으로 고려 문종 때는 태상부라고 불리다가 충렬왕 때 봉상시로 개칭해 조선으로 이어졌습니다. 봉상시에서 행한 대표적인 제례가 종묘제향입니다.

봉상시가 제사를 담당한 곳이라면 통례원通禮院은 국가의 의례를 담당한 관청입니다. 고려 시대의 합문에서 비롯된 통례원은 조선 개국 직후에도 합문으로 불리다가 통례원으로 명칭이 바뀌었습니다.

통례원 직원은 무엇보다 목청이 좋아야 했습니다. 조선 시대에 의식 순서를 적은 글을 홀기笏記라고 하는데, 통례원 직원은 홀기를 낭랑하고 큰 목소리로 외쳐야 했기 때문에 목청이 좋은 관원이 임명되었습니다.

통례원에서 주관한 의례로는 가례, 길례, 흉례, 군례, 빈례의 오례가 있었습니다. 가례는 혼례와 관례, 길례는 천지·산천의 신에게 제사를 올리는 예를 일컫습니다. 흉례는 상례나 장례를 의미하고 군례는 군대의 의식과 예절을 뜻하며 빈례는 외국 사신을 접대하는 의식입니다.

빈례에 쓰이는 음식물과 물품을 공급하는 관청이 따로 있었는데 그곳은 바로 예빈시禮賓寺입니다. 예빈시는 고려 시대에 예빈성, 객성, 전객시로 불리다가 공민왕 때 예빈시로 개칭한 이후 조선에 이어진 관청입니다.

종묘서와 사직서

종묘서宗廟署는 종묘와 능, 원을 맡아 관리한 관청을 말합니다. 고려 문종 때 처음 설치한 종묘서는 능원서로 개칭했다가 공민왕 시절에 대묘서로 부르기도 했습니다. 이후 조선 시대 들어 다시 종묘라는 이름으로 정착된 것이지요.

종묘는 역대 왕들의 신주를 봉안한 사당입니다. 능은 왕과 왕비의 무덤을 말하고 원은 세자나 왕을 낳은 후궁의 무덤을 일컫습니다.

사직서社稷署는 조선 시대 사직단과 그 토담의 청소를 담당한 관청입니다. 이 관청은 조선 초에 사직단으로 불리다가 세종 대에 이르러 사직서로 이름이 바뀌었습니다. 사직서에서 관리한 사직단이란 무얼 의미할까요?

원래 '사직'은 토지를 관장하는 사신社神과 곡식을 주관하는 직신稷神을 가리킵니다. 사직단은 이들 사신과 직신에게 제사를 지내기 위해 만든 제단을 뜻합니다.

조선은 개국 이후 한양으로 도읍을 옮기면서 서울에 사직단을 설치했는데, 이 건물은 임진왜란 때 모두 불타버렸습니다. 다만 사직단에 있던 신위는 당시 세자였던 광해군이 받들고 다녔습니다. 사직단 중건은 임진왜란이 끝난 뒤인 선조 말엽에 이뤄졌지요. 사직은 종묘와 함께 국가를 대신하는 대명사로 쓰일 만큼 상징적인 곳입니다.

별에 제사를 지내는 소격서

소격서昭格署도 봉상시와 마찬가지로 제사를 지내는 업무를 맡은 관청이지만 그 대상은 봉상시와 다릅니다. 소격서는 도교에서 말하는 하늘의 여러 별에 제사를 지내는 관청으로 고려 때부터 있었던 소격전을 그대로 물려받은 것입니다. 그러나 세조 때 유교 이념을 숭상하는 조선이 도교의 신에게 제를 올리는 것을 마땅치 않게 여겨 소격전을 소격서로 축소했습니다. 이곳 관리는 모두 도학을 공부한 문관으로 임명했고 이들은 나라에서 인정하는 도사였습니다.

소격서는 나라에 경사나 재난이 있을 때 하늘에 제를 올렸습니다. 원자가 탄생하면 왕은 소격서에 명해 사흘간 아들의 복을 빌게 했습니다. 원자의 복을 비는 대표자로는 조정 대신 중에서 아들이 많고 다복한 사람을 선발했습니다.

그렇게 선발된 대신과 소격서의 도사들은 도교의 상징적 인물인 노자의 동상 앞에서 백 번 절을 올렸습니다. 이때 임금도 소격서에서 노자에게 절하며 첫아들의 복을 기원했지요. 대를 이을 아들이 건강하게 잘 자라주기를 기원하는 마음이 하늘에 다다르도록 정성을 다해 제를 바친 것입니다.

언뜻 생각하면 좀 우스운 일입니다. 유교를 숭상하는 유교 국가 조선에서 도교의 신에게 제를 올리며 복을 빌었으니 말입니다. 그렇지만 고려 때부터 내려오던 전통인 데다 왕실의 대를 이을 원자의 복을 비는 것이다 보니 종교를 떠나 여러 천지신명께 도움을 받고 싶었던 모양입니다. 또 함부로 폐지했다가 나쁜 일을 당하면 어쩌나 하는 불안한 마음도 있었을 겁니다.

그렇다고 유학을 받들고 공부하는 조선의 선비들이 언제까지 보고만 있었던 것은 아닙니다. 중종 때 개혁파의 우두머리 조광조는 소격서 폐지를 주장했고 결국 선조 이후 완전히 폐지되었습니다. 소격서는 지금의 종로구 삼청동 자리에 있었다고 합니다.

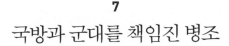

7

국방과 군대를 책임진 병조

조선의 무武를 집약한 관청

병조는 군사에 관한 모든 일을 맡아본 기관으로 오늘날의 국방부
와 같은 곳입니다. 병조에서는 무관 선발, 군사적인 사무 처리, 왕
을 호위하는 일, 역참 관리, 무기와 갑옷 관리, 4대문과 궁궐문 경비,
중요한 열쇠 관리 등의 일을 맡았습니다.

역참은 말을 관리하는 곳을 말합니다. 전국 8도의 중요한 길목
에는 모두 역참이 있었고 지금의 서울 벽제역과 양재역이 대표적
입니다. 역참에서 역졸들을 관리하고 역참을 책임진 사람을 찰방이
라고 했습니다.

병조는 크게 무선사武選司, 승여사乘輿司, 무비사武備司의 3사로 이
루어져 있었습니다. 무선사는 무관과 군사 임명, 임명장 및 녹봉증
서 관리, 무관의 생활기록부와 무과 시험에 관한 일을 맡아 했습니

다. 승여사는 임금의 행차 때 쓰는 각종 기구와 수레, 교통편, 마구간 및 지방 목장, 군사 보충대, 사령 등에 관한 일을 맡았습니다. 무비사에서는 군사·말·무기·전함 등을 챙기고 군사훈련, 순찰, 성곽 방어, 외적 토벌 등의 일을 수행했습니다. 이처럼 병조는 군사적인 업무만 한 것이 아니라 군사를 지휘하는 일에도 깊이 관여해 국방 정책 전체를 다뤘습니다.

나라와 왕의 안전을 책임지는 곳이다 보니 병조의 관원은 다른 곳보다 많이 배치했습니다. 병조의 장관인 정2품 판서 1명 아래 참판, 참의, 참지가 각 1명씩 있었고 정5품 정랑과 좌랑이 각각 4명씩 있었습니다. 그중 당상관인 참지 1명, 정랑과 좌랑 각 1명은 병조에만 특별히 배치한 관리입니다.

병조에는 왕의 호위를 맡고 의장을 책임지는 분담 기관으로 내병조가 있었는데 이는 육조 중 병조에만 있던 기관입니다. 이 때문에 참지와 정랑, 좌랑이 각각 1명씩 더 필요했던 것으로 보입니다.

중종 이후 비변사 설치로 국방과 군사 업무 전반이 비변사로 많이 넘어가면서 병조의 역할이 줄어들기도 했으나 1894년 갑오경장 때까지는 병조 체계를 그대로 유지했습니다. 병조의 관아는 경복궁 광화문 앞의 육조거리에 있었고 내병조는 창덕궁 금호문 밖에 따로 있었다고 합니다.

합동참모부에 해당하는 오위도총부

병조에 속한 오위도총부는 중앙 군사 조직으로 조선의 최고 군령 기관이었습니다. 궁궐 안에 있던 이 기관은 궐내각사지만 일반적으로 인사 문제와 국방 정책에서 병조의 지휘를 받았습니다. 병조가 지금의 국방부라면 오위도총부는 합동참모본부라고 할 수 있습니다.

오위도총부는 중앙의 군사를 다섯으로 나눈 의흥위, 용양위, 호분위, 충좌위, 충무위의 군사적 사무를 총지휘하는 관청이었습니다. 평상시에는 왕궁 보초와 순찰 등을 지휘·감독했지요.

고려 시대의 삼군총제부에서 유래한 오위도총부는 조선 초에 의흥삼군부라고 불렸습니다. 의흥삼군부는 태종 대에 승추부로 명칭이 바뀌었다가 병조에 통합되어 병조의 명령을 받았습니다. 당시에는 마군, 수군, 보군에 각각 도총제부를 설치해 각 군을 도총제가 통솔했지만 다시 군사 관계 업무를 분산하기 위해 최고 군령 기관으로 삼군진무소를 설치했습니다. 이후 세조 대에 이르러 중앙군 조직을 오위 체계로 개편하면서 오위진무소가 되었는데, 이것이 오위도총부로 이름이 바뀌어 《경국대전》에 실린 것입니다.

조선 개국 초기에 군사 조직은 고려 중앙군 조직인 8위에 이성계의 사병 조직을 중심으로 만든 의흥친군좌위와 의흥친군우위를 합쳐 10위+衛 체계였습니다. 그 후 10위는 10사+司로 바뀌었고 그중 4개 시위사侍衛司는 중군, 6개 순위사巡衛司는 좌군과 우군으로 개편했습니다. 중군인 시위사는 궁궐을 호위하고 순위사는 도성을 순찰했지요.

1400년 세자로 있던 이방원이 사병을 혁파하면서 병권은 모두 정부에 귀속되었고, 태종 이방원은 왕위에 올라 10사 중 9사를 궁궐 시위사로 만들었습니다. 나머지 1사만 도성 순찰을 위한 순위사로 남겨둔 것입니다.

그 뒤 10사는 12사로 개편되었다가 다시 10사로 환원했고 또다시 12사로 개편되는 등 변동이 심했습니다. 여기에다 양반 출신으로 구성된 갑사를 중심으로 중앙군에 교대 제도가 생기거나 변방인 동북과 서북 양계에 갑사를 배치하기도 했습니다.

조선 중앙군의 조직 체계

조선의 중앙군 조직은 몇 차례 변화를 겪은 뒤 문종 대에 이르러 12사를 5사로 개편해 중군에 의흥사·충좌위·충무사의 3사를 배치했고, 좌·우군에는 용양사와 호분사의 2사를 배치했습니다. 10사 또는 12사를 5사로 개편한 것은 오위진법에 맞추기 위한 것입니다. 고려 시대 이후 조선의 진법 체계는 오군·오진·오위의 5단위 전투 편성법을 유지했는데, 이러한 진법에 맞추기 위해 5사 체제를 만든 것이지요. 이 5사는 세조 대에 명칭이 5위로 바뀌었고 이를 법제화해 《경국대전》에 오위도총부로 수록된 것입니다.

5위의 구성을 보면 의흥위에 갑사와 보충대, 용양위에 별시위와 대졸, 호분위에 족친위·친군위·팽배를 배치했습니다. 그리고 충좌위는 충의위·충찬위·파적위, 충무위는 충순위·정병·장용위를 휘하에 두었습니다.

5위에 속한 병력은 갑사 2,690명, 별시위 300명, 친군위 20명, 파적위 500명, 장용위 120명, 팽배 1,000명, 대졸 600명으로 모두 5,500명이 주력 부대입니다. 여기에 정병 5,000명이 있었고 그 외에 기타 부대에는 정원 제한이 없었습니다. 이렇게 해서 5위의 병력은 대략 1만 5,000명 수준이었지요. 각 위는 다시 5부로 나뉘었고 5위는 결국 총 25부로 구성되었습니다.

지방군은 각 5위에 분속했습니다. 한성의 중부, 즉 경중부와 경기도·강원도·충청도·황해도의 각 진관 군사는 의흥위에 속했습니다. 경동부와 경상도의 각 진관 군사는 용양위, 경서부와 평안도의 진관 군사는 호분위, 경남부와 전라도의 각 진관 군사는 충좌위, 경북부와 함경도의 진관 군사는 충무위에 예속했습니다.

5위 관원에는 종2품의 장 12명과 종6품의 부장 25명이 있었으며 이들은 오늘날의 사단장과 연대장에 해당하는 직책입니다. 이들 직책과 별도로 군 계급이 정해져 있었는데 정3품 상호군 9명, 종3품 대호군 14명, 정4품 호군이 12명이었습니다. 이들은 종래의 상장군, 대장군, 장군의 호칭이 바뀐 것입니다. 그 아래로 종4품 부호군 54명, 정5품 사직 14명, 종5품 부사직 123명, 정6품 사과 15명, 종6품 부사과 176명, 정7품 사정司正 5명, 종7품 부사정 309명, 정8품 사맹司猛 16명, 종8품 부사맹 483명, 정9품 사용司勇 42명, 종9품 부사용 1,939명으로 모두 3,211명의 벼슬이 정해져 있었습니다.

오위도총부도 중종 때 비변사를 설치하면서 기능을 상실했습니다. 이후 법제상으로만 이름을 유지하다가 1882년(고종 19년) 군제 개혁을 하면서 완전히 사라졌습니다.

사관학교 훈련원과 경호실 용호영

병조에 예속된 기관 중에는 훈련원과 용호영龍虎營도 있었습니다. 훈련원은 말 그대로 군사들의 능력을 시험하고 무예를 연습하던 곳으로 각종 병법서를 익히는 한편 진영 훈련을 했습니다. 지금으로 말하자면 '사관학교' 같은 곳이지요.

훈련원의 임무는 크게 두 가지로 나눌 수 있는데 그것은 무과 시험을 주관하는 일과 병법을 익히고 무예를 연마하게 하는 일이었습니다. 무과의 일을 담당한 병조와 훈련원은 함께 무관을 뽑았고 내금위, 별시위 같은 특별군의 시험도 훈련원이 주관했습니다.

용호영은 왕을 직접 호위하던 왕실 경호대를 지칭합니다. 지금의 '청와대 경호실'과 마찬가지지요. 조선 초기에는 내금위, 겸사복, 우림위의 세 곳에서 공동으로 왕실 경호를 맡았는데 효종 때 이 셋을 합해 내삼청이라 했습니다. 그러다가 현종 대에 명칭을 금군청으로 바꾸고 소속 병사를 금군이라 했으며 그 인원을 700여 명으로 늘려 막강한 위용을 자랑했습니다.

이들의 우두머리는 종2품 금군별장이고 그 밑에 내금위장, 겸사복장, 우림위장을 두어 교대로 금군을 통솔하게 했습니다. 영조 때 금군청을 용호영으로 바꿨으나 별장은 그대로 금군별장이라 했습니다.

이들은 가장 가까이에서 왕을 호위했고 왕이 행차할 때 곁에서 시위하며 따랐습니다. 나아가 궁궐을 지키는 일도 담당했지요. 왕을 측근에서 호위하는 일 외에 도성 안 8대문의 요소마다 배치되어 지켰고 필요하면 왕의 특별수사대 역할도 했습니다. 이런 까닭에 금군은 특별 채용 시험을 거쳐 용맹하고 무예와 인물이 뛰어난 자들만 가려 뽑았습니다.

무반의 승정원으로 불린 선전관청

선전관청은 왕명을 맡아 전달하거나 왕을 호위하는 선전관이 소속된 관청입니다. 선전관은 왕을 가까이에서 모시는 직책이라 승정원의 승지와 비슷한 역할을 했습니다. 이 때문에 선전관을 '무반의 승지'로 부르며 중요한 요직으로 여겼습니다.

선전관은 무예가 뛰어나고 용맹한 인재만 가려 뽑았으며 무예와 병법을 끊임없이 연마해야 했습니다. 이에 따라 선전관은 승진의 특혜를 받았고 무관의 중심적인 존재로 성장하는 경우가 많다 보니 지원자가 가장 많았다고 합니다.

선전관청의 역할 중에는 왕이 거둥할 때 북을 치고 나팔을 부는 계라와 기旗, 북 등으로 군대의 행동을 호령하는 신호법인 형명의 임무도 있었습니다. 또 왕이 거둥할 때 주변을 시위하거나 명령을 전달하는 일, 부신의 출납을 관장하는 일도 했습니다. 부신이란 나무나 종잇조각에 글자를 쓰고 도장을 찍어 둘로 나눈 다음 한 조각은 상대에게 주고 나머지 한 조각은 발행 기관에서 갖고 있다가 사용할 때 서로 맞춰서 증거로 삼는 일종의 신표를 말합니다.

선전관청에는 정3품 당상관인 선전관 밑에 적게는 20명에서 많게는 50명의 선전관원이 근무했습니다.

무과 시험은 어떻게 치렀을까

조선 시대의 무관은 주로 무과 시험으로 선발했는데 여기에는 문과와 마찬가지로 3년마다 정기적으로 보는 식년시와 수시로 보는 증광시, 별시, 알성시, 정시, 관무재 등이 있었습니다.

정기 시험인 식년시는 초시, 복시, 전시의 3단계를 거쳐 최종적으로 28명을 선발했습니다. 이들은 임금 앞에서 무술을 겨뤄 갑과 3명, 을과 5명, 병과 20명으로 각각 등급이 정해졌습니다. 초시는 식년 전해 가을에 실시하고 복시는 식년 봄에 실시했습니다. 초시에는 원시와 향시가 있었는데 원시는 훈련원에서 주관해 70명을 선발하는 것이고, 향시는 각 도의 병마절도사가 주관해 120명을 선발하는 것입니다. 사실 이 합격자 수는 거의 지켜지지 않았습니다.

어쨌든 법규에 따르면 초시에 합격한 190명이 실력을 겨뤄 28명을 뽑는 것이 복시입니다. 그렇다고 반드시 28명만 선발한 것은 아닙니다. 문과의 복시 합격자가 33명으로 고정된 것과 달리 무과는 숫자가 늘어나는 경우가 많았습니다. 심지어 수천 명의 합격자가 나오기도 했습니다.

1618년(광해군 10년) 정시에서는 무려 3,200명을 뽑았고, 2년 뒤인 1620년에는 5,000명을 뽑기도 했습니다. 병자호란 직후인 1637년(인조 15년)에는 5,500명의 급제를 뽑고, 1676년(숙종 2년)에는 1만 8,251명을 뽑아 만 명 이상을 뽑았다 하여 '만과'라는 말을 듣기도 했습니다. 물론 이것은 당시 상황이 특수해 예외적으로 많이 뽑은 사례입니다. 이렇게 해서 조선 시대 무과 급제자는 모두 15만 명이 넘었습니다. 복시에 합격한 사람은 다시 임금 앞에서 전시를 치러 순위를 가렸습니다.

정기 시험인 식년시와 달리 부정기 시험은 선발 인원에 제한이 없었고 조선 후기에 지나치게 많은 무과 급제자가 생기면서 여러 가지 폐단을 낳기도 했습니다. 양민이면 누구나 무과에 응시할 수 있었으나 대개는 양반 자제들이 시험을 치렀습니다. 무과는 문과에 비해 상대적으로 급제가 쉬워 손쉽게 관직을 얻을 방법이었던 것입니다.

조선 후기에는 양민뿐 아니라 천민도 무과에 응시할 수 있었습니다. 임진왜란, 정묘호란, 병자호란 등을 겪으며 수많은 군인이 목숨을 잃은 상황이라 무과 응시에 신분 제한을 두면 무관의 수요를 맞출 수 없었기 때문입니다. 그렇지만 천민이 실제로 무과에 합격한 경우는 많지 않았습니다.

사실 무과 시험을 준비하려면 돈이 많이 들었습니다. 문과와 달리 무과에는 실기가 있었고 이를 준비하려면 개인적으로 수업을 받아야 했는데 그 수업료가 꽤 비쌌습니다. 그러니 천민이나 평민이 시험을 준비하는 것은 무척 힘든 일이었지요. 여기에다 기본적으로 한자를 익혀야 하고 병법 시험과 경전 시험도 보았던 터라 양반이 아니고는 엄두를 낼 수 없었습니다.

두 가지 시험 과목, 무예와 무강

무과의 시험 과목은 크게 무술 실기인 무예와 병법서인 무강 두 가지로 압축할 수 있습니다. 무예는 목전(나무살 쏘기), 철전(쇠살 쏘기), 편전(애기살 쏘기), 기사(마상 궁술), 기창(마상 창술), 격구, 유엽전, 관혁, 조총, 편추, 기추 등으로 기본 기술을 얼마나 잘 익혔는가를 시험했습니다. 이 중 목전, 철전, 편전, 유엽전, 관혁은 활쏘기 시험이고 기사, 격구, 편추, 기추는 기마 무예 능력을 선보이는 시험입니다.

활쏘기라면 평민도 웬만큼 감당할 수 있을지 몰라도 기마 무예를 익히는 것은 무리가 따를 수밖에 없습니다. 기마술을 익히려면 기본적으로 말을 소유하거나 빌려야 하는데 그 비용이 상당했기 때문입니다. 당시 말 한 마리 값이 노비 4명과 맞먹었으니 말을 소유하는 것은 쉽지 않은 일이었습니다.

더구나 기사는 말을 탄 채 활을 쏘는 시험이고, 격구는 단체로 하는 운동이라 혼자 익히기가 어려웠습니다. 기추나 편추처럼 말을 타고 달려와 칼과 철편으로 허수아비를 내려치는 기술을 익히려면 무예도 겸비해야 하는데, 여기에 드는 비용이 상당할 수밖에 없었습니다. 결국 무과는 경제적 뒷받침을 받지 못하는 사람은 응시할 수 없는 시험이었습니다. 여기에다 조총 시험까지 있었으니 이를 연습하기 위해서는 상당한 돈이 들 수밖에 없었지요.

무강 시험도 난제였습니다. 무강 시험은 무과의 일곱 가지 경전이라 불리는 《육도》, 《삼략》, 《손자》, 《오자》, 《울료자》, 《사마법》, 《이위공문대》로 시험을 치러 장수로서 지녀야 할 군사 전략 및 전술을 얼마나 잘 알고 활용하는가를 평가했습니다.

이런 이유로 무과는 문과에 비해 경쟁률이 낮았고 상대적으로 무과에 응시해 합격할 확률이 높았던 것입니다. 특히 양반이나 경제적으로 넉넉한 집안인 경우에는 합격하기가 쉬웠습니다. 그만큼 문과에 비해 위상이 떨어지는 것은 당연한 일이었습니다.

각 도의 병력 책임자, 병마절도사

병마절도사는 병조판서 휘하의 관리로 각 도의 군대를 책임졌으며 유사시에 군사지휘권을 행사한 종2품 직책입니다. 초기에는 병마도절제사로 불렸지만 세조 때 병마절도사로 명칭을 바꾸었습니다.

병마절도사는 원래 무관직이었으나 뿌리 깊은 문관 중심의 관리 체제로 인해 문관인 관찰사들이 겸하는 경우가 많았습니다. 병마절도사를 2명씩 배치한 곳에서는 1명은 관찰사가 겸하고 나머지 1명만 무관 출신이 맡았는데, 병마절도사를 겸한 관찰사를 겸병사라 하고 병마절도사만 맡은 자는 단병사라 했습니다. 물론 지휘 체계는 항상 관찰사인 겸병사가 위였습니다.

조선은 엄연히 군사 체계를 갖췄으나 문신 관리가 겸하면서 국방 체제가 허술해져 정작 외적 침입이나 내란이 일어나면 한양에서 따로 장수를 파견해야 하는 상황이 벌어졌습니다. 임진왜란 때도 이 같은 방법으로 왜군에 대항하다가 처참한 패전을 겪은 것입니다.

병마절도사는 도내를 수시로 순회하면서 군사훈련, 무기 제작, 군사 시설 등을 살펴 방어 태세를 갖추고 외적이 침입하거나 내란이 발생하면 군사를 동원해 조치를 취할 수 있었습니다.

병마절도사 밑으로는 정3품 병마절제사와 종3품 병마첨절제사·병마우후, 종4품 병마동첨절제사, 정6품 병마평사, 종6품 병마절제도위가 각각의 진鎭을 맡아 관장했습니다.

세조 때 행정구역과 별도로 전국을 군사 진영으로 나눴는데 절도사가 관할하는 군영은 주진, 그 밑은 거진, 또 그 밑의 가장 작은 단위는 제진이라 했습니다. 그중 주진은 병마절도사의 관할 아래두었고 거진은 병마절제사가 관장했습니다. 경주와 전주, 의주, 경기도 광주는 부윤이 병마절제사를 겸했습니다.

그렇지만 이들 부윤은 문관이라 유사시에는 중앙에서 별도로무장을 파견해야 했습니다. 이처럼 부윤이 병마절제사를 겸하는 제도는 겸병사 제도와 함께 조선의 국방 체계가 허술해지는 원인이되기도 했습니다.

대금 황제를 자칭한 이징옥

어느 나라든 충성스런 군대가 있어야 국방이 튼튼한 법입니다. 그런데 때론 그 충성스런 군대를 반역도로 내모는 경우도 있습니다. 조선사에도 그런 일이 몇 차례 있었는데 대표적인 사건이 이징옥의 난입니다.

엄밀히 말해 이징옥의 난은 김종서를 죽이고 정권을 장악한 수양대군이 유발한 측면이 강합니다. 김종서를 죽인 수양대군은 김종서와 함께 6진을 개척하며 북쪽 변방 안정화에 큰 공을 세운 함길도 도절제사 이징옥을 위험한 인물로 보고 제거하려 했습니다. 그래서 갑자기 평안도 도절제사 박호문을 함길도로 보내 이징옥을 소환했습니다. 이징옥은 갑작스런 소환에 당황했으나 일단 박호문에게 인수인계를 해줬습니다.

하지만 아무리 생각해도 갑작스런 소환을 납득할 수가 없었습니다. 더구나 일전에 김종서가 이징옥에게 조정에 큰일이 있지 않으면 도성으로 소환하지 않겠다고 했기 때문에 갑작스런 소환의 의미를 의심할 수밖에 없는 상황이었습니다.

이징옥은 말을 돌려 휘하 장수들과 함께 박호문의 영문으로 달려갔습니다. 그가 영문에 당도했을 때 박호문은 잠자리에 든 상태였고 이징옥은 도진무 이행검을 급히 불러 말했습니다.

"박호문이 평안도 도절제사가 되었는데 갑작스럽게 여기에 와 있으니 까닭이 있지 않겠는가? 그래서 내가 그 까닭을 다시 물어보고자 한다."

그렇게 말한 이징옥이 박호문의 처소 대문을 열고 들어가자 박호문이 뛰어나와 중문을 닫고 돌로 문을 괴어놓고는 문틈으로 화살을 쏘아댔습니다. 그때 이징옥의 수하 장수가 지붕 위로 올라가 활로 박호문을 쏘아 죽였습니다.

이후 이징옥은 군대를 이끌고 종성으로 가서 스스로 '대금 황제'라 칭하고 여진족과 함께 반란을 일으켰습니다. 그때 이징옥 휘하에 있던 이행검과 종성절제사 정종은 틈을 봐서 이징옥을 죽일 계획이었습니다. 이미 조정의 권세가 모두 수양대군에게 돌아가 이징옥을 역적으로 규정한 이상 그와 행동을 같이하면 자신들 역시 역적으로 몰릴 수밖에 없다고 판단한 것입니다. 이행검과 정종은 이징옥을 비롯해 그의 아들들을 죽여 공을 세우고 역적의 굴레에서 벗어나고자 했습니다.

이징옥은 그들의 배반을 염려해 밤낮으로 그 동태를 살폈습니다. 잘 때도 활과 칼을 곁에 두었고 밤새 등불을 끄지 않은 채 지새우기도 했습니다. 그러던 중 하루는 정종이 이징옥에게 말했습니다.

"오늘은 몹시 추우니 군사들에게 술을 내리기를 청합니다."

당시 정종은 수하 군사들과 미리 약속해둔 바가 있었습니다. 자신이 뒤를 돌아보면 병사들이 일제히 활을 쏘아 이징옥을 공격하기로 입을 맞춰놓은 것입니다. 마침내 정종이 술잔을 들다가 뒤를 돌아보자 정종의 군사들이 일제히 활을 쏘았습니다. 이징옥이 여러 대의 화살을 맞고 달아나자 군졸들이 달려들어 죽였습니다. 그들은 이징옥의 세 아들도 찾아서 모두 죽였습니다. 수양대군을 치기 위해 군대를 일으킨 이징옥은 결국 군대를 제대로 운용해보지도 못하고 죽은 셈입니다. 변방 영웅의 죽음치고는 허무하기 짝이 없는 일이었지요.

조선 수군의 지휘 체계

조선 수군을 지휘한 수군통제사는 종2품 관직으로 경상, 전라, 충청 3도의 수군을 통솔한 수군총사령관이며 '삼도수군통제사'라고 부르기도 했습니다. 이것은 임진왜란 중이던 1593년(선조 26년) 선조가 새로 만든 관직으로 수군의 원활한 지휘와 명령 체계를 위해 설치한 것입니다.

최초의 수군통제사는 충무공 이순신이었습니다. 왜군을 크게 무찌른 이순신에게 마음껏 삼도의 수군을 통제하고 지휘하라고 힘을 실어준 것입니다. 당시 삼남 지방 수군은 충청도, 경상우도, 경상좌도, 전라우도, 전라좌도로 나뉘어 있었습니다. 전라좌수사였던 이순신이 5도 수사들과 협의하고 연락하느라 작전의 때를 놓치면 안 된다는 판단 아래 선조와 당시 조정 대신들이 급히 마련한 직책이지요.

이순신에 이어 두 번째로 수군통제사가 된 인물은 경상우수사였던 원균인데, 그가 전사한 뒤 다시 이순신이 수군통제사가 되어 임진왜란이 끝날 때까지 수군을 지휘했습니다.

수군통제사 아래에는 수사水使라고도 불린 수군절도사가 있었습니다. 이 직책은 임진왜란 이전부터 있던 것으로 각 도의 수군을 효율적으로 지휘하기 위해 둔 정3품 무관직입니다.

수군통제사가 되기 전에 이순신이 맡았던 직책 전라좌수사는 전라좌도를 책임지는 수군절도사라는 뜻입니다. 육지의 군사들이 있던 곳은 군영, 수군이 있던 곳은 수영이라 했는데 수군절도사는 주진主鎭이 있는 수영에 머물며 수군을 감독·지휘했습니다. 수영 중에서도 대표적인 것은 여수, 통영, 거제, 교동, 보령, 해남에 있었습니다.

절도사 아래에는 종3품 부지휘관인 첨절제사, 정4품 우후虞候,

종4품 동첨절제사, 종4품 만호萬戶, 종9품 권관權管 등이 있어 절도사의 지휘를 받았습니다.

정4품 우후는 각 도의 장수인 절도사를 보필하고 군령을 담당하는 임무를 맡은 무관으로 아장亞將이라고도 합니다. 병마절도사에 속한 병마우후는 종3품이고 수군절도사에 속한 수군우후는 정4품입니다. 우후는 절도사를 도와 군사 지휘, 군령 전달, 군사훈련, 순찰, 물자 관리 등의 일을 했는데 그 임무가 다양하고 막중했습니다.

종4품 만호는 주로 외적 침입을 방어하는 요새에 둔 무관직입니다. 원래 만호는 자신이 통솔하여 다스리는 민가의 호수에 따라 정하던 관직으로 천 가구를 다스리면 천호, 만 가구를 다스리면 만호로 불렀습니다.

그러나 조선 당대에는 호수와 상관없는 벼슬이었고 만호는 보통 외적 침입이 잦은 곳에 배치했습니다. 여진족 침입이 잦은 함경도를 비롯한 북방 내륙 지방이나 왜구의 침입이 잦은 남서해안의 요지에 만호를 파견해 그곳 방비를 전담하게 했던 것입니다.

8
소송과 재판을 맡은 형조,
산림과 토목을 맡은 공조

검경과 법원의 역할을 겸한 관청

형조는 법률, 소송, 노비와 관련된 정사를 맡아보았습니다. 지금의 법무부와 비슷한 역할을 한 것입니다. 이러한 형조는 상복사詳覆司, 고율사考律司, 장금사掌禁司, 장례사掌隷司의 4사로 나뉘어 일했습니다.

상복사는 사형죄인 같은 중죄인의 2심을 맡았고 고율사는 법령과 사건 조사를 했습니다. 장금사는 형벌과 옥사에 관한 일, 금령을 내리는 일에 관여했으며 장례사는 노비의 호적과 포로에 관한 일을 처리했습니다. 상복사는 지금의 고등법원과 대법원, 고율사는 검찰의 기능을 한 셈입니다. 장금사는 경찰에 해당하고 노비가 사라진 현대에 장례사와 비슷한 기구는 없습니다.

《경국대전》에 나오는 형조의 초기 관원은 판서·참판·참의 각 1명, 정랑과 좌랑 각 4명, 그 밖에 법률을 가르치는·율학교수·별제·

명률明律 등이 있었으나 영조 대에 정랑과 좌랑이 4명에서 1명으로 대폭 줄어들었습니다. 형조의 정랑과 좌랑을 4명씩 배치한 것은 형조가 4개의 사로 나뉘어져 있었기 때문일 겁니다.

율학교수는 의금부의 일을 겸했고 승정원, 병조, 사헌부, 규장각, 개성부, 강화부 등에는 율관을 파견했으며 조선 8도에도 검률을 1명씩 파견해 법률적인 일에 관여하게 했습니다.

포도청과 의금부는 어떻게 다를까

포도청은 지금의 경찰청과 같은 곳이고 의금부는 재판 기능을 수행하는 사법부와 같습니다.

왕의 직속 관청인 의금부는 왕명을 받들어 대역죄인을 심문하고 재판하는 곳으로 이곳 관리들은 모두 문관입니다. 반면 포도청은 형조에 속한 관청으로 도적 체포를 비롯해 각종 범죄를 단속하고 도성 안팎의 야간순찰을 담당하는 관청입니다. 왕이 거동할 때 호위를 맡기도 한 이곳의 관리는 모두 무예를 할 줄 아는 무관 출신입니다.

포도청이 관리해야 하는 지역이 너무 넓자 성종 때 한성과 경기를 둘로 나눠 좌포청과 우포청을 만들었습니다. 좌포청사는 지금의 서울 종로구 묘동 일대에 있었고, 우포청사는 서울 종로1가 일대에 있었다고 합니다. 현재 우포청사는 서울 성북구 돈암동으로 옮겨져 유형문화재로 보존하고 있습니다.

포도청의 우두머리는 종2품 포도대장으로 왕의 행차에 반드시 순시하며 동행했고 다른 직책은 겸하지 않았습니다. 도성과 백성의 안전을 책임지는 자리인 만큼 포도대장의 임무는 막중했지요. 종2품 포도대장 아래에는 종6품 종사관 3명을 위시해 부장, 무료부장, 겸록부장, 가설부장(정원 외에 더 둔 부장) 등이 포진했고 그 밑은 군관·서원·사령·군사 등으로 구성했습니다.

포도청의 여자 형사, 다모

포도청에는 특이하게도 다모라는 여형사가 있었습니다. 한때 이 특이한 소재를 활용해 〈다모〉라는 드라마가 큰 인기를 끌기도 했지요.

다모는 처음에 관가에서 밥과 차 시중을 들던 천비 출신의 여성 중 체력이 좋고 재주가 있는 자를 뽑아 여자 수사관으로 쓴 것에서 비롯되었습니다. 의녀 중에 공부를 잘 못하는 여성이 다모가 되기도 했습니다. 원래 조선 시대에는 의녀들이 여자 경찰 역할도 했기에 다모가 되어 여형사 역할을 한 것입니다.

다모라는 여형사는 포도청뿐 아니라 형조와 의금부에도 있었다고 합니다. 남녀 간에 엄격히 내외를 따진 조선 시대라 여자 범죄자를 수사하는 데 많은 어려움이 따르면서 다모라는 존재가 필요했던 것이지요.

다모의 첫 번째 임무는 각종 사건의 수색이었습니다. 아녀자가 기거하는 안채에 남자가 들어갈 수 없어서 여형사 다모가 수색을 한 것입니다. 그뿐 아니라 하인과 유모를 통해 정보를 알아내거나 정탐하는 것도 여형사인 다모가 훨씬 더 수월하게 수행했습니다. 다모는 여자 범죄자를 다루는 것을 넘어 각종 사건의 수사, 탐문을 통한 정보 수집, 범죄자 수색 등의 임무를 수행했고 때로는 역모 사건을 해결하는 공을 세우기도 했습니다.

다모가 죄인을 체포하는 형태는 특이했습니다. 치마 속에 두 자 쯤(약 60센티미터) 되는 쇠도리깨와 오랏줄을 감추고 정탐하다가 죄인이 틀림없다 싶으면 쇠도리깨로 들창문을 부수고 들어가 죄인을 묶어왔다고 합니다. 때론 남자도 제압해야 하니 다모도 제법 무술을 익히지 않았을까 싶습니다.

제조 및 공사 담당 관청

공조는 산림과 하천, 물건을 만드는 장인 및 공인, 토목공사, 도자기, 금속광물에 관한 일을 맡아보았습니다. 지금으로 말하면 국토부와 산림청에 해당하지요.

공조는 크게 영조사營造司, 공야사攻冶司, 산택사山澤司의 3사로 나뉘어 있었습니다. 영조사는 궁궐, 성곽, 관청 건물, 가옥, 토목공사의 일을 맡았고 가죽과 모포도 관리했습니다. 공야사는 각종 공예

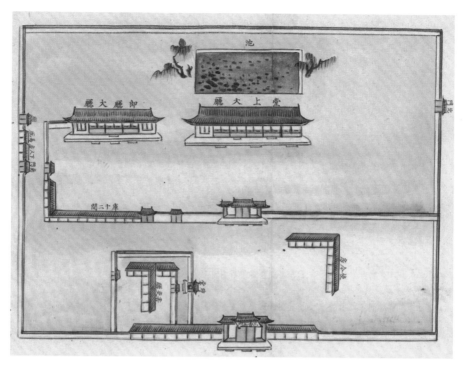

조선 후기 공조의 모습. 《숙천제아도》 수록.

품 제작, 금·은·옥·주석 주조, 도자기, 기와 등에 관한 일을 맡았습니다. 산택사는 산림, 연못, 나루터, 다리, 궁궐의 정원, 목재, 석재를 관리하고 배와 수레를 제조하는 일을 수행했습니다.

공조의 관원도 육조의 다른 기관과 마찬가지로 장관인 정2품 판서 1명을 비롯해 참판과 참의 각 1명, 정랑·좌랑이 각 3명씩 있었습니다. 공조의 속아문은 상의원, 선공감, 수성금화사, 전연사, 장원서, 조지서, 와서인데 이러한 기관이 보여주듯 공조는 육조 중에서 가장 중요성이 떨어지는 관청이었습니다.

상의원은 국왕의 의복과 궐내의 재화, 보물을 맡아보는 기관입니다. 선공감은 토목과 궁궐 관사 수리 및 설치를 맡았습니다. 수성금화사는 요즘의 소방서에 해당하고 전연사는 궁궐 청소 업무를 맡은 곳입니다.

장원서는 요즘으로 치면 청와대 정원관리사로 궁중의 꽃, 과일나무 등을 관리한 관청입니다. 조지서는 종이를 만드는 일을 전담한 관청으로 원래 조지소라고 부르다가 이름이 바뀐 것입니다. 종이를 만들려면 좋은 물과 넓은 바위가 필요했기 때문에 조지서를 자하문 밖 탕춘대에 설치했다고 합니다.

공조의 마지막 속아문은 와서인데 말 그대로 와서는 기와를 만드는 일을 맡아본 관청입니다. 조선 후기에 벽돌 제작 기술이 도입되자 와서는 이 업무도 함께 맡아보았습니다.

공조는 정치적으로는 그다지 영향력이 없었지만 토목공사와 종이, 기와, 도자기, 금속 광물은 일상생활의 필수품이었으니 전혀 중요하지 않은 부서라고 할 수 없습니다. 현대에는 도로 개설과 하천, 산림을 관리하는 부서가 인사를 관리하는 행정자치부보다 더 중요한 기관으로 여겨지고 있습니다.

9
언론의 중심 사헌부

절대 권력을 견제하는 곳

비록 요즘 같은 언론은 아니지만 조선 시대에도 언론이 있었습니다. 조선 시대의 언론이란 신하와 왕의 잘못을 지적해 바로잡는 역할을 하는 것을 말합니다. 이것은 임금다운 임금, 신하다운 신하, 백성다운 백성으로 행하도록 가르치는 일이었습니다.

사헌부는 모든 신하를 감독하고 탄핵하는 것은 물론 정치에 관한 언론을 행했습니다. 사간원은 임금 곁에서 임금의 잘못을 지적하고 그릇된 정치나 관리들의 잘못을 규탄하는 곳입니다. 홍문관은 궁중의 서적과 문헌을 관리·감독하고 왕에게 학문을 강의하는 경연에서 왕의 학문적 의문이나 정치적 물음에 답하는 직무를 담당했습니다.

이 세 기관은 언론을 독자적으로 행했으나 중대한 문제가 발생하면 사헌부와 사간원이 합의하여 결정하기도 했습니다. 때론 홍문관도 같이 의견을 내 왕에게 끈질긴 언론 활동을 펼쳤지요. 그래도 언론이 받아들여지지 않으면 삼사의 관원들이 일제히 궁궐 문 앞에 꿇어앉아 임금의 윤허를 간청했습니다.

이렇듯 삼사는 절대 군주인 왕의 막강한 권력을 제한하고 견제하는 유용한 언론 기구였습니다. 그렇지만 특정 계파나 정치 집단이 이용할 경우에는 정치적 혼란을 불러일으켰고, 왕의 미움을 받아 제대로 힘을 발휘하지 못할 때도 있었습니다.

인사에서 사법까지

언론삼사의 중심에서 입법부터 법령 집행까지 수행한 사헌부는 가히 정치의 핵심 기관이라 할 수 있습니다. 사헌부는 정치적인 문제의 옳고 그름에 관한 언론 활동, 관리들의 잘못을 살피고 탄핵하는 일, 나쁜 풍속을 바로잡는 일, 원통하고 억울한 일을 살펴보는 일, 거짓되고 나쁜 행위를 금지하는 일 등을 수행했습니다.

사헌부의 임무를 좀 더 자세히 살펴보면 다음의 다섯 가지로 나눌 수 있습니다.

첫째는 정치적인 문제의 옳고 그름에 관한 언론 활동입니다. 위로는 왕의 말이나 행동에 잘못이 있을 때 이를 바로잡기 위해 간쟁하고, 아래로는 관리들의 부정과 비리를 조사해 탄핵하는 일을 했습니다. 지금의 감사원과 비슷한 일을 한 것입니다.

이렇듯 관리들을 감찰하다 보니 자연스레 인재 배치 및 인사에도 관여했습니다. 꼭 알맞은 자리에 적절한 인재를 써서 조정의 안정을 도모하고 합리적인 정치 풍토를 만드는 것이 사헌부의 주요 임무 중 하나였습니다. 그 외에 중요한 정치적 사안을 두고 옳고 그름을 논해 바른 방향을 잡아주는 시정時政 기능도 수행했습니다.

둘째는 사간원과 마찬가지로 중요한 정치 참여 활동입니다. 사헌부 관원은 의정부, 육조 대신이 왕에게 보고하거나 자문을 받는 자리에 함께 참석했고 의정부·육조 대신과 정치 및 입법에 관한 논의도 했습니다. 입법부에 해당하는 국회의 기능을 어느 정도 맡은 셈입니다. 실제로 사헌부를 헌대憲臺, 즉 '법을 맡은 기관'이라 부르기도 했습니다.

셋째는 왕을 가장 가까이에서 모시는 신하로서의 역할입니다. 사헌부 관원은 왕의 경연과 세자의 서연에 반드시 참석했고 왕의 행차에도 꼭 따라갔습니다.

넷째는 심사 활동입니다. 가령 관리에게 임명장을 내리거나 상벌을 주는 일을 심사해 인사에 부정이 없도록 했습니다.

다섯째는 사법 활동입니다. 예를 들면 법령 집행, 관리 활동 조사, 죄인 심문, 억울한 백성의 소송을 재판하는 일 등을 맡았습니다. 이 때문에 사헌부는 형조, 한성부와 함께 삼법사三法司로 불리기도 했습니다.

이처럼 사헌부는 사간원과 비슷한 업무를 수행했습니다. 그래서 이 두 기관의 관원을 함께 부를 때는 대간臺諫이라 하고 사헌부 관원만 부를 때는 대관臺官이라 했습니다. 대간은 사헌부의 다른 이름인 헌대에서 '대'를 따오고, 사간원에서 '간'을 따와 합친 명칭입니다. 그리고 대관이라는 말은 '헌대에 근무하는 관리'라는 뜻입니다.

사헌부와 사간원 관리는 왕의 잘못을 비판하고 관리들의 잘못을 탄핵하는 특수한 임무를 수행했기에 위엄과 명예를 대단히 중요시했습니다. 이들보다 벼슬이 높은 의정부나 육조의 판서들도 이들을 깍듯이 예우할 정도였지요. 그러다 보니 사헌부 내부의 기강과 예의가 매우 엄격해 스스로 품위를 잃지 않도록 노력했습니다.

이곳의 관리에는 종2품 대사헌 1명과 종3품 집의 1명, 정4품 장령 2명, 정5품 지평 2명, 정6품 감찰 24명이 있었습니다.

사헌부 감찰은 지방으로 자주 파견을 나가 지방 관리들을 은밀히 감시하고 비리를 적발해 고발하는 일을 수행했습니다. 이들을 행대감찰이라 불렀는데 당시 행대감찰이 출동하면 지방관들이 몸을 사리며 두려워했다고 합니다. 행대감찰은 성종 대부터 암행어사 제도로 바뀌었습니다.

사헌부는 1894년 갑오경장 때 폐지되었습니다. 의정부·육조와 함께 조선의 핵심적인 정치 기관이던 사헌부가 어느 당파에도 흔들리지 않고 중심을 잡을 경우, 왕과 신하의 독재 및 독단을 막고 합리적인 정치를 펼치는 데 커다란 도움을 주었습니다. 반대로 왕과 신하, 당파의 이익에 이용당하면 영향력이 큰 만큼 폐해도 컸습니다.

행대감찰에서 유래한 암행어사

조선 시대에 가장 매력적인 관직을 꼽으라면 십중팔구는 암행어사를 꼽을 정도로 암행어사와 관련된 이야기가 많이 전해져옵니다.

암행어사는 조선 초기에 지방으로 파견한 행대감찰에서 기원한 것입니다. 관리의 잘잘못을 살피는 사헌부의 행대감찰을 지방에 파견할 때, 몰래 살피는 임무를 제대로 수행하도록 비밀에 붙여 파견한 데서 그 유래를 찾을 수 있는 것입니다. 지금도 감사원에서 각 지방 관청에 정기적으로 감사를 내려 보내지만, 이는 미리 통보하고 가는 것이라 암행어사 같은 극적인 면은 없습니다.

어사는 크게 일반어사와 암행어사로 나뉘는데 일반어사는 이조에서 임명하고 그 행적이 공개적인 데 반해, 암행어사는 임금이 직접 임명하며 임무와 행동을 비밀에 부칩니다. 한마디로 암행어사는 왕의 '특명사신'이라 할 수 있습니다.

암행어사는 자신의 신분을 알지 못하도록 변장한 모습으로 지방을 순찰하면서 수령들의 잘잘못과 백성의 형편을 보고 들은 뒤 그 내용을 왕에게 사실대로 알리는 것을 임무로 하는 특수 관직입니다. 왕이 어사 후보자를 추천하라고 하면 영의정, 좌의정, 우의정이 후보자를 뽑아 올립니다. 그러면 왕은 전국의 고을 이름을 적은 대나무 가지가 담긴 추첨통에서 암행시찰을 할 고을을 뽑아 결정합니다.

임명을 받은 암행어사는 왕에게 가야 할 고을 이름이 적힌 봉투와 마패, 유척(눈금을 정교하게 새긴 사각기둥 모양의 놋쇠 자)을 하사받았습니다. 이때 암행어사는 지정된 대문 밖에 나가 봉투를 열어보고 임무를 확인한 다음 곧바로 목적지로 떠났습니다.

마패는 이름 그대로 말이 그려진 동그란 철패로 역참에서 말을 사용할 수 있게 한 표식입니다. 마패는 말 한 마리가 그려진 1마패부터 다섯 마리가 그려진 5마패까지 있었는데, 암행어사에게는 보통 2마패를 지급했습니다. 유척은 2개를 하사했습니다. 유척 하나의 네 면에는 제사 관련 물품 제작에 쓰인 예기척, 토지 길이를 잴 때 쓰는 주척, 포목의 길이를 잴 때 쓰는 포백척, 곡식을 잴 때 쓰는 영조척, 악기 제조에 쓰는 황종척이 용도별로 눈금이 새겨져 있었는데 이것은 조선을 대표하는 5개의 척도입니다. 이는 도량형을 속여 세금을 징수하는 행위를 방지하기 위한 도구입니다. 다른 하나는 형벌 도구를 표준에 맞지 않게 멋대로 만들었는지 검열할 때 썼습니다. 때로 유척은 시체를 검시하는 데도 쓰였다고 합니다.

암행어사는 역마를 타고 한두 명의 대리(수행비서)와 함께 지방으로 내려갔습니다. 목적지에 들어가면 수령의 잘못이나 백성의 어려움을 몸소 체험하기 위해 허름하게 변장한 채 주막이나 시장 같은 곳에서 사람들의 이야기도 듣고 집집마다 다니며 걸식도 했습니다. 그렇게 고을 사정을 낱낱이 살핀 뒤 미리 대기하고 있던 역졸과 대리가 관청의 문을 두드리며 "암행어사 출두!"를 외칩니다.

암행어사는 공문서를 일일이 검열해 잘못된 것은 적발하고 옥사를 점검해 억울한 사람을 풀어주었습니다. 또 백성을 괴롭히는

구리 합금으로 만든 마패. 위 두 개는 순서대로 1723년과 1730년, 아래 세 개는 1624년에 제작
되었다. 초기에는 나무로 만들었으나 1434년(세종 16년) 이후 철로 만들었고 《경국대전》 반포
시기에 이르러 구리로 만든 마패를 썼다. 국립중앙박물관 소장.

유척. 재료는 놋쇠(황동)로 '유鍮'가 놋쇠를 뜻한다. 당시 기술로 놋쇠를 변조하기가 쉽지 않았
다. 국립고궁박물관 소장.

관리들을 체포하고 처벌했습니다. 사정이 이렇다 보니 암행어사가 파견됐다는 소리만 들려와도 지방 수령들은 벌벌 떨었고, 백성은 자신의 억울함을 호소할 길이 생겼다며 암행어사를 반겼습니다. 임무를 마치고 돌아온 암행어사는 암행 보고서와 자신의 의견을 적은 별도의 문서를 왕에게 바쳤습니다.

영조 시절에 활동한 전설적인 암행어사 박문수도 가는 곳마다 탐관오리를 벌주고 굶주리는 백성을 구제하는 데 힘썼습니다. 그가 지금까지도 훌륭한 암행어사로 칭송을 받고 그에 얽힌 재미난 설화가 많이 전해지는 이유가 여기에 있습니다.

10
도읍의 행정을 책임진 한성부

육조와 동급으로 대우받은 관청

한성은 서울을 가리키는 말로 한성부란 곧 서울을 담당하는 관청 이란 뜻입니다. 요즘으로 치면 서울특별시에 해당하는데 한성부는 중앙 관청과 동급으로 대우를 받았습니다. 한성부도 부산시, 경기도, 전라도, 경상도처럼 일정 지역을 담당하는 것은 마찬가지인데 왜 한 성부만 중앙 관청으로 인정했는지 의문이 생길 수도 있습니다.

예로부터 서울은 왕궁이 있는 곳이자 군사적, 경제적 요충지였 습니다. 따라서 수도를 담당하는 일은 국가의 안위와 관계가 있는 중대사였기에 한성부를 중앙 관청으로 인정하고 육조와 동급의 관 청으로 대우한 것입니다.

한성부는 서울 인구와 가구 수를 조사하고 정리하는 일, 시장· 가게·가옥·토지 등을 조사 및 관리하는 일, 서울을 둘러싼 산·도로

·다리·하천 등을 면밀히 조사해 관리하는 일을 했습니다. 그 밖에
도 한성부에는 경찰권과 사법부 권한이 있었습니다.

한성부에는 정2품 한성판윤 1명을 비롯해 종2품 좌·우윤이 각
각 1명씩 있었고 그 밑에 서윤 1명, 판관 2명, 참군 2명이 있었습니
다. 요즘으로 치면 판윤은 서울특별시장이고 좌윤과 우윤은 부시장
입니다. 판윤은 나중에 부윤으로 명칭이 바뀌었습니다. 서윤은 종
4품 벼슬로 판윤을 보좌한 보좌관이며 판관은 종5품으로 행정 실
무를 담당한 관리입니다. 참군은 정7품 군직인데 1686년(숙종 12년)
이후 한성부에서 사라지고 대신 종6품 주부 2명을 두었습니다.

한성부를 관할한 한성부 관아는 크기가 어마어마했습니다. 실
록에 따르면 한성부 규모는 총 172간이었다고 합니다. 일반 민가에
서 가장 크게 지을 수 있는 집의 크기가 99간까지였다는 것을 감안
하면 한성부 규모가 매우 컸음을 알 수 있지요.

한성부 관아가 이토록 컸던 이유는 그곳에 근무하는 인원이 그
만큼 많았기 때문입니다. 위에서 말한 관리들 외에 서리 41명, 호
적 담당 서원 11명, 글자를 베껴 쓰는 서사 1명, 소송문을 담당하
는 소차서리 3명, 대령서리 1명, 고직 1명으로 58명의 이속이 있었
습니다. 여기에다 관아에서 심부름을 하는 사령 47명, 구종 14명이
있었습니다. 구종은 벼슬아치를 모시고 다니는 관노를 말합니다.
이 외에 군사 7명을 더해 한성부에 근무하는 직원은 모두 130여 명
에 달했습니다. 이들이 모두 업무를 보려면 관청의 규모가 클 수밖
에 없었을 것입니다.

한양과 4대문

조선의 관청은 크게 중앙 관청과 지방 관청으로 나뉩니다. 중앙 관청은 수도인 한성, 그것도 궁궐 주변에 몰려 있었습니다. 따라서 중앙 관청을 알려면 수도 한성의 대략적인 행정 구역을 살펴보아야 합니다(지방 관청은 4부에서 설명합니다).

조선의 도읍인 한성은 한양, 도성, 서울 등 여러 이름으로 불렸습니다. 행정구역으로는 한성부로 불렸지요. 한성은 서울을 의미하는 지명이자 서울을 둘러싼 성곽을 지칭하는 말이기도 합니다. 그리고 한성부는 한양 땅 혹은 한성의 관청을 지칭하는 명칭입니다. 혼란을 없애기 위해 여기서는 조선의 도읍을 지칭하는 용어로 한양을 사용하겠습니다.

한양은 현재의 서울 땅 안에 있었습니다. 당연히 지금의 서울은 조선 시대의 한양에 비해 훨씬 더 큽니다. 원래 한양은 주변을 둘러싼 성곽인 한성 안쪽을 가리킵니다. 그렇지만 한성부의 관할 구역은 한성 안쪽과 한성 바깥 10리까지였습니다. 즉, 한양은 한성 안쪽만 지칭하고 한성부는 한성 바깥 10리를 포함하는 개념입니다.

한성 안쪽을 흔히 '사대문四大門 안'이라고 불렀는데 여기서 사대문이란 한성의 출입문에 해당하는 동, 서, 남, 북의 대문을 의미합니다(26쪽에 있는 지도를 참고하시기 바랍니다). 지금은 그 문을 동대문, 서대문, 남대문으로 부르고 있습니다. 물론 북대문도 있었으나 이 말은 잘 사용하지 않아 낯설게 느껴질 것입니다.

사실 동대문, 서대문, 남대문, 북대문은 정식 명칭이 아닙니다. 사람들이 방향에 따라 알기 쉽게 부른 것뿐입니다. 방향에 따라 도성의 문을 지칭하던 방식은 고려 시대 때도 있던 풍습입니다. 고려의 수도 개성에도 동대문, 서대문, 남대문, 북대문이 있었습니다. 일부에서는 일제강점기에 이런 명칭이 생겼다고 오해하기도 합니다. 이는 한성 동서남북 대문의 정식 명칭이 따로 있었기 때문에 생긴 오해일 수 있습니다. 정식 명칭을 보자면 동대문은 흥인지문興仁之門, 서대문은 돈의문敦義門, 남대문은 숭례문崇禮門, 북대문은 숙정문肅靖門입니다.

이 명칭은 유학과 오행 사상에서 유래한 것입니다. 유학은 인간의 본성으로 삼는 인의예지仁義禮智의 사단四端과 신信을 합쳐 오덕五德이라 하는데, 이를 방향으로 보면 동서남북은 인의예지에, 중앙은 신에 해당합니다. 그래서 한성부 중앙에 종각을 설치해 '신' 자를 넣어 보신각普信閣이라 명명하고, 나머지 동서남 대문에 '인의예'를 넣은 것입니다(북대문에는 사단을 넣지 않았는데 그 이유는 뒤에 별도로 설명하겠습니다).

흔히 동대문으로 불리는 흥인지문의 원래 명칭은 오덕의 동쪽을 의미하는 '인仁'을 취해 흥인문으로 지었고 조선 말기까지 흥인문으로 불렸습니다. 실은 흥인문으로 불러도 무방합니다. 《조선왕조실록》에 이 문을 '흥인지문'이라고 표기한 곳은 세조 때 1건, 중종 때 1건뿐입니다. 나머지 모든 기록에서는 흥인문으로 표기하고 있습니다.

그런데 이 문의 현판을 보면 '흥인지문'으로 되어 있습니다. 이것은 흥인문 주변의 땅이 낮아 그 기운을 보강하기 위해 현판에 '지之'를 넣은 것이라고 합니다. 이런 이유로 사대문 중에서 유일하게 동대문만 네 글자 현판이 되었습니다.

한성의 동문에는 대문뿐 아니라 동소문으로 불리는 작은 문도 있었습니다. 이 문의 정식 명칭은 혜화문입니다. 혜화문은 원래 홍화문이었으나 창경궁의 정문인 홍화문과 발음이 같아 명칭을 혜화문으로 변경했습니다.

서대문으로 불리는 한성의 서문 돈의문은 오덕 중에서 서쪽을 의미하는 '의義'를 취해 붙인 이름입니다. 안타깝게도 현재는 사라지고 없습니다. 일제강점기인 1915년 도로 개설을 이유로 철거했기 때문입니다. 그 이름은 일제강점기의 '서대문 형무소' 같은 명칭에 남아 있습니다. 서울의 지역 명칭 '서대문구'에도 그 흔적이 남아 있지요.

한성 서쪽에도 서대문 외에 서소문으로 불리는 작은 문이 있었습니다. 서소문의 정식 명칭은 소의문으로 여기에도 돈의문과 마찬가지로 '의' 자가 들어갑니다. 소의문 역시 일제강점기인 1914년 철거되었습니다. 다만 서울 중구에 서소문동이라는 이름으로 그 흔적이 남아 있습니다.

한성의 남문은 오덕의 남쪽 방향을 지칭하는 '예禮'를 취해 숭례문이라 불렀습니다. 흔히 남대문으로 부르는 숭례문의 현판을 처음 쓴 사람은 태종의 장자 양녕대군이라고 합니다. 숭례문은 국보 1호인데 지금의 숭례문은 2013년 복원한 건물입니다(2008년 방화로 소실되었습니다).

한성의 남쪽에도 대문 외에 소문이 하나 있었는데 정식 명칭은 광희문입니다. 이 문도 1913년 도로를 개통하면서 철거한 까닭에 현재는 남아 있지 않습니다.

이처럼 한성의 동문과 서문, 남문에는 사단의 인의예를 취해 이름을 지었지만 북대문은 예외적으로 숙정문이라고 불렀습니다. '엄숙하고 고요한 기운이 있는 문'이라는 뜻의 숙정문은 원래 명칭이 '엄숙하고 맑은 기운이 있는 문'이라는 뜻의 숙청문肅淸門이었습니다. 중종 이후 숙정문으로 이름을 바꾼 것이지요.

숙정문은 1395년(태조 4년) 한성을 완성할 당시 북대문으로 만든 것이지만 거의 사용하지 않은 문입니다. 1413년(태종 13년) 풍수가 최양선이 태종에게 백악산 동쪽 고개와 서쪽 고개는 경복궁의 양쪽 팔에 해당하므로 문을 만들면 안 된다고 요청했기 때문입니다. 이후 숙정문과 북소문으로 불린 창의문(자하문)은 폐쇄되었습니다. 다만 가뭄이 심할 때는 남대문인 숭례문을 닫고 숙정문을 열어뒀는데 이는 남쪽의 양기를 줄이고 북쪽의 음기를 받아들이기 위한 조치였습니다. 일설에는 북쪽의 숙정문을 열어두면 음기가 늘어나 여자들이 음란해지기 쉬운 까닭에 항상 닫아뒀다는 말도 있습니다. 다행히 현재까지 원형을 유지하고 있는 창의문은 보물로 지정되어 있습니다.

5부 52방

한양은 궁궐을 중심으로 다섯 구역으로 나눠 5부라고 불렀습니다. 한성부의 5부 중 궁궐 주변은 중부이고 각 방향에 따라 동, 서, 남, 북 부로 나뉘었습니다.

5부에는 여러 고을이 있었는데 그 숫자는 처음에 52개였고 이를 가리켜 52방이라고 했습니다. 52방은 중부에 8방, 동부에 12방, 남부에 11방, 서부에 11방, 북부에 10방이 있었습니다. 그러다가 세종 때 3방을 폐지해 49방으로 줄어들었지요. 52방 중 서대문과 동대문, 남대문에 각각 2방씩 6방은 한성 바깥에 있었습니다. 말하자면 한양에는 46방만 있었던 것입니다.

5부 중 궁궐 주변인 중부에는 정선방, 광행방, 관인방, 수진방, 증청방, 장통방, 서린방, 견평방으로 8방이 있었습니다. 동부에는 연희방, 숭교방, 천달방, 창선방, 건덕방, 덕성방, 서운방, 연화방, 숭신방, 인창방, 관덕방, 흥성방으로 12방이 있었습니다. 서부에는 영견방, 인달방, 적선방, 여경방, 인지방, 황화방, 취현방, 양생방, 반석방, 신화방, 반송방으로 11방이 있었습니다. 남부에는 광통방, 호현방, 명례방, 대평방, 훈도방, 성명방, 낙선방, 정심방, 명철방, 성신방, 예성방으로 11방이 있었습니다. 북부에는 광화방, 양덕방, 가회방, 안국방, 관광방, 진정방, 순화방, 명통방, 준수방, 의통방으로 10방이 있었습니다.

고을 이름은 아직도 가회동, 안국동 같은 명칭으로 남아 있지요.

52방에 살던 한성부의 초기 인구는 약 10만 명이었습니다. 1428년 (세종 10년) 조사에 따르면 당시 한성부 인구는 총 10만 3,328명이었고, 이 중 한성 바깥 10리에 속한 6방의 인구는 6,044명이었습니다. 이로써 한성 내부의 1방 인구는 2천 명 정도이고, 한성 외부 6방의 1방 평균 인구는 약 1천 명으로 한성 외부가 내부에 비해 인구 밀도가 절반 정도 낮았음을 알 수 있습니다.

한 고을에 2천 명이면 당시로서는 적지 않은 인구라 각 방은 다시 계契로 나뉘었습니다. 1방은 대개 7계나 8계로 나뉘었는데 영조 때의 기록을 보면 한양 46방 아래 328계가 있었다고 나옵니다.

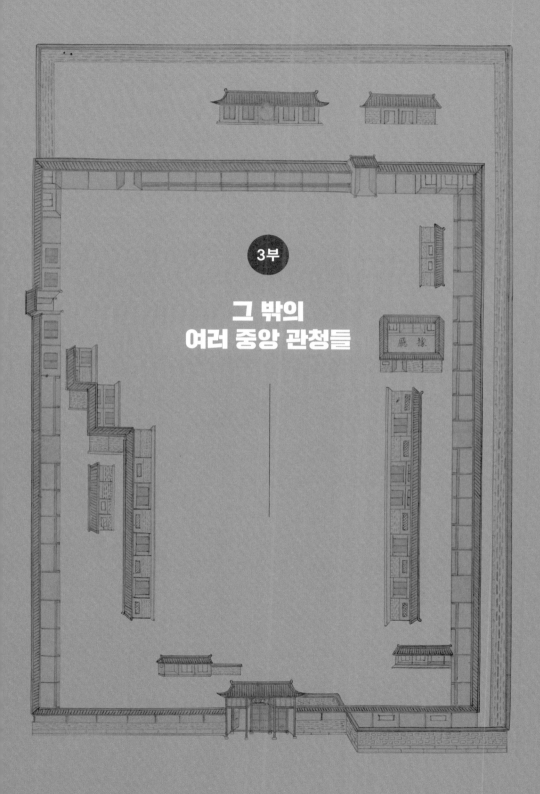

3부

그 밖의
여러 중앙 관청들

1
대역죄와 중죄만 다룬 의금부

왕의 특별 사법부

의금부 하면 가장 먼저 죄인을 형틀에 묶어놓고 고문을 가하는 장면이 떠오를 것입니다. 조선 시대에는 의금부로 압송되었다고 하면 거의 초주검이 된다는 것을 의미했습니다. 의금부는 임금의 명령을 받아 중죄인을 다루는 특별 사법 관청이었기 때문입니다. 의금부에 끌려간다는 것은 역모나 왕명 거역, 민심을 흉흉하게 하는 유언비어 등을 퍼뜨리는 대역죄를 의심받는다는 뜻입니다. 대역죄 외에 삼강오륜에 어긋나는 일을 저지른 '강상죄綱常罪'도 의금부에서 다뤘습니다.

　의금부는 최고의 사법 기관으로 지금의 삼심제 같은 대법원 기능을 갖추고 있었습니다. 일제강점기에 의금부가 고등재판소로 바뀌었다는 사실이 이를 증명합니다. 그 외에 외국인 범죄와 양반 관료들의 범죄도 다뤘습니다.

포도청이 형조에 속한 경찰청이라면 재판 기능까지 갖춘 의금부는 왕의 특별 사법부라 할 수 있습니다. 의금부의 기원은 몽고에 복속되었던 고려 충렬왕 시절에 설치한 순마소巡馬所입니다. 이후 순마소는 순군만호부, 사평순위부로 바뀌었다가 조선 태종 초에 순위부와 의용순금사 등으로 명칭이 바뀌었습니다. 그 뒤 왕권이 안정되자 1414년(태종 14년) 의금부로 개칭해 지속된 것입니다. 1894년 갑오경장 때 다시 의금사로 바뀌었다가 일제강점기에 고등재판소가 되었지요.

태종 시절 의금부 관원을 보면 도제조는 정1품 정승이 겸직했고 제조는 3명을 두었습니다. 제조는 대개 종1품 이하 당상관이 맡았습니다. 이들은 임기가 따로 없었고 사건에 따라 위관으로서 죄인을 추궁하는 역할은 했지만 실무를 맡지는 않았습니다.

의금부의 실무는 정3품 진무 2명을 수장으로 하여 종3품 부진무 2명, 4품 지사 2명, 5품과 6품 도사 4명을 중심으로 이뤄졌습니다. 이들 아래로 서리 역할을 하는 영사 40명, 무관직인 백호 80명, 하급 군졸이자 옥졸인 나장 100명, 의금부 소속 사졸인 도부외 1천 명을 뒀습니다.

《경국대전》에 따르면 의금부 구성원은 세조 이후 크게 변해 종1품 당상관 4명을 판사로 하고 정2품 지사 1명, 종2품 동지사 1명을 뒀는데 이들은 모두 겸직이었습니다. 이에 따라 의금부 실무는 종4품 경력과 종5품 도사 위주로 이뤄졌습니다. 의금부 도사는

의금부의 모습. 1750년 4월 의금부에 모였던 도사 10명의 명단과 이들이 의금부 건물에서 회동한 모습을 기록한 그림이다. 종각 앞 사거리 SC은행 본점 자리에 의금부가 있었다고 한다. 《금오좌목》 수록. 규장각한국학연구원 소장.

품계에 많은 변화를 겪었는데 영조 이후 종6품에서 종9품으로 낮아졌습니다. 영사의 숫자는 후대로 갈수록 줄어들었고 《속대전》에 따르면 18명을 뒀다고 합니다. 나장도 후대로 가면서 줄어들어 《속대전》에는 40명으로 나오는데, 《육조전례》에는 다시 80명으로 늘어난 것으로 기록되어 있습니다.

당시 의금부는 어디에 있었을까요? 의금부는 한성부 중부 견평방에 있었고 이곳은 지금의 서울 종로구 견지동입니다.

호랑이보다 무서운 의금부 도사

의금부는 중죄인을 잡아들여 심문하는 기관이라 의금부에 잡혀간 다는 것은 거의 죽은 목숨이나 다름없었습니다. 어느 마을에든 의 금부 도사가 뜨면 온 마을이 공포에 사로잡혔지요. 제 아무리 정승, 판서를 지낸 양반도 의금부도사가 왕명을 받아 들이닥치면 온몸이 오그라드는 공포심에 사로잡힐 수밖에 없었습니다. 그만큼 의금부 도사는 무서운 존재였습니다.

심지어 의금부도사가 왔다는 말만 듣고도 스스로 목숨을 끊은 사건도 있습니다. 조선 명종 시절 나는 새도 떨어뜨린다는 막강한 권세를 누리던 인물이 명종의 모후 문정왕후의 동생 윤원형입니다. 당시 소윤 일파의 우두머리인 윤원형은 대윤의 우두머리 윤임을 제거하고 권력을 한 손에 거머쥐었습니다.

그렇게 권력을 독점하는 과정에서 그는 수많은 선비를 죽음으 로 내몬 을사사화를 일으키기도 했습니다. 이후 권세가 하늘을 찌 를 듯하자 윤원형의 집에 뇌물이 폭주하면서 그는 10여 채의 집과 수백 명의 노비를 거느렸습니다. 또한 그는 본부인을 내쫓고 노비 출신 애첩 정난정에게 안방을 내준 뒤 그녀를 정경부인에 봉하게 했습니다. 사람들이 죽고 사는 문제가 모두 윤원형의 손에 달렸다 고 말할 정도로 그의 위세는 대단했습니다.

그는 여러 벼슬을 거쳐 영의정까지 오르면서 국정을 농단했지 만 1565년(명종 20년) 문정왕후가 죽자 그의 영화도 끝장이 났습니다. 문정왕후가 죽자마자 명종은 그를 삭탈관직한 뒤 시골로 쫓아 냈고 윤원형은 개성 위쪽 강음현에 숨어 살았습니다.

그 무렵 윤원형의 전처 김씨를 정난정이 독살했다는 고발장이 의금부에 접수되었습니다. 정난정을 고발한 사람은 김씨의 계모였 지요. 이 일로 정난정은 언제 의금부도사가 들이닥칠지 몰라 노심 초사했습니다. 그런데 동네 사람이 그녀를 놀릴 심사로 "금부도사 가 온다!"라고 소리쳤는데, 정난정은 의금부에 잡혀갈 것이 두려워 독약을 마시고 자살해버렸습니다. 윤원형은 정난정이 자살했다는 소식을 듣고 통곡과 눈물로 날을 보내다가 결국 화병에 걸려 죽었 다고 합니다.

윤원형과 정난정의 죽음과 관련해 또 다른 기록도 있습니다.

명종이 인정에 끌려 차마 윤원형을 죽이지 못하고 삭직해 시골 로 보냈는데, 이때 윤원형은 정난정과 노비 두세 명만 데리고 황해 도로 갔습니다. 나중에 몰래 도성으로 들어와 조정의 형편을 알아 본 그는 자신을 죽여야 한다는 상소가 빗발친다는 소식을 들었습 니다. 그때부터 그는 여차하면 자살하려고 늘 독약을 탄 술을 갖고 다녔습니다. 그리고 아내 정난정에게도 "만약 들리는 말이 있으면 이것을 먹고 죽자"라고 했습니다.

그는 벽제의 역리 1명을 알고 지냈는데 하루는 그를 찾아가 만 약 자기를 체포한다는 명령이 있거든 즉시 알려줄 것을 부탁했습 니다. 얼마 뒤 역리가 급히 달려와 금부도사가 황해도로 오고 있다 는 소식을 알려왔습니다. 이것은 헛소문이었지만 윤원형은 그 말을 믿고 정난정과 함께 독이 든 술을 마시고 자살했다는 것입니다.

한때 천하의 악녀로 불리며 정승, 판서를 손가락 하나로 불러댄 정난정과 조선 조정을 한 손에 쥐고 뒤흔든 윤원형은 의금부에 끌려간다는 공포감을 이기지 못하고 동네 사람의 장난에 속아 목숨을 끊은 겁니다. 정난정이나 윤원형 같은 자들조차 의금부에 끌려가는 것이 두려워 자살할 정도니 일반 백성이 의금부를 얼마나 두려워했을지 짐작이 갑니다.

2
왕실 사람들을 위한 관청

왕족을 관리하는 종친부

종친이란 왕과 혈통이 같은 사람들을 가리키는 말로 종친부는 임금의 아들과 손자에 관한 일을 담당하는 관청입니다.

양녕대군, 수양대군처럼 대군大君이 붙은 사람은 왕비의 몸에서 난 임금의 적자입니다. 반면 경녕군, 밀성군 같이 군君만 붙은 사람은 후궁의 몸에서 난 임금의 서자를 가리킵니다. 그 밖에도 '군' 자가 붙는 경우가 많은데 대군의 첫째아들과 왕세자의 여러 아들도 군이라고 부릅니다. 또한 왕세자의 여러 손자와 대군의 여러 아들에게도 군 칭호를 붙입니다. 여기에다 나라에 공을 세운 공신에게도 군 칭호를 내립니다.

이렇게 많은 사람에게 군 칭호를 주면 그들을 구별하는 데 문제가 있지 않았을까요? 임금의 친아들인 대군과 군은 품계와 상관이 없다 하여 어떠한 벼슬 등급도 없었습니다. 무품 계급이었지요. 임금의 서자로 군 칭호를 받은 사람들은 다른 군과 구분하기 위해 '왕자군'이라고 불렀습니다. 그리고 임금의 아들이 아닌 사람이 군 칭호를 받으면 그들에게 정1품 대광보국숭록대부, 종1품 숭정대부, 정2품 정헌대부 같은 품계를 내려 왕자들과 구분했습니다.

본래 종친은 벼슬을 할 수 없었습니다. 이들에게 벼슬을 내린 이유는 땅을 주어 경제적으로 문제가 없도록 하기 위해서였지요. 벼슬을 받으면 나라에서 녹전이라는 땅을 주는데 벼슬아치들은 이 땅으로 경제생활을 영위했습니다. 마찬가지로 종친에게도 벼슬과 녹전을 내려 경제적으로 어려움을 겪지 않도록 배려한 겁니다. 그러나 이들 종친에게 조정의 관직을 내린 것은 아닙니다. 즉, 벼슬은 내리되 조정 관료로는 쓰지 않았던 것이지요.

조선 왕조가 처음부터 종친에게 벼슬을 주지 않은 것은 아닙니다. 조선 초기부터 예종 때까지는 종친이나 부마도 관직을 얻었습니다. 하지만 어린 나이로 왕위에 오른 성종 대 이후 상황은 달라졌습니다. 그때부터 혹시 종친이 어린 왕을 마음대로 할까 염려해 종친에게 관직을 내리지 않은 것입니다.

실제로 세조 때 영의정을 지낸 구성군은 현명하고 능력 있는 종친 관리로 칭송을 받았습니다. 종친이 칭송을 받자 왕권에 위협을 느낀 왕과 그 주변 세력들은 종친의 벼슬길을 막는 법을 마련했습니다. 성종이 어린 나이로 왕위에 올랐을 때 그들은 막강한 세력을 형성하고 있던 구성군(세종의 넷째아들 임영대군의 아들)을 별다른 죄

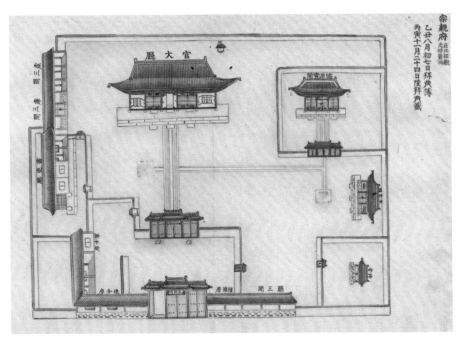

조선 후기 종친부의 모습. 《숙천제아도》 수록.

도 없이 유배 보냈고 이후 종친이 조정 관리가 되는 것을 아예 법으로 막아버렸습니다.

왕족의 족보를 기록하는 종부시

종친부 외에 왕실 사람들을 관리하는 관청으로 종부시도 있었습니다. 종친부와 종부시는 어떻게 다를까요?

종부시는 왕실 자손의 족보를 편찬하고 그 친족의 잘못을 조사해 규탄하는 임무를 맡은 관청입니다. 이곳에서는 10년에 한 번씩 왕실 족보인《선원록》을 편찬하고, 3년마다 대상자를 새로 조사해 종실보첩宗室譜牒을 작성했습니다.

종부시에서 작성한《선원록》은 왕실의 혈통과 계보를 알아내는 귀중한 역사 자료로 쓰이고 있습니다. 이곳의 우두머리인 도제조는 임금의 아들인 대군과 왕자만 맡을 수 있었지요.

종친들을 위한 학교 종학

종학宗學은 종친들만 다닐 수 있는 특별한 학교였습니다. 일종의 왕실 전용 교육 기관인 이곳의 선생은 당시 성균관 교수들이었습니다. 이 기관에서는 왕실 사람으로서 갖춰야 할 기본적인 교양과 예의범절 등을 가르쳤고, 가끔 치르는 시험과 출석이 불량하면 벌을 내리기도 했습니다. 이 때문에 종친들은 종학에 다니는 것을 몹시 싫어했다고 합니다.

종학을 만든 왕은 세종입니다. 학문을 좋아한 세종은 왕족이 하릴없이 놀고먹는 것을 염려했습니다. 신분이 높고 재물까지 많으니 자칫하면 방탕한 생활에 빠져 왕실의 체면을 손상시킬 수 있는데, 그러면 백성을 교화하고 다스리는 데 큰 어려움이 따를 것이라고 본 것입니다. 세종은 왕족도 어느 정도 공부해서 종친의 위상에 걸맞은 교양을 쌓고 학문을 익히기를 바랐습니다. 그래서 탄생한 것이 종학입니다.

왕족은 8세가 되면 모두 종학에 입학했습니다. 그러나 신분이 이미 정해진 왕족이라 다른 양반들처럼 과거를 치를 필요가 없었기에 배움에 대한 열의가 떨어졌습니다. 세종처럼 학문을 좋아하는 게 아닌 바에야 배우고 외우고 시험 보는 것을 좋아하는 사람은 없을 것입니다. 이에 따라 왕족이 설렁설렁 시간만 때우는 것을 방지하기 위해 종학에서도 시험을 치렀습니다.

시험에 낙제하거나 출석률이 저조하면 졸업하지 못하거나 처벌을 받았기 때문에 왕족은 억지로라도 공부를 해야만 했습니다. 조선의 2대 왕인 정종의 둘째아들 순평군은 나이 40이 넘도록 일자무식이었다고 합니다. 그는 오래도록 종학에 다녔지만 끝내 종학에서 처음 배우는 책인《효경》의 맨 첫 장만 배우다 말았다고 합니다. 사정이 이러하니 주변 사람들의 웃음거리가 되고 본인에게는 치욕스런 일일 수밖에 없었을 겁니다. 그런 순평군이 죽음에 임박해 이런 말을 했다고 합니다.

"이젠 종학에 다니지 않아도 되니 속이 다 시원하다!"

옛날이나 지금이나 하려고 해도 잘 되지 않는 공부는 누구에게나 엄청난 스트레스를 안겨주나 봅니다. 종학은 성종 대에 종친의 벼슬길을 완전히 차단하면서 유명무실해졌고 결국 영조 대에 폐지되었습니다.

능력 있는 종친은 위험하다

조선 초기만 해도 종친과 외척이 정치에 나서는 것은 흔한 일이었습니다. 지금도 많은 기업가의 가족이 회사 경영에 참여하는데 이는 혈연관계에 있는 사람을 가까이 둬야 믿을 수 있다는 생각 때문일 것입니다.

이런 믿음을 깨뜨린 대표적인 사건이 세조의 왕위 찬탈입니다. 단종의 작은아버지인 세조가 단종을 보필해 왕권 안정에 힘쓴 것이 아니라 오히려 조카를 죽이고 왕위에 올랐지요. 이에 따른 불행은 세조 대에 그치지 않았고 조선 왕조 내내 종친들에게 억울한 족쇄를 씌우는 일이 반복되었습니다.

세조의 장자 의경세자의 둘째아들인 성종은 형인 월산대군을 제치고 왕위에 오른 것을 불안해했습니다. 당시 최고 권세가인 한명회가 자신의 사위 자을산군(성종)을 강력하게 왕으로 밀어준 것입니다. 한명회의 도움이 필요했던 세조의 왕비 정희대비가 한명회와 결탁하는 바람에 성종이 왕위에 오른 것이지요.

성종은 직계종친은 5대까지 관직에 오를 수 없다는 법을 마련했는데, 그 직접적인 계기는 구성군 사건에 있습니다.

구성군 이준은 세종의 넷째아들 임영대군의 아들입니다. 구성군은 세조 때 이시애의 난을 평정한 공으로 28세의 젊은 나이에 영의정에 올랐고, 예종 때는 남이의 옥사를 다스린 공로로 익대공신이 되었습니다.

많은 신하가 그의 뛰어난 자질을 칭송하자 왕위에 위협을 느낀 한명회가 그를 견제했고, 급기야 정인지가 구성군이 어린 왕을 몰아내고 왕이 되려 한다며 그를 탄핵했습니다. 주변 대신들이 그를 죽여야 한다고 주장했으나 정희대비는 그에게 죄가 없음을 알고 경상도로 유배 보내는 것으로 마무리했습니다.

"자라 보고 놀란 가슴 솥뚜껑 보고 놀란다"는 속담처럼 세조가 어린 왕을 몰아내고 왕위에 오르는 것을 도와준 한명회, 정인지, 신숙주 같은 신하가 다른 종친도 똑같은 일을 할까 봐 지레 겁을 먹고 아무런 죄도 없는 사람을 모함한 것입니다. 이 사건 이후 직계종친은 5대까지 조정의 관직에 오를 수 없다는 법이 생겼고 종친의 관직 등용길이 막혔습니다.

투표로 대통령을 뽑는 지금은 대통령 친인척의 권력형 비리를 염려해 청와대 민정수석이나 보좌진이 대통령의 형제와 친인척의 정치 및 경제 활동을 특별 관리합니다. 그러니까 대통령의 친인척은 늘 감시받는 삶을 살아야 합니다. 옛날이나 지금이나 최고 권력자의 친인척은 권력자의 주변 인물이라는 이유로 감시를 받습니다.

부마를 위한 관청 의빈부

의빈부儀賓府는 왕의 사위인 부마를 위한 관청입니다. 말하자면 공주나 옹주와 혼례를 올린 남자들을 위한 관청으로 조선 초기에는 부마부駙馬府라 했다가 세조 때 의빈부로 이름을 바꿨습니다.

조선 초기에 부마는 정치에 관여했으나 태종 때부터 부마가 정치에 나서는 것을 제한했습니다. 이것은 공주의 지위를 이용해 사위가 왕에 버금가는 세력을 형성할까 봐 염려해 왕권안정책의 하나로 정해놓은 법입니다.

벼슬길이 막히자 당장 사위들에게 경제적인 어려움이 따랐습니다. 그들에게 명예직이나마 벼슬을 내릴 필요가 생긴 것입니다. 그래서 그들에게 위, 부위, 첨위라는 벼슬을 내리고 노비와 땅을 주었습니다.

왕의 부마에게는 대개 종2품부터 정1품까지의 벼슬을 내렸고 그 후손은 벼슬길에 나갈 수 있었습니다. 의빈부에서는 부마 외에 일반 관리도 실무를 담당했는데 종4품 경력을 비롯해 도사, 녹사, 서리가 그들입니다.

외척을 위한 관청 돈녕부

돈녕부敦寧府는 종친부에 속하지 못한 왕의 친척과 외척을 위한 관청입니다. 왕의 친척과 외척의 우의를 다지기 위해 만든 관청으로 지금으로 말하면 왕실의 친목 모임 같은 기관입니다. 특히 왕비의 아버지를 대우하는 성격이 짙었습니다. 왕은 왕비의 아버지를 영돈녕부사에 임명했는데 이는 영의정과 같은 정1품 관직으로 돈녕부의 최고위직입니다.

돈녕부에는 외척은 물론 왕실과 성이 같은 사람도 포함되었습니다. 아주 먼 친척이지요. 왕과 같은 성으로는 9촌·다른 성으로는 6촌 이상의 친척, 왕비와 같은 성으로는 8촌·다른 성으로는 5촌 이상의 친척, 세자빈과 같은 성으로는 6촌·다른 성으로는 3촌 이상의 친척을 이곳에서 관리했습니다. 이들은 돈녕부에서 벼슬과 녹전을 받아 경제생활을 영위했지요. 돈녕부의 대표적인 벼슬로는 영사, 판사, 지사, 동지사, 도정이 있었습니다.

외척 신수근 일가의 비참한 말로

조선 시대에 청렴한 선비 집안은 외척이 되는 것을 꺼렸습니다. 외척이 된다는 것은 권좌에 오른다는 얘기인데, 권좌에 오른 사람치고 말로가 불행하지 않은 인물이 드물었기 때문입니다.

왕의 장인으로서 권좌에 앉았다가 불행한 최후를 맞은 인물 중하나가 앞서 소개한 세종의 장인 심온입니다. 사실 조선 500년 역사에 그런 사례는 수두룩합니다. 그중 대표적인 인물이 신수근인데그는 왕의 장인인 동시에 처남이라는 독특한 위치에 있었습니다.

세자 연산군의 세자빈으로 간택된 신수근의 여동생은 연산군이왕위에 오르자 왕비가 되었습니다. 신수근은 연산군의 처남이었지요. 사실 신수근은 35세 때 처음 벼슬살이를 시작했고 그것도 음보로 얻은 벼슬이라 전도가 그리 유망하지 않은 인물이었습니다.

하지만 세자의 처남이 되면서 관직에 나간 지 10년도 되지 않아 우부승지, 호조참의를 지냈고 연이어 도승지가 되었습니다. 이후 연산군이 왕위에 오르자 이조판서가 되더니 다시 우찬성으로 승진했다가 우의정을 거쳐 좌의정에 올랐습니다. 그런데 신수근은 왕실과 겹사돈 관계였습니다. 연산군의 이복동생 진성대군에게 딸을 시집보냈기 때문입니다.

신수근이 좌의정으로 있을 때 연산군의 폭정은 심각한 상황이었습니다. 정사를 제쳐둔 그는 전국에서 기생들을 뽑아 흥청망청 노는 데만 열중했고, 갑자사화를 벌여 수많은 선비를 죽이거나 유배지로 보냈습니다. 또한 성종의 후궁들을 직접 살해하고 그 아들들을 죽였으며 충언을 간하는 환관 김처선을 활로 쏘아 죽였습니다. 설상가상으로 자신의 친할머니 인수대비를 머리로 받아 죽였습니다.

이러한 연산군의 폭정을 참지 못한 세력이 박원종을 중심으로 반정을 일으켰고, 결국 연산군이 쫓겨나 죽으면서 진성대군이 왕위에 올라 중종이 되었습니다. 이로써 신수근은 중종의 장인이 되어야 했지만 오히려 비참한 죽음을 맞이하고 맙니다.

중종반정을 이끈 박원종은 진성대군(중종)을 왕위에 올리기로 마음먹고 반정 전에 신수근의 속내를 탐색했습니다. 박원종이 누이와 딸 중 어느 쪽을 선택할 것인지 넌지시 묻자 신수근은 비록 왕은 포악하지만 세자는 총명하다는 말로 자신의 의지를 드러냅니다. 박원종은 신수근이 반정에 동조할 생각이 없음을 알고 반정을 일으킨 뒤 맨 먼저 신윤무, 이심 등의 역사를 보내 신수근을 수각교에서 살해합니다. 신수근이 살해된 후 반정 세력은 신수근의 아우 수겸과 수영도 죽였습니다. 신수근 일족이 거의 멸문당한 셈입니다.

왕위에 오른 중종은 자신의 아내(신수근의 딸)를 왕비로 세웠는데 그녀가 바로 비운의 왕비 단경왕후 신씨입니다. 반정 세력은 강력하게 반대했고 결국 그녀는 궁궐에서 쫓겨났습니다. 중종은 그녀를 지키기 위해 안간힘을 썼지만 반정 공신들의 힘에 밀려 결국 본처인 그녀를 버릴 수밖에 없었습니다.

1515년 중종의 계비 장경왕후가 죽자 친정에서 지내던 단경왕후 신씨의 복위설이 돌기도 했지만 실현되지 못했습니다. 중종이 그녀를 매우 사랑한다는 것을 안 일부 신하가 그녀를 왕비로 맞아들여야 한다고 주장했으나 반대 세력의 저항이 워낙 강해 성사되지 못한 것입니다.

한편 단경왕후 신씨의 폐위와 관련해 치마바위 이야기가 전해져오고 있습니다. 그녀를 사랑한 중종은 그녀가 보고 싶으면 높은 누각에 올라가 그녀의 친정이 있는 쪽을 바라보곤 했습니다. 신씨의 집에서 그 사실을 알고 집 뒷동산 바위에 치마를 펼쳐놓았는데, 중종은 그 치마를 바라보며 애타는 심정을 달랬다는 것입니다. 신씨는 중종보다 13년을 더 살다가 1557년 71세를 일기로 세상을 떠났습니다. 이후 그녀는 영조 때 가서야 복위되어 단경왕후로 추존되었습니다.

3
궁궐 유지를 위한 관청

궁중 물품 관리소 내수사

내수사內需司는 궁궐에 필요한 물품을 관리하는 기관으로 이조에
소속된 관청입니다. 왕실의 쌀, 베, 잡화, 노비 등 실질적인 왕의 재
산을 관리하는 곳으로 관원은 대부분 환관이었습니다. 이들은 궁녀
를 뽑는 일에도 관여하고 궁중에서 죄를 지은 내시나 궁녀를 내수
사 옥에 가두는 일도 맡아 처리했습니다. 이는 내시나 궁녀를 왕에
게 딸린 재산처럼 여겼음을 보여줍니다.

왕이라고 나라의 재산을 자기 마음대로 할 수 있었던 것은 아닙
니다. 왕의 의식주에 필요한 경비는 국가 기관에서 정했는데, 그렇
게 정한 경비 외에 왕 자신이 따로 쓸 돈도 필요했습니다. 예를 들
면 자손들을 돕거나 절에 시주하거나 아니면 특별히 왕과 왕비를
위한 건물을 짓는 데 비자금이 필요했던 것입니다. 이를 내탕금이

라고 불렀습니다.

　내수사는 왕의 내탕금을 관리하는 곳으로 돈을 충직하게 관리할 사람에게 맡기고자 왕의 개인비서라 할 수 있는 내시들을 관리로 쓴 것입니다. 궁궐에서 일어나는 일을 철저하게 비밀로 유지한 내시들은 왕과 왕비가 가장 믿을 만한 사람들이었습니다.

　내수사는 전국에 분포한 왕의 토지와 노비를 관리하고 재산을 불리는 일도 맡았습니다. 내수사를 통해 막대한 자금을 확보한 왕은 자손들에게 토지나 노비를 하사하기도 하고 마음에 드는 신하에게 상을 내리기도 했습니다. 또한 왕의 어머니인 대비는 거액의 돈을 절에 시주하는가 하면 새로운 절을 짓기도 했습니다.

　그렇다고 내수사의 돈을 개인적인 용도로만 쓴 것은 아니고 나라에 재난이 발생하면 왕이 내수사의 자금을 풀기도 했습니다. 즉, 내수사 자금을 어려운 일을 당한 백성을 구제하고 국가적 위기를 헤쳐 가는 데 쓰기도 한 것입니다.

　여왕이라는 소리까지 들은 명종의 어머니 문정왕후는 내수사 재산을 적절히 이용해 권력을 유지했습니다. 또 고종의 왕비 명성황후는 조선을 망국의 위기에서 구하기 위해 내수사의 돈을 사용했다는 기록이 있습니다.

왕궁의 음식물을 책임진 사옹원

사옹원司饔院은 왕의 식사를 비롯해 왕궁에 필요한 음식물 공급에 관한 일을 맡은 관청입니다. 사옹원의 '옹饔'은 음식을 잘 익힌다는 뜻으로 새로 나온 음식을 먼저 조상 신위에 올리는 일도 담당했습니다.

이곳 관리로는 정 1명, 첨정 1명, 판관 1명, 주부 1명, 직장 2명, 봉사 3명, 참봉 3명이 있었습니다. 그리고 자문역으로 도제조 1명, 제조 4명, 부제조 5명이 있었지요. 부제조 1명은 대개 승지가 겸임했고 그 아래로 제거, 제검을 합쳐 4명이 있었습니다. 이들 외에 대전수라간 음식 감독인 잡직 재부 1명과 반찬 담당 선부, 양념 담당 조부, 각종 떡 담당 임부, 삶는 요리 담당 팽부 등이 있었습니다.

내자시와 내섬시

내자시內資寺는 왕실에서 사용하는 쌀, 밀가루, 술, 장, 기름, 채소, 과일 등과 궁중 연회 및 직물에 관한 일을 맡아본 관청입니다. 한마디로 궁궐에서 쓰는 물자를 관리하는 곳이지요. 조선 개국 초 내부시로 부르다가 태종 대에 내자시로 이름이 바뀐 기관입니다.

내자시는 병자호란 뒤 재정난 때문에 내섬시에 합병되었다가 다시 분리되었습니다. 그 뒤 궁중에서 사용하는 술을 맡아보던 사온서

司醞署를 병합하면서 규모가 커졌습니다.

내섬시內贍寺는 세자궁이나 왕이 머무는 강녕전·왕비가 있는 교태전·대왕대비가 있는 자경전 등 궐내의 각 궁과 전에 공급하는 물건, 2품 이상의 관리에게 주는 술, 왜인과 야인을 접대하는 음식 및 옷감 등에 관한 일을 맡은 기관입니다.

사도시와 빙고

사도시司䆃寺는 왕궁 창고의 곡식과 궁궐에 공급하는 간장, 된장 등에 관한 일을 맡은 곳입니다. 그리고 빙고氷庫는 왕실에서 사용하는 얼음을 저장하는 일을 맡았습니다.

현재 서울 용산구 한강변에 동빙고동과 서빙고동이 있는데 이곳이 조선 시대에 빙고가 있던 장소입니다. 겨울에 한강물이 얼면 깨끗한 얼음을 조각내 이곳에 보관했다가 여름에 꺼내 썼다고 합니다.

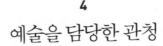

4
예술을 담당한 관청

음악과 무용의 산실 장악원

장악원掌樂院은 궁중에서 연주하는 음악과 무용을 가르치고 공연을
관장하던 관청으로 지금의 국립국악원과 같은 곳입니다. 장악원은
이원, 연방원, 함방원, 뇌양원, 진향원, 교방사, 아악대 등 부르는 명
칭이 매우 다양했습니다.

이러한 장악원은 조선 초기의 음악 기관이던 아악서와 전악서
에서 유래했는데 1457년(세조 3년) 세조의 영에 따라 두 기관을 장
악서로 통합했습니다. 당시 음악학 연구 기관인 악학도감의 일부도
장악서에 통합하면서 장악서는 궁중의 모든 음악과 무용을 관장하
는 유일한 음악 기관으로 거듭났습니다. 이후 장악서는 명칭을 장
악원으로 바꿨습니다.

그 뒤에도 장악원은 여러 차례 이름이 바뀌었습니다. 연산군 때

는 연방원으로 불렸다가 중종 대에는 다시 장악원으로 돌아갔고, 영조 시절에는 이원으로 불렸습니다. 이때 정식 명칭은 여전히 장악원이었지요.

1895년 갑오경장 때는 궁례부 소속의 장례원으로 바뀌었다가 1897년에는 교방사로 이름을 바꿉니다. 1907년에는 장악과로 바뀌면서 규모가 대폭 줄어들었고 1910년 일본에 강제 병합된 뒤에는 장악과 소속의 음악인이 아악대라는 이름으로 명맥만 유지했습니다.

장악원에는 악공, 악생, 관현맹, 여악, 무동 등의 예술가가 있었고 이들은 궁중의 여러 의식이나 행사에 참여해 음악과 무용을 공연했습니다. 장악원은 좌방과 우방으로 나뉘었는데 우방 소속 악공은 국빈을 대접하는 잔치인 연향宴享에 연주자로 참여했습니다. 연향에서는 대개 우리나라 전통 음악인 향악과 중국에서 유래한 당악을 연주했습니다.

좌방 소속 악생은 제례의식 때 사용하는 아악 연주를 맡았습니다. 왕실이 궁궐에서 행하는 내연이 있을 경우에는 관현맹과 함께 연주했습니다. 관현맹이란 장악원에 소속된 시각장애인 연주자를 말합니다. 궁중에 내연이 있을 때는 무동과 여기女妓도 참여했는데 무동은 춤추고 노래하는 아이들을 뜻하고, 여기는 춤추고 노래하는 기생을 의미합니다. 악공과 악생, 여악, 무동은 모두 신분이 천민이었습니다.

이렇듯 장악원 행사의 공연은 음악과 무용을 담당한 예술가들이 했지만 행정 실무는 문관 관리들이 맡았습니다. 이들 관리는 이름만 있고 직무는 없는 체아직 녹관이었지요.

장악원이 있던 곳은 한성부 서부 여경방입니다. 성종 시절에 왕의 특명으로 이곳의 민가를 철거하고 장악원을 위한 새 청사를 지었다고 합니다. 이 청사는 당상관이나 낭청이 업무를 보는 곳과 악공 및 악생이 연습하는 장소를 구별해서 지었습니다. 특히 여러 종류의 악기를 보관하는 악기고와 문무백관이 음악에 맞춰 국가 행사를 연습하는 뜰을 갖추고 있어 규모가 매우 컸다고 합니다.

이 청사는 임진왜란 때 불타 없어졌고 다시 새 청사를 명동에 건립했는데, 광복 후 내무부가 이곳을 사용했습니다. 새로 지은 청사의 대지는 약 1만 평이고 건물 규모는 수백 간으로 한성부 관사보다 몇 배나 컸습니다.

선조 때 건립한 이 청사는 1904년 러일 전쟁 때 일본 군대가 장악해 전진기지로 사용했습니다. 장악원 소속 예술가들은 연습 장소를 빼앗겼고 별 수 없이 현재의 서울역 뒤쪽 서학현(지금의 중림동)에 있는 개인 집으로 옮겨갔습니다.

시각장애인 음악 단체 관현맹

조선 시대에는 장악원과 관상감에 시각장애인을 채용해 특별한 임무를 주었는데, 관현맹도 그 일환으로 장악원에 배치한 사람들의 단체입니다. 직업을 갖기 어려운 시각장애인의 사정을 안타깝게 여겨 국가 기관에서 생계를 유지하게 해주었던 것입니다.

세종에게 시각장애인의 직업 문제를 상소한 인물은 당시 음악을 관장하던 기관인 관습도감 관리 박연이었습니다. 세종은 박연의 상소를 가상하게 여겨 관습도감에 시각장애인을 채용하도록 했습니다. 박연은 어린 시각장애인을 뽑아 가르쳤고 그들에게 계절마다 녹봉으로 쌀을 주었습니다.

관현맹에서 활동한 사람들은 양인과 천인 출신이었는데, 이들은 신분뿐 아니라 연주하는 음악에 따라 향악 관현맹과 당악 관현맹으로 구분했습니다. 이들의 주요 임무는 궁궐 잔치 때 기생들의 춤과 노래에 맞춰 관현으로 반주하는 일이었지요.

관현맹 구성원의 숫자는 일정하지 않았습니다. 《경국대전》의 기록을 보면 종9품 잡직에 해당하는 직책 부전성에 관현맹이 4명 포함되어 있습니다. 이들은 체아직이었는데 천민 출신도 종6품 잡직인 부전악까지 오를 수 있었다고 합니다.

그런데 관현맹은 여러 차례 부침을 겪었습니다. 박연의 노력으로 관현맹 제도를 마련한 뒤 대신들 사이에 불만이 많았던 모양입니다. 급기야 1447년(세종 29년) 4월 9일 의정부에서 관현맹 혁파를 거론했습니다.

"관습도감의 관현맹은 당초에 창기가 사죽絲竹(현악기와 관악기)과 장고杖鼓를 배우지 못하였을 때 궁중 잔치와 제향을 위해 부득이 설치했던 것입니다. 이제는 창기가 모두 향악과 당악을 배워 궁중 잔치와 제향 때 각각 그 소임을 다하게 되어 관현맹은 소용이 없사옵니다. 아직껏 관아에 예속되어 편하게 살 수는 없는 것이옵니다. 청하옵건대 이를 혁파하여 각자 생업을 찾도록 하소서."

세종은 의정부의 제안을 받아들였고 결국 관현맹 제도는 사라졌습니다. 하지만 현실적으로 관현맹이 필요해지자 이내 관현맹 제도를 복구했습니다. 이후에도 관현맹 제도는 일시적으로 혁파되었습니다. 병자호란으로 국가 재정이 어려워지면서 인조가 관상감, 명과맹 그리고 장악원의 관현맹 제도를 폐지한 것입니다. 다행히 효종 대에 이 제도가 부활하면서 관현맹은 유지될 수 있었습니다.

관현맹은 연주할 때 모두 녹색 명주로 만든 두건을 쓰고 녹색 무명으로 만든 단령(깃을 둥글게 만든 도포)을 입었으며 놋쇠빛 가죽 띠를 둘렀다고 합니다.

천재 음악가 박연

유학을 창시한 공자는 인간이 갖출 가장 중요한 덕목으로 예禮와 악樂을 꼽았습니다. 공자가 예와 악을 중시한 이유는 그것이 인간 사회의 질서와 조화를 이끌어내는 초석으로 작용한다고 믿었기 때문입니다. 공자의 그 견해는 제자들에게 이어져 유학의 중요한 가치관이 되었고, 송나라 주희가 새로 주창한 신유학을 건국이념으로 삼은 조선은 당연히 예법禮法을 사법司法보다 상위에 두었습니다.

그러나 개국 초 조선은 예의 바탕인 음악 분야에서 중국에 비해 많이 뒤떨어져 있었습니다. 왕자 시절부터 음악에 관심이 깊었던 세종은 이런 현실을 절감하며 음악 혁신과 발전에 심혈을 기울였고 스스로 작곡을 하기도 했습니다. 그렇지만 임금이 혼자서 그 모든 일을 할 수도 없고 음악을 모르는 유학자나 학문을 모르는 악공에게 맡길 수도 없어서 난감한 지경이었지요.

세종에게 절실한 인물은 유학은 물론 예학에 정통하고 음악 이론에 밝으며 악기도 잘 다루는 인재였습니다. 악공을 천시하던 당시 풍조 때문에 세종의 그런 열망을 충족시켜 줄 인물은 오직 한 사람뿐이었습니다. 조선 500년 역사를 통틀어 최고의 악인樂人으로 불린 박연이지요.

박연은 청년 시절 우연히 피리를 익혔는데 그의 남다른 솜씨에 감탄한 고을 사람들이 그를 '선수善手'라고 불렀습니다. 그 뒤 음악을 제대로 배우기 위해 작정하고 한양으로 올라온 그는 마침 음악에 밝은 광대를 만났습니다. 그는 광대 앞에서 제법 목에 힘을 주고 피리를 불었지만 찬사는커녕 가락이 전혀 맞지 않는다는 혹평을 들었습니다.

그 광대에게 애걸하다시피 매달려 피리를 배운 박연은 며칠 만에 광대의 실력을 능가했습니다. 박연을 가르친 광대는 며칠 지나지 않아 혀를 내두르며 찬사를 쏟아냈습니다.

"정말 완벽합니다. 곡조가 절실하고 소리가 깊습니다."

며칠 후에는 광대가 무릎을 꿇고 오히려 가르침을 구했습니다.

"나로서는 선비님의 천부적인 감각에 미칠 수가 없습니다."

그 후 박연은 거문고와 비파 등 모든 악기를 섭렵했는데 그 솜씨가 가히 신기에 가까웠습니다. 그렇게 음악에 몰두하느라 박연은 나이 40이 다 되어서야 대과에 합격했습니다. 문과에 합격해 출사한 뒤 그는 집현전 교리, 사간원 정언, 사헌부 지평, 세자시강원 문학 등 주로 언관과 학관직을 수행했습니다. 그러다 1424년(세종 6년) 음악적 재능을 인정받아 악학별좌에 임명되었습니다. 이후로 박연은 오직 음악 관련 업무에만 매달리며 자신의 역량을 한껏 발휘하기 시작했습니다.

결국 박연은 조선 전통 음악인 향악과 중국에서 유래한 아악을 체계적으로 정리하고, 음이 잘못된 조선의 악기를 대대적으로 손질해 본래의 소리를 되찾게 했습니다. 세종은 그를 이렇게 평가했습니다.

"사람들은 박연이 세상일은 모르고 음악만 안다고 하는데 그렇지 않다. 박연은 세상일에도 통달한 학자다."

조선의 음악을 반석에 올려놓다

세종 대의 음악적 발전은 크게 아악의 부흥, 악기 제작, 향악 창작, 정간보 창안 등에서 나타났으며 이는 모두 박연이 이룬 업적입니다.

당시 조선의 음악은 좌방과 우방으로 나뉘어져 있었습니다.

좌방에는 흔히 궁중 음악으로 일컫는 아악이 있었는데 이는 본래 중국의 고대 음악으로 고려 예종 때 송나라에서 들여와 왕실의 대중사에 사용했습니다. 우방에는 민속악을 대변하는 향악과 당악이 있었습니다.

박연은 음악을 정리하기에 앞서 중국의 고전에서 참고자료를 확보했고 이후 아악기와 아악보를 만들었습니다. 이 과정에서 수입하던 악기를 국내에서 생산할 기반을 닦았고, 음률의 기초가 되는 악기인 편경과 편종 등을 대량 생산할 수 있게 했습니다.

이러한 성과는 율관律管(음의 높이를 측정하기 위해 쓰던 원통형의 관) 제작 과정에서 이뤄진 것입니다. 박연은 편경의 음정을 맞출 정확한 율관을 제작하기 위해 여러 번 시험 제작했고, 흐트러진 악제를 바로잡고자 숱하게 노력했습니다.

그 음악적 공훈에 힘입어 박연은 소윤, 대호군(종3품), 상호군(정3품), 관습도감사를 거쳐 공조참의를 지냈고 예조참의까지 올랐습니다. 박연은 칠순이 넘어서도 관직을 유지했는데 그 이유는 그를 대신해서 악학을 이끌 인물이 마땅치 않았기 때문입니다. 그가 그렇게 관직에 있는 사이 1450년 세종이 죽음을 맞이했고 문종도 죽었으며 단종이 왕위에 올랐다가 수양대군에게 왕위를 찬탈당했습니다. 세월은 어느덧 10년이 흘러 1458년(세조 4년)이 되었고 박연의 나이 81세에 이르렀지만 그는 그때까지도 음악 관련 업무를 보고 있었습니다. 문종도, 세조도 그의 탁월한 능력을 높이 평가해 다른 사람으로 쉽게 대체하지 못한 것입니다.

그처럼 영화를 누리던 그는 막내아들 계우가 단종 복위 사건에 연루된 탓에 관직에서 내쫓겼고, 80의 노구를 이끌고 낙향하는 신세로 전락했습니다. 그가 고향 영동으로 가기 위해 한강 나루터로 왔을 때는 말 한 필과 시종 한 명밖에 없을 정도로 행장이 초라했습니다.

후학들이 강나루에 나와 그를 전송했고 그는 배 가운데에 앉아 술잔을 베풀었습니다. 이윽고 하직할 때 박연은 떠나는 배 위에서 피리를 뽑아 물고 곡조를 흘렸는데, 그 소리를 듣고 울지 않는 이가 없었다고 합니다.

조선 회화의 구심체 도화서

도화서圖畵署는 궁궐 내에 필요한 그림을 그리는 일을 맡은 곳입니다. 서양에 왕실 초상화나 궁궐에 필요한 그림을 그린 궁정화가가 있었듯, 조선에서도 화공의 역할은 매우 중요하고 다양했습니다. 이에 따라 화공은 여러 번의 시험을 거쳐 선발했고 미술교수 밑에서 꾸준히 그림 공부를 했습니다.

도화서는 조선 초에는 도화원이라고 불리다가 성종 대에 도화서로 명칭이 바뀌었습니다. 또 처음에는 공조에 소속된 관청이었으나 태종 때 예조의 속아문이 되었습니다.

도화서 관원은 선발 시험인 취재를 통해 뽑았는데 화원 선발 시험에서는 대나무, 산수, 인물, 새와 짐승, 화초 등을 그려야 했습니다. 그중 대나무 1등, 산수 2등, 새와 짐승 3등, 화초 4등으로 정해 화초 그림에서 통通의 성적을 받으면 2분, 약略의 성적을 받으면 1분의 점수를 주었습니다. 또 인물, 영모(새나 짐승 그림) 이상은 차례로 등수를 올려 각각 그 성적에 점수를 보태는 방식으로 채점했습니다.

《경국대전》에 따르면 도화서는 종6품 아문으로 예조판서가 겸하는 제조가 1명 있었지만 실질적으로 종6품 별제 2명이 관장했습니다. 별제 아래 잡직의 화원 20명이 있고, 임기 만료 후에도 계속 근무하는 서반 체아직이 몇 자리 있었습니다. 20명의 화원 중 가장 직급이 높은 사람은 선화로 1명이었고 그 밑에 선회 1명, 화사 1명, 회사 2명으로 5명의 교수가 있었습니다. 그 아래로 15명의 화학생도를 뒀는데 영조 대에 화학생도 정원이 15명에서 30명으로 대폭 늘어났습니다.

도화서에는 화원 외에 관노도 근무했으며 이들은 차비노(잡역을 하는 종) 5명과 근수노(시중을 드는 종) 2명을 합쳐 7명이었습니다. 그들 외에도 공장에서 파견하는 배첩장 2명이 도화서에 소속되어 있었습니다. 배첩장은 배첩 기술자로 서화에 종이나 비단 등을 붙여 족자, 액자, 병풍 등을 만드는 장인을 일컫습니다. 배첩장은 낡거나 훼손된 작품을 짜깁기 혹은 가필로 원형에 가깝게 복원하는 작업도 했습니다.

도화서 청사가 있던 곳은 한성부 중부 견평방으로 지금의 서울 종로구 공평동과 견지동 일대입니다. 현재 공평동 주변으로 인사동

전통거리가 형성되어 있는데 이것은 도화서의 영향이라 할 수 있습니다.

도화서는 비록 왕실의 요청에 따라 그림을 그리는 궁정화가들의 관청이었지만, 국가가 제도적으로 화가를 육성하는 역할을 했다는 측면에서 조선 회화 발전의 구심체였다고 할 수 있습니다. 실제로 조선 시대의 내로라하는 화가 중 상당수가 도화서 출신입니다. 조선 풍속화를 대표하는 김홍도와 신윤복 역시 도화서 화원 출신입니다.

도화서에 얽힌 이야기들

조선 역대 왕들 중 성군을 꼽으라면 많은 사람이 세종을 떠올릴 것입니다. 그러나 성군 세종도 잘못한 일이 있습니다. 그 대표적인 사건이 1426년(세종 8년)에 일어났습니다. 그날 예조에서 세종에게 이런 요청을 합니다.

"도화원에 간수된 전조前朝 왕씨王氏의 역대 군왕과 비주妃主의 영자초도影子草圖를 불태우기를 청합니다."

세종은 이 요청을 받아들여 역대 고려 왕과 왕비가 그려진 그림을 불태웠습니다. 이는 전조의 흔적을 지운다는 명분 아래 행한 일이지만 전조의 흔적이기 이전에 예술품이자 역사적 자료임을 망각한 행위입니다.

세종은 재위 9년 도화서에 명해 각종 매를 그려 전국 8도에 보내게 했는데, 이는 그림을 보고 같은 모양의 매를 잡아 진상하도록 하기 위해서였습니다. 이 외에도 세종은 일본의 지도를 모사하게 했습니다. 세종이 도화서 화원들의 재능을 활용한 것은 이처럼 실용적인 분야에 한정되었습니다.

반대로 조선의 왕들 중에서 폭군의 대명사는 단연 연산군입니다. 연산군은 도화서에 어떤 일을 시켰을까요? 연산군은 전국의 기생 중 인물이 빼어난 여성들을 궁궐 안에 끌어들여 놀기를 좋아했는데 그 기질은 도화서에 내린 명령에도 잘 드러납니다. 연산군의 명령으로 도화서에서 그린 그림은 바로 〈사안휴기동산도〉입니다. 이것을 풀이하자면 '사안이 동산에서 기생을 데리고 노는 그림'이지요.

연산군의 엄명을 받은 도화서 제조 이창신은 서둘러 화공들에게 이 그림을 본뜬 그림을 그리게 했고, 1503년 2월 7일 도화서는 20폭으로 그린 그 그림을 연산군에게 진상했습니다. 사안은 중국 동진 시대 인물로 환온의 황위 찬탈 기도를 저지하고 비수전투에서 백만 대군과 싸워 물리치는 등 동진의 국난을 수차례 구해낸 재상입니다. 그는 풍류를 즐겨 때로 기생들과 동산에서 노닐며 시를 지었는데 그 광경을 그린 그림이 〈사안휴기동산도〉입니다. 연산군은 사안이 동산에서 기생들과 놀던 삶을 동경하며 자신도 그렇게 살리라는 생각으로 이 그림을 그리게 한 것입니다. 그야말로 연산군다운 행동이지요.

연산군을 내쫓고 왕위에 오른 중종은 도화서에 어떤 그림을 요구했을까요? 중종이 도화서에 요구한 그림은 〈향산구로도〉로 이것은 향산에서 신선처럼 노닐며 지내는 9명의 노인을 그린 그림입니다. 말하자면 이상세계를 그린 그림이지요. 중종은 연산군과 달리 도를 추구하며 이상적인 세계를 꿈꿨다는 의미입니다. 이 그림을 담은 병풍이 도화서에서 올라오자 중종은 대제학 신용개에게 문장과 시를 짓게 한 뒤 그것을 참판 강징에게 병풍에 쓰도록 했습니다.

5
통번역 전문 관청 사역원

대청 30여 곳을 갖춘 외국어 전담 기관

사역원司譯院은 외국어 번역과 통역에 관한 일을 맡아본 관청입니다. 고려 충렬왕 때 설치한 통문관에서 유래한 사역원은 조선 시대에도 그대로 유지되었습니다.

사역원에서 다룬 외국어는 중국어(한학), 몽고어(몽학), 일본어(왜학), 여진어(여진학)로 네 가지였습니다. 여진학은 청나라가 개국한 뒤 청학이라는 이름으로 바뀌었지요. 이들 나라는 당시 조선이 외교 관계를 형성하고 있던 나라였습니다.

사역원에는 크게 두 가지 기능이 있었습니다. 하나는 중국어, 몽고어, 일본어, 여진어를 가르치는 것이고 다른 하나는 외국어 통역과 번역을 책임지는 일입니다.

사역원 관원은 정3품 정을 우두머리로 종3품 부정 1명, 종4품 첨정 1명, 종5품 판관 2명, 종6품 주부 1명, 종7품 직장 2명, 종8품 봉사 3명, 정9품 부봉사 2명, 종9품 참봉 2명이 있었고 각 언어마다 교수와 훈도를 배치했습니다. 가장 중요한 한학에는 종6품 교수를 4명 배치했으나 여진학, 몽학, 왜학에는 교수를 두지 않고 정9품 훈도만 2명씩 두었습니다.

조선 시대에 사역원이 있던 자리는 지금의 종로구 적선동과 도렴동인데 관사 규모는 총 552칸으로 매우 컸습니다. 이곳에는 대청만 무려 30여 곳이 있었다고 합니다. 사역원 규모가 이렇듯 컸던 이유는 학교 기능을 겸했기 때문입니다.

사역원 학생은 두 종류로 나뉩니다. 먼저 강이관이 있는데 이들은 문과에 합격한 뒤 중국어를 배우기 위해 학생 신분이 된 사람입니다. 강이관은 다시 과거에 합격한 뒤 문관 벼슬을 받은 사람과 아직 벼슬을 받지 않은 사람으로 나뉘었습니다. 강이관 외의 학생은 일반 생도였지요.

강이관은 양반 출신이어야 가능했지만 일반 생도는 서자나 얼자도 될 수 있었습니다. 서자는 어머니가 양인 신분인 사람이고 얼자는 어머니가 천인 신분인 사람입니다. 그런데 같은 얼자라도 아버지가 2품 이상 벼슬을 지내야 사역원 생도로 입학할 수 있었습니다.

조선 초 사역원 학생은 체아직 벼슬을 받을 수 있었고 성적이 뛰어난 학생은 평생 녹을 받으며 역관으로 지내기도 했습니다. 사실 조선 왕조 초에는 사역원 학생들을 상당히 우대했습니다. 학업 성적이 좋으면 다른 관직에도 갈 수 있었고 당사자는 물론 아버지나 형제도 군역을 면제받았습니다. 이들을 이토록 우대한 이유는 조선 초에 역관이 부족했기 때문입니다.

예종과 성종 대에 이런 특전을 주지 않자 사역원에 입학하는 학생이 사라지는 사태가 벌어졌습니다. 외국어를 배우려는 학생이 없어서 통역관을 키우지 못하는 상황에 놓인 것입니다. 결국 성종 이후 다시 사역원 학생을 우대해 가까스로 통역관을 키워낼 수 있었습니다.

사역원에서 교육을 받은 역관은 여러 특전을 누렸기에 사역원 생도가 되려면 제법 까다로운 조건을 충족해야 했습니다. 부모와 처의 4대조 조상까지 신원 조사를 하고 참상관(종6품 이상의 관원) 2명 이상과 교리 1명의 신원보증서도 제출해야 했습니다. 여기에다 15명의 심사관이 서류를 심사하고 비밀투표 방식으로 추천을 받은 뒤에야 입학시험을 볼 수 있었습니다. 당연히 이 시험에 합격해야 사역원 생도가 될 수 있었지요. 만약 추천 과정에서 서류에 문제가 있거나 사적인 관계로 생도를 입학시켰다가 발각되면 담당 녹관은 물론 보증인도 중죄를 면치 못했습니다.

외교의 최전선을 책임지는 자리

사역원 생도를 엄격한 과정을 거쳐 뽑은 이유는 그들의 역할이 상당히 중요했기 때문입니다. 생도 생활을 마치고 역관 시험에 합격해 역관이 되면 외교 무대의 최전선에서 뛰어야 했으니까요. 그만큼 통역관의 역할은 비중이 컸습니다.

사역원 시험에는 원시, 고강시, 취재시, 역과시의 네 가지가 있었습니다. 원시, 고강시는 회화와 강독 능력을 평가하는 시험으로 여기에 통과하면 녹관직에 오르도록 취재시에 응시할 자격을 부여했습니다. 그리고 역과시를 봐서 합격할 경우 역관 자격이 주어졌습니다.

사역원 시험은 회화, 강서, 사자, 번역의 네 가지로 이뤄져 있었습니다. 회화는 대화를 주고받는 것이고 강서는 글을 해석하는 능력입니다. 강서 시험에는 배강과 임강 두 종류가 있었는데 배강은 경서를 보지 않고 외우게 하는 시험이고 임강은 경서를 보고 그 뜻을 묻는 시험입니다. 사자는 글자를 베끼는 능력을 보는 시험이고, 번역은 말 그대로 문장을 조선말로 번역하는 능력을 보는 것입니다.

사역원 생도가 되려면 전공과목 외에도 교양과목을 익혀야 했는데 이를테면 해당 외국어와 관련된 풍습, 지리, 역사 등이 있었습니다. 그러나 전공과목이 우수하면 교양과목의 성적이 나빠도 합격시켰습니다.

사역원 생도가 되기 위해서는 미리 전공할 외국어를 선택해 일정 정도 수준을 갖춰야 했습니다. 이는 곧 개인적으로 외국어를 익혀 사역원 시험을 보았다는 뜻입니다. 결국 사역원 생도가 되려면 개인 교습을 받아야 했고 가난한 사람은 자격을 갖추기 힘들었습니다.

사역원에서 가장 인기 있던 언어는 중국어인 한어였습니다. 당시 조선에서는 중국과의 외교 관계가 가장 중요했고 무역 거래도 제일 많았기 때문입니다. 여기에다 역관에게 일정 정도 상거래를 허가했기에 한어 역관이 되면 중국과의 무역 거래에 참여할 수 있었습니다. 실제로 조선 시대 역관 중에는 부자가 된 사람이 많았습니다. 그 대표적인 인물이 장희빈의 당숙 장현입니다. 역관 출신인 그는 숙종 당시 조선 4대 부자 안에 들 정도로 재물이 많았습니다. 그 재물을 기반으로 5촌 조카 장옥정이 왕비가 되게 한 것입니다.

여하튼 역관이 되려면 잡과인 역과 시험에 합격해야 했습니다. 역관시에는 식년시와 증광시가 있었는데 이때 한학 13명, 몽학·왜학·여진학에서 각각 2명씩 뽑았습니다. 합격자에게는 종7품에서 종9품의 벼슬이 주어졌고 정3품 당하관까지 승진할 수 있었습니다. 그렇지만 역관 중에는 공을 세워 종1품 벼슬을 얻은 사람도 있었습니다.

역관 출신 개화사상가 오경석

역관은 타국 문명을 익히고 접하는 직업이라 개화기에 청나라의 선진 문물을 조선에 전파하는 역할도 했습니다. 그 대표적인 인물이 오경석입니다. 순조 시대인 1831년에 태어난 오경석은 고종 대에 개화사상가로 활동한 인물로 흔히 조선 말기 '개화사상의 비조鼻祖'라고 불립니다.

오경석은 역관으로 당상관에 오른 중추부지사 오응현의 아들입니다. 소년 시절 그는 아버지의 역과 시험 동기 이상적에게 한어를 배웠고 실학자 박제가에게는 학문을 익혔습니다. 그리고 1846년(헌종 12년) 16세에 역과에 합격해 역관이 되었습니다.

역관으로서 열세 번이나 중국에 다녀온 그는 《해국도지》, 《영환지략》, 《박물신편》 등의 책을 조선에 전파했습니다. 서양의 사상과 문화를 소개하는 이 책들은 개화사상 형성에 지대한 영향을 미쳤습니다. 이 책들을 살피고 연구해 개화사상을 형성한 오경석은 친구이자 개화사상가였던 유홍기에게 책을 주고 읽게 했습니다. 훗날 백의정승白衣政丞으로 불린 유홍기는 개화파의 정신적 지주로 꼽히는 인물입니다.

오경석은 개화사상의 또 다른 대부 박규수에게도 많은 영향을 주었습니다. 박규수는 연암 박지원의 손자로 유홍기와 함께 김옥균, 홍영식 등의 개화파를 양성한 인물입니다. 말하자면 조선의 개화사상은 오경석에서 비롯되어 박규수와 유홍기가 청년 개화당 인물들을 배출하면서 정치 세력으로 성장한 것입니다. 그래서 오경석을 개화사상의 비조라고 부르는 것이지요.

오경석은 병인양요 때 프랑스군 격퇴에도 중요한 역할을 했습니다. 1866년 병인양요가 일어나자 당시 실권자 홍선대원군은 급히 그를 청나라에 파견해 프랑스군 상황을 소상히 알아오게 했습니다. 평소 역관으로서 중국 관리들과 자주 접촉한 오경석은 청나라 조정의 실무 담당자들을 통해 프랑스군의 상황을 알아냅니다.

당시 프랑스 동양함대는 재정이 부족해 무역상들에게 군비를 빌려 조선을 침공했고 군량이 3개월 치에 불과했습니다. 이를 알아낸 오경석은 대원군에게 프랑스군과 지구전을 펼칠 것을 건의했는데 결국 조선은 당시 강국 중 하나인 프랑스군을 격퇴했습니다. 오경석은 프랑스 동양함대가 조선을 침공하기 직전 주청 프랑스공사관과 청나라 총리아문 사이에 오간 문서도 입수해 그 필사본을 대원군에게 보내기도 했습니다. 그만큼 오경석은 청나라에서 발이 넓었던 것입니다.

하지만 프랑스군을 격퇴했다고 서양 열강의 침입이 끝난 것은 아닙니다. 오경석은 밀려드는 서구 세력에 대항하려면 문호를 적극 개방해 조선의 힘을 키우는 수밖에 없다고 판단했습니다. 친구 유홍기에게 북촌의 양반 출신 청년들을 끌어 모아 정치 세력을 형성하도록 한 이유가 여기에 있었지요. 이에 유홍기는 김옥균, 홍영식, 서재필, 박영효 등의 청년들에게 개화사상을 전파해 이른바 개화당을 형성했습니다.

이후 미국 해병대가 강화도를 침범하는 신미양요가 발발했고 1873년에는 대원군을 밀어낸 명성황후 민씨 세력이 조정을 장악했습니다. 이어 1875년 일본이 운요호 사건을 일으켜 조선을 침략합니다. 이때 조선이 일본 군함을 물리칠 수 없다고 판단한 오경석은 일단 개국한 뒤 대응책을 마련하자는 의견을 박규수에게 전달해 관철했습니다.

이듬해 일본과 조선 사이에 불평등조약인 강화도 조약이 체결

됩니다. 이때 오경석은 전쟁으로 치닫는 일만큼은 없어야 한다는 일념 하나로 전력투구하며 사태 수습에 나섰습니다. 결국 그는 강화도 조약에 서명한 일본이 함대를 이끌고 자국으로 돌아간 직후인 1876년 4월 과로로 쓰러졌습니다. 그는 병상에서 일어나지 못했고 3년 뒤인 1879년 생을 마감했습니다. 죽기 전인 1877년 나라에 헌신한 공로로 종1품 숭록대부의 벼슬을 받은 그는 《삼한금석록》, 《삼한방비록》, 《양요기록》 등의 저서를 남겼습니다. 그의 아들 오세창은 훗날 있었던 3.1운동의 33인 중 한 사람입니다.

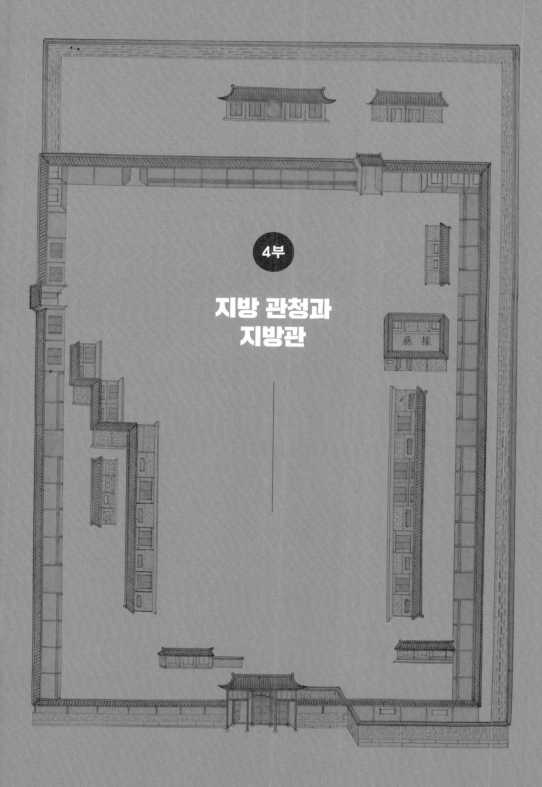

4부

지방 관청과
지방관

1
조선의 지방 행정 체계

도부터 현까지

조선의 지방 관청은 크게 8도 체계로 구성되어 있었습니다. 8도는 경기도, 충청도, 경상도, 전라도, 강원도, 황해도, 평안도, 함경도를 말합니다. 이곳에 파견하는 관리는 행정을 담당하는 문관직과 국방을 맡은 무관직으로 나뉘었는데, 관찰사나 목사는 문관 지방 관리이고 병마절도사와 수군절도사는 무관 지방 관리입니다.

우리가 사극에서 흔히 보는 장면은 주로 사또라 불리는 원님 앞에 이방, 형방, 나졸이 죽 늘어선 동헌 앞마당이나 병마절도사 혹은 수군절도사가 나오는 군대 막사 그리고 전투하는 모습입니다. 사극을 보면서 거기에 나오는 인물의 복잡한 관직에 신경 쓰는 사람은 별로 없을 것입니다.

그러나 어떤 관리가 어디에서 어떻게 근무했고 무슨 일을 했는지 알면 좀 더 쉽고 재미있게 사극을 감상할 수 있습니다.

지방 관청은 도를 중심으로 부, 대도호부, 목, 도호부, 군, 현으로 이루어져 있었습니다.

경기도나 충청도 같은 대단위 구역은 옛날이나 지금이나 마찬가지입니다. 부는 지금의 인천광역시, 대전광역시처럼 큰 도시를 말합니다. 대도호부는 목과 비슷한 구역을 일컫는데 도호부 중에서 군사적 기능을 갖춘 중요한 지역을 대도호부라 했습니다. 목은 지금의 시 단위에 해당하며 도호부는 그보다 작은 도읍입니다. 군 가운데 1천 가구가 넘는 군을 도호부로 지정했다고 하니 시와 군의 중간쯤이라고 보면 됩니다. 군은 지금의 군 소재지가 있을 만한 정도의 고을을 가리킵니다. 마지막으로 현은 크기에 따라 둘로 나뉘는데 현령을 파견하는 현은 지금의 읍 소재지에 해당하며, 현감을 파견하는 현은 그보다 좀 더 작은 고을로 지금의 면 소재지에 해당합니다. 이 외에 찰방이 관리하는 역참은 전국을 잇는 교통 통신 기관입니다.

백성을 갈취하면서 임기를 시작하는 자리

지방관으로 발령이 난 관리는 떠나기에 앞서 임금에게 하직 인사를 하는데, 이때 일종의 통과세에 해당하는 궐내행하闕內行下 과정을 거쳐야 합니다. 궐내행하는 임금에게 하직인사를 하러 궁궐에 들어갈 때 이뤄집니다. 이것은 임금이 머무는 대전별감이나 승정원 사령들에게 돈을 주는 일로 적게는 60냥에서 많게는 300냥이 드는 일입니다.

별감이나 사령(조례, 나장)은 돈이 양에 차지 않으면 궁궐로 쉽게 들여보내주지 않았고 욕설을 하거나 옷소매를 끌어당기며 시비를 걸기까지 했습니다. 당시 1냥으로 쌀 3말을 사고 2냥으로 포 1필을 살 수 있었다는 것을 감안하면 지방관이 지불하는 300냥은 쌀 90섬 값에 해당하는 대단히 큰 액수입니다. 궐내행하는 일종의 관습으로 임금조차 금지하지 않았는데 이는 모두 그들의 봉급이 박한 탓이었습니다.

그러면 지방관으로 가는 사람은 그 돈을 어디서 구할까요? 물론 자기 돈이 아닙니다. 수령으로 가는 사람은 자기 본읍에 미리 연락해 궐내행하에 필요한 돈을 아전들에게 가져오게 합니다. 수령으로 발령이 난 사람은 한양에 머무는 저리邸吏(각 지방 고을이나 병영에서 파견한 관리)를 통해 본읍에 미리 저보邸報(고을에 보내는 통지문)를 띄우는데, 그때 필요한 궐내행하 비용을 요청합니다.

임금에게 하직 인사를 하고 나면 자신을 추천한 이조판서와 참판, 참의, 정랑, 좌랑을 순서대로 만나 인사치레를 합니다. 이 또한 사례를 하거나 청탁을 받는 자리가 되기 십상이며 사례든 청탁이든 백성의 주머니에서 돈을 끌어내야 가능합니다.《목민심서》의 저자 정약용은 당시의 풍조를 이렇게 적고 있습니다.

무신으로서 수령이 되어 나가는 자는 이조판서나 병조판서의 집을 두루 돌아 반드시 요구하는 바가 무엇인지 묻고, 이조판서나 병조판서가 짐짓 하찮은 물건을 구하는 체하면 수령은 다시 두터운 것을 바치기를 요청한다. 그가 부임하면 공공연히 뇌물을 실어다 바치는 것을 당연한 일로 여기니 염치의 도가 떨어짐이 이에 이르렀다.

인사치레가 끝나면 행장을 꾸려 발령지로 가는데 이 과정에서 또다시 많은 돈이 들어갑니다. 먼저 임지로 가기 위해서는 필요한 물건을 챙기고 함께 갈 사람을 정해야 합니다. 그 사람의 수가 많을수록 짐은 늘어나고, 짐이 많을 경우 사람을 태우고 짐을 옮길 여러 필의 말이 필요합니다. 나라에서는 쇄마刷馬 비용이라 하여 15마리 정도의 말을 빌릴 돈을 주는데 보통 300냥입니다. 하지만 300냥으로는 어림도 없습니다.

대개는 나라에서 받은 돈 300냥에 600냥을 더 얹었고 그 돈은 모두 발령지의 백성이 부담했습니다. 새로운 수령이 발령받을 경우 그곳 이방은 여러 관속과 마을 대표들을 대동하고 한양으로 올라와 신임 수령을 만났습니다. 이때 이미 마을 백성에게 추렴한 돈을 가져와 바칩니다.

이처럼 지방관은 발령을 받는 순간부터 백성의 고혈을 쥐어짠 돈으로 움직입니다. 다스릴 고을에 당도하기까지 드는 비용도 모두 백성에게 추렴한 돈으로 사용합니다. 수령이 해당 고을에 도착해 취임하면 관아 수령들은 또다시 수령을 문안한다는 핑계로 집집마다 다니며 돈을 걷습니다.

도와 관찰사

도는 임금이 다스리는 지방 행정 구역 중 최상위에 있는 지방 관청입니다. '도'라는 말을 처음 쓰기 시작한 것은 999년(고려 목종)부터입니다. 그러나 지금의 도와 비슷한 8도 체계를 갖춘 때는 1413년(태종 13년)입니다.

도의 우두머리는 지방장관이라 할 수 있는 종2품 관찰사로 감사 또는 도백이라 부르기도 했습니다. "평양감사도 저 싫으면 그만"이라는 속담에 나오는 감사가 바로 평안도를 책임지는 장관인 관찰사입니다.

관찰사가 근무하는 관청을 감영이라 하는데 시기마다 그 소재지에 변동이 있었습니다. 경기감영은 서울과 수원, 충청감영은 공주, 전라감영은 전주, 경상감영은 대구, 강원감영은 원주, 황해감영은 해주, 평안감영은 평양, 함경감영은 영흥이었으나 시기별로 변동이 있었던 것입니다. 지역 이름이 보여주듯 감영은 상대적으로 발달한 곳에 있었고 지금도 큰 도시입니다.

사실 현재의 대도시는 대부분 조선 시대에도 큰 도시였습니다. 물론 지금 광역시가 된 부산, 인천, 울산 같은 신흥도시는 현대 들어 무역이 활발해지면서 발달한 도시입니다. 조선 시대에 부산은 부산포, 인천은 제물포라는 포구에 불과했습니다. 울산은 원래 울주에 진을 설치했다가 태종 대에 울산군으로 승격한 도시입니다.

도관찰사는 크게 두 가지 일을 했습니다.

첫째, 지방 관리들을 평가하고 근무 실태를 파악했습니다. 끊임없이 도내를 순시하면서 수령을 비롯한 모든 지방 관리의 근무 성적을 매겨 1년에 두 번 보고했던 것입니다. 성적이 나쁘거나 학정을 일삼은 지방관은 자리에서 쫓아내고 성적이 좋은 지방관에게는 상을 내리거나 승진 기회를 주었던 것이지요.

지방관의 잘잘못을 가려내는 관찰사는 말 그대로 '관찰하는 사또'였습니다. 사헌부와 하는 일이 비슷하다고 해서 사헌부를 내헌, 관찰사를 외헌이라 부르기도 했습니다.

관찰사는 관리들의 성적을 매기는 자리인 까닭에 임기를 1년 이상으로 하지 않았습니다. 또한 같은 도내에 친척이나 형제가 관리로 근무하지 못하게 했습니다. "팔은 안으로 굽는다"는 말처럼 친인척이 있으면 공정한 평가가 이뤄질 수 없다고 봤기 때문입니다.

둘째, 가장 높은 지방장관으로서 도내 모든 군사와 백성을 통솔하고 지휘했습니다. 그래서 관찰사가 각 도의 병마절도사와 수군절도사를 겸하는 경우가 많았습니다.

국경지대라 외적 침입이 빈번했던 평안도, 함경도, 경상도, 전라도처럼 병마절도사와 수군절도사가 2명 이상 있는 곳에서도 관찰사가 반드시 그중 하나를 겸임했고 이들은 병마절도사나 수군절도사보다 높은 위치에서 지휘했습니다. 그러나 모두 문관 출신인 관찰사가 수사나 병마사를 겸임하면서 조선의 전력이 약해지는 폐단이 빚어지고 말았습니다. 대표적으로 임진왜란 초기 왜군이 육지를 쑥대밭으로 만들어버리는 결과를 낳았지요.

관찰사의 직속 관원으로는 판관, 도사 외에 검률과 심약이 있었습니다. 판관은 지방장관의 부관이고 도사는 관찰사를 보좌하기 위해 중앙에서 파견한 관리로 군사와 국방까지 맡아본 관찰사를 보좌해 주로 행정실무 일을 처리했습니다. 검률은 법률을 담당한 관원으로 형사재판 때 정확한 법률을 적용해 공평한 판단을 내리는 데 도움을 주거나, 법률적인 문제가 생겼을 때 법 해석과 인용을 맡았습니다. 지금으로 말하면 지방에 파견된 판사와 검사 같은 법률가입니다. 심약은 각 도의 생산물 중에서 궁중에 바치는 약재를 심사하고 감독하는 의원입니다.

부와 부윤

부는 도 바로 아래의 행정단위로 관찰사에게 직접 관리를 받지 않고 부윤의 지휘 아래 자체적으로 관리하는 행정구역입니다. 지금의 부산광역시나 인천광역시와 비슷하지요.

고려 시대 때부터 있었던 '부' 제도는 지방 호족세력이 강한 지역에 설치해 어느 정도 자율권을 보장해준 것으로 보아 일종의 호족 회유책 중 하나였던 것 같습니다. 부를 다스리는 부윤과 도를 책임지는 관찰사의 품계가 똑같이 종2품인 것만 봐도 부의 지위가 도에 못지않았음을 알 수 있습니다.

고려 왕조의 수도인 개성에는 특별히 개성유수부를 설치했고 경주, 전주, 영흥, 평양 등에도 부를 설치했습니다. 이 중 영흥과 평양은 관찰사가 겸임했지요.

부에는 종2품인 부윤 외에 경력, 도사, 교수를 파견했습니다. 경력은 각 관청에서 공문서 처리 같은 행정실무를 맡아본 종4품 관직입니다. 도사도 부윤을 보좌하며 각종 서류를 처리한 종5품 관직입니다. 교수는 향교에서 유학 교육을 담당한 종6품 관직으로 보통 문과 급제자나 생원, 진사 가운데 임명했습니다. 지금의 대학교 교수도 여기에서 비롯된 이름입니다.

목과 목사

고려 초기 전국 12목에 관리를 파견해 다스린 것이 '목'이라는 행정 구역의 시작입니다. 전국 총 20여 지역에 목을 설치했는데 예를 들어 경기도에는 광주, 여주, 파주, 양주에 설치했습니다.

지방의 중심인 커다란 읍을 가리키는 목은 각 도의 주요 도시이며 경제적, 군사적으로 중요한 곳에 자리하고 있었습니다. 이곳 관리로는 정3품 목사를 비롯해 《논어》, 《중용》 같은 유교 경전을 공부하는 유학생을 가르치는 교수, 판관이 있었습니다.

도호부와 부사

도호부는 대도호부와 도호부로 나뉩니다. 본래 도호부는 오랑캐나 이민족을 통치하기 위해 국경 근처에 설치한 군사적 행정구역이었는데 이것이 고려를 지나면서 일반 행정기구로 바뀌었습니다.

1415년(태종 15년) '군' 중에서 가구가 1천 호 이상인 곳은 도호부로 승격했고 그중에서도 군사적 요충지나 주요 지점은 대도호부로 승격했습니다. 경상도 안동, 강원도 강릉, 평안도 영변, 함경도 안변 등이 대도호부가 있던 곳입니다.

대도호부는 목과 같은 정3품 관리인 대도호부사를 파견했으나 도호부는 목과 군의 중간 단계 구역으로 종3품 도호부사를 파견했습니다. 《춘향전》에 등장하는 이몽룡의 아버지가 바로 남원도호부 부사였습니다.

군과 군수

역사적으로 가장 오랫동안 지속되어온 지방 행정 구역이 바로 '군' 입니다. 조선 시대의 군은 8도, 부, 대도호부, 목, 도호부 밑에 설치했고 지금의 군 단위 구역과 기능이 비슷했습니다. 군의 최고 관리는 예나 지금이나 군수로, 조선 시대 군수는 종4품 관직이었습니다.

현과 현령 그리고 현감

지방 행정 구역 중 가장 작은 단위가 바로 '현'입니다. 같은 현도 인구와 농토에 따라 그 넓이가 달랐는데 큰 현에는 종5품 현령을 파견했고, 작은 현에는 종6품 현감을 파견했습니다. 조선 시대에 현령을 파견한 현은 34개소, 현감을 파견한 현은 141개소에 달합니다.

현감은 지방수령 중 가장 낮은 직급이지만 지방에 파견한 수령의 절대다수를 차지하고 있었습니다. 특히 현감은 절제도위라는 군직을 겸임해 그 지방의 군사 업무까지 맡아보았습니다.

사또와 원님의 차이

백성은 관찰사에서 현감에 이르는 모든 지방관을 사또나 원님으로 불렀는데, 이 두 용어의 차이는 무엇일까요?

사또는 '왕의 명령을 받은 사람'이라는 뜻의 사도使道에서 나온 것으로, 한 지방을 다스리는 관리를 높여 부르는 말입니다. 부하 장졸이 군 지휘관(장수)을 부를 때도 '사또'라고 했습니다. 원님도 그 직위가 목사든 군수든 현령이든 한 고을의 수령을 높여서 부르는 말로, 사또나 원님은 거의 같은 뜻으로 쓰였습니다.

사극에서 아랫사람이 군수나 현령 앞에 왔을 때 '군수님', '현령

님' 하지 않고 '원님'이나 '사또 나리'라고 부르는 것을 볼 수 있는데, 이는 모두 아랫사람이 고을의 수령을 높여서 부르는 말이었습니다.

역참의 우두머리 찰방

찰방은 조선 시대에 각 도의 역참을 관리하던 종6품 관리입니다. 우리가 단순히 말을 갈아타는 곳으로만 알고 있는 역참은 통신기기가 발달하지 않은 조선 시대에 국가 명령과 공문서 전달, 긴급한 군사 정보 등을 주고받는 통신 기지였습니다. 때로는 사신 왕래에 따른 접대도 맡았으니 역참이야말로 군사적, 외교적으로 중요한 곳이라 할 수 있습니다.

우리는 지금 서울역을 기차를 갈아타는 정도로만 이용하고 있으나 조선 시대의 역참은 교통정거장, 군사기지, 여관의 기능을 합친 독특한 곳이었습니다.

이 역참의 최고 책임자인 찰방은 역에 종사하는 관리와 백성을 관리하는 것은 물론, 좋은 역마(파발마)를 공급하고 역참에 묵어가는 사신을 접대하는 일을 지휘했습니다.

유사시에는 찰방이 북방의 역촌들을 순시하며 그 지역을 방비하는 지휘관의 역할도 맡았습니다. 그뿐 아니라 지방 탐관오리의 행실과 고을의 질병 등을 조사해 보고하는 등 암행어사 역할도 했지요. 실제로 암행어사가 관아를 덮칠 때는 찰방의 도움으로 역졸들을 이끌고 들이닥쳤습니다. 생각과 달리 그렇게 사소한 기관이 아니었음을 알 수 있습니다.

2
아전과 향관 그리고 관속들

지방 관아의 주인, 아전

지방 관청 하면 흔히 지방관만 생각하기 십상이나 지방 관청을 이해하기 위해서는 반드시 '아전衙前'을 알아야 합니다. 지방의 관아는 겉보기엔 부사, 군수, 현감 같은 지방관이 지배하는 것으로 보이지만 실질적으로 관아를 지배하는 세력은 아전이었기 때문입니다.

지방 관청도 중앙 관청과 마찬가지로 육조 체제로 운영했고 지방 관아의 부서나 우두머리를 이방, 호방, 예방, 병방, 형방, 공방으로 불렀습니다. 이 육방을 시골 아전이라 했는데 흔히 향리라고 불린 시골 아전은 그 직무를 세습했습니다. 말하자면 한 번 아전 집안이면 대대로 아전을 해야만 했지요. 따라서 아전은 자신이 원한다고 되는 것도 아니고 원치 않는다고 해서 그 직분을 벗어날 수 있는 것도 아니었습니다.

아전은 '관아 앞에서 사무를 보는 하급 관리'를 말하는데 크게 경아전과 외아전이 있었습니다. 경아전은 한양의 중앙 관청에서 근무하는 하급 관리를 통칭하는 것으로 녹사, 서리, 조례, 나장, 차비군 등을 가리킵니다. 이들은 중인 계층으로 품계가 가장 높은 녹사는 종6품까지, 서리는 종7품까지 승진할 수 있었습니다.

외아전은 향리와 가리로 구분합니다. 향리는 그 지방 출신으로 대대로 아전을 하는 사람을 말하고, 가리는 다른 지방에서 와서 임시로 근무하는 아전을 뜻합니다. 대개 가리는 지방관이 데려오는 경우가 많으며 서기나 회계를 보는 책방이 여기에 해당합니다.

대를 이어 소임을 유지하는 향리는 대부분 고을의 시시콜콜한 사정을 훤히 꿰고 있었습니다. 향리 중에서 수리首吏, 즉 우두머리가 이방을 맡습니다. 조선 초에는 호방이 수리를 맡았으나 이내 중앙 조직처럼 이방이 우두머리가 된 것입니다.

향리는 보통 관아 정전 앞에 있는 육방청에서 근무했고 녹봉이 없는 탓에 백성에게 돈을 걷어 경제생활을 영위했습니다. 백성에게 돈을 걷는 방법은 수백 가지라 일일이 거론하기도 힘들 정도입니다. 그중 몇 가지를 보자면 화전민에게 걷는 화속전, 무당에게 받는 무녀포, 시장 상인에게 걷는 장세전, 장부에서 고의로 농지를 빠뜨리고 받는 은결채 등 각양각색이었습니다. 더구나 지방마다 그 수법과 명칭이 제각각 달랐지요. 아전이 백성에게 돈을 착복하는 것은 나라에서도 눈감아줄 수밖에 없는 공공연한 행위였습니다.

여섯 아전이 하는 일

여섯 아전 중 이방은 향리와 관속의 직책을 비롯해 상벌에 관한 일을 맡아보았습니다. 중앙 관청의 이조판서가 맡은 일과 흡사했지요. 이방은 시골 아전의 대표자로서 호방, 형방과 함께 삼공형三公兄으로 불리며 지방 행정의 실권을 쥐고 있었습니다.

원래 지방 행정은 책임자인 수령이 맡아 처리해야 하지만 수령들이 지방 사정에 어두운 것을 이용해 삼공형 아전들이 백성과 수령에게 농간을 부리는 일이 많았습니다.

조선 말기 역사를 보면 "탐관오리 때문에 백성의 원성이 높아져 민란이 자주 일어났다"라는 대목이 나옵니다. 탐욕스럽고 부패한 관리를 뜻하는 탐관오리란 못된 수령과 아전을 한꺼번에 이르는 말입니다. 이방은 그 아전들의 우두머리였으니 한 고을의 이방 정도면 온갖 협잡과 비리를 훤히 꿰고 있다고 봐도 무방합니다.

호방은 이방에 이은 제2인자로 인구를 파악하는 호구 조사, 논밭 조사, 세금, 나라에 바치는 공물 등에 관한 사무를 맡아보았습니다. 한마디로 지방 관아의 재정을 담당한 것이지요. 호방의 업무가 세금, 농토 등 백성의 경제생활과 크게 관계가 있었기에 그만큼 권세가 컸고 부정부패를 저지르는 일이 많았습니다.

예방은 중앙의 예조와 마찬가지로 지방 관청에서 각종 예식, 제사, 교육, 손님맞이 업무 등을 담당했습니다. 그러나 지방 행정은 전적으로 수령의 책임 아래 있었고 중요한 권한은 이방, 호방, 형방이

쥐고 있었기에 예방은 실권이 별로 없고 할 일도 없는 부서이자 직책이었습니다.

병방은 군사 훈련, 경찰 업무, 군역 부과, 성곽·도로·봉수대 관리 등을 담당했습니다. 지금 성인 남자가 일정 기간 군대에 가야 하는 것처럼 조선 시대에도 군대에 복무할 의무가 있었습니다. 16세 이상 60세 이하 남자에게는 모두 군역의 의무가 있었지요. 만약 농사나 가족 부양 때문에 군역을 수행할 수 없을 경우에는 대신 포(베)를 냈습니다. 이처럼 병방의 업무가 백성의 생활과 직결되어 있었기에 병방도 형방이나 이방에 못지않은 위세를 누렸습니다. 특히 중간에서 군역을 빼주거나 백성의 돈을 받아먹는 등 심한 횡포를 부리기도 했습니다.

형방은 법률, 형벌, 소송, 노비 등에 관한 사무를 담당했습니다. 형방은 백성이 고소하는 일과 죄에 벌을 주는 일을 담당한 까닭에 권세를 부렸고 죄를 가지고 흥정하거나 농간을 부리기도 했습니다. 형방의 사무는 지금의 지방 재판소와 같았는데 그 일이 자못 중하다 하여 이방, 호방과 함께 삼공형으로 불리며 시골 아전의 중심 세력으로 군림했습니다.

공방은 산림, 저수지, 토목, 선박, 공장, 광산에 관한 업무를 담당했습니다. 예방과 마찬가지로 실제로 하는 일이 많지 않은 한가한 부서라 육방 중에서 가장 힘이 없는 아전이었습니다.

그러나 적어도 육방의 자리 중 하나라도 꿰차고 있으면 아전으로서는 다행스러운 일이었습니다. 고을마다 아전의 수는 많았으나 육방의 자리는 6개에 불과해 나머지 아전은 먹고살기가 고달팠으니 말입니다. 그래서 아전들끼리 암투가 대단했습니다. 특히 새로운 지방관이 부임할 때면 어떻게 해서든 육방 중 하나에 자리를 얻기 위해 별별 수단을 다 동원해가며 신임 지방관의 눈에 들려고 애를 썼습니다.

조선 역사를 거론할 때 아전은 대개 부정적인 시선을 받습니다. 지방 아전들의 횡포로 백성이 커다란 고통을 받았기 때문입니다. 그렇지만 아전 역시 양반들의 온갖 횡포에 시달리며 살아남기 위해 애써야 했던 계층이었습니다.

지방관의 최대 강적, 좌수와 향관

지방관으로 발령이 난 수령이 상대해야 할 골치 아픈 존재에 아전만 있었던 것은 아닙니다. 아전보다 더한 강적은 바로 향관이었습니다.

향관의 수장을 좌수라고 하는데 좌수는 그 지방의 우두머리로 조선 시대 지방 자치 조직인 유향소의 수장입니다. 세종 시대에 처음 만든 유향소는 수령의 권위를 침범하는 사태가 잦아 이후 혁파되었습니다. 그러다 성종 대에 사림파가 향촌 질서를 유지할 자치 조직이 필요하다고 주장해 부활했지요. 조선 후기 들어 유향소는 주로 향청이라는 이름으로 불렸고 처음의 설립 취지와 달리 지방

관인 수령을 보좌하는 기구로 변질되었습니다. 유향소의 건물인 향사당도 지방 관아 내에 설치하면서 유향소 임원은 일종의 지방 관리 구실을 했습니다. 그래서 향관이라 부르게 된 것입니다.

유향소는 대개 현마다 하나씩 설치했습니다. 유향소의 임원은 좌수와 별감인데 좌수는 조선 전기까지 유향소 구성원인 향원들이 직접 선출했습니다. 이렇게 선출된 좌수는 유향소를 관리하던 중앙 기구인 한양의 경재소 당상관이 임명했습니다. 이 시기의 좌수는 향촌을 대표하는 자리로 고을 수령과 맞먹는 권세를 누렸습니다. 심지어 좌수 중에는 판서 출신도 있었고 고을에 따라 수령이 좌수의 힘에 눌리는 경우도 허다했습니다. 그러나 조선 후기에 경재소를 혁파하면서 향원들이 향회에서 좌수를 선출하면 고을 수령이 임명하는 방식으로 바뀌었습니다.

좌수에게는 자신이 부릴 향관을 임명할 권한이 있었습니다. 그들은 별감과 풍헌, 약정으로 이들을 통칭해 지방 관리라는 의미로 향승鄕丞이라 부르기도 했습니다. 별감의 숫자는 정해져 있지 않았고 고을의 크기나 좌수의 의지에 따라 달라졌습니다. 그러다 보니 별감은 대개 좌수의 친인척으로 선정하는 경우가 많았으며 풍헌은 면面(향의 속칭) 단위에 1명씩 두었습니다. 풍헌 아래에는 실무를 담당하는 약정 1명, 부약정 2명을 두었는데 풍헌이 없는 곳에서는 약정이 풍헌을 대신했기 때문에 풍헌과 약정은 때로 같은 뜻으로 쓰였습니다.

좌수와 별감, 풍헌, 약정 같은 향관은 비록 수령의 지휘를 받는 처지였으나 권세가 수령에 뒤지지 않았습니다. 특히 풍헌은 좌수의 지휘 아래 고을의 부역, 세금 징수, 산림 보호, 농토 등급 판단, 소송과 분쟁 조정 및 결정을 담당했기에 백성에게 수령보다 더 직접적인 영향력을 행사했습니다.

여기에다 수령은 임기가 끝나면 떠나지만 이들은 지속적으로 향촌 사회에 영향력을 행사한 까닭에 수령보다 좌수의 눈치를 더 살필 수밖에 없는 구조였습니다. 그뿐 아니라 이들에게는 수령을 보좌하는 아전을 규찰하는 권한까지 있었습니다. 이런 상황이라 지방관이 간악한 향관을 만나면 임기 1년도 제대로 채우지 못하고 쫓겨나기 십상이었습니다.

향관과 아전은 이와 잇몸 같은 사이로 이들의 행동거지와 부정한 수법은 혀를 내두를 지경이었습니다. 특히 아전보다 향관의 부정이 더 심했는데 다산은 그러한 현실을 《목민심서》에서 이렇게 개탄하고 있습니다.

풍헌, 약정, 별유사別有司(마을에서 호적 사무나 잡무를 맡은 사람), 방주인坊主人(관청 간의 연락을 담당한 하급 직원)은 문서를 뜯어 고치고 붓을 함부로 놀려 부정함이 아전보다 심했다. 무릇 상납물이 한 번 그들의 손에 들어가면 태반이 녹아 없어지는데, 여름에 납부해야 할 것을 봄에 납부한 것으로 변경하는 것을 손바닥 뒤집듯 하고, 밑돌과 윗돌을 밀어 옮기고 뒤집어 전하여 그 횡령으로 인한 결손이 수만 푼(100푼은 1냥)에 이른다. 그러면 또 세금을 백성에게 물리어 온 마을을 요란스럽게 하니 이들은 큰

좀이나 다를 바 없다. 무릇 촌사람으로 순박한 자는 풍헌, 약정의 직임을 회피한다. 그래서 부랑자나 간사스런 자가 아전, 좌수, 별감 등과 체결하여 풍헌이나 약정의 직임을 얻는다. 그리고는 생선을 사고 닭을 잡아 권세 있는 아전을 섬긴다. 그들의 횡령이 발각되면 아전, 좌수, 별감은 수령의 측근과 입을 맞춰 "그 고을엔 원래 결손이 많은 것이지 그들이 훔친 것이 아니다"라고 하거나 "그들은 본래 찢어지게 가난하여 도저히 다시 받아낼 수 없다"라고 한다. 수령은 그 말을 믿고 죄를 저지른 그들에게 매 한 대 치지 않고, 죄 없는 백성은 재징수를 모면하지 못하니 참으로 한탄스럽다.

백성의 호랑이, 문졸

지방관이 경계해야 하는 또 다른 존재는 문졸입니다. 문졸은 관아의 문을 지키는 사령으로 흔히 조례, 나장이라 불린 관속입니다. 이들은 관리와 관아를 호위했고 형 집행도 맡아 처리했습니다. 문졸은 별것 아닌 직책 같지만 실은 힘없는 백성이 가장 무서워하는 존재였습니다.

　떠돌이 출신이 많은 문졸은 관속 중에서도 가장 말을 듣지 않았고 다스리기도 힘든 자들이었습니다. 아전과 마찬가지로 이들에게도 봉급이 없었으며 백성의 주머니를 털어서 살아갔습니다. 그들이 백성의 주머니를 터는 방법은 그들에게 주어진 다섯 가지 권한에 따른 것입니다. 그것은 혼권, 장권, 옥권, 저권, 포권을 말합니다.

첫째, 혼권은 문을 단속하는 권한입니다. 이를테면 백성이 억울한 일을 당해 소장을 가지고 관아에 오면 문을 지키던 문졸이 소장내용을 묻고 그 내용에 따라 관아에 들여보내기도 하고 막아버리기도 합니다. 그 과정에서 일종의 통과세를 받아 챙깁니다. 또 소장내용이 아전이나 향관과 관련된 것이면 아예 출입하지 못하게 해서 향관과 아전을 보호하기도 합니다. 이들이 향관과 아전을 보호하는 이유는 그들에게서 떨어지는 떡고물이 있었기 때문입니다. 결국 문졸은 위로는 향관이나 아전과 결탁해서 떡고물을 얻어먹고, 아래로는 백성의 출입을 통제해 통과세를 받아먹은 것입니다.

둘째, 장권은 문졸이 수령의 명령을 받아 곤장이나 태장을 때리는 권한입니다. 태장과 곤장을 치는 것이 어떻게 권력이 되느냐 하면 때릴 때 강도를 조절할 수 있어서입니다. 수령이 무섭게 치라고 해도 이들이 가볍게 치고, 수령이 가볍게 치라고 해도 이들이 무섭게 칠 수 있으니까요. 이때 그들은 곤장을 맞는 피의자나 죄수와 돈이 오가는 뒷거래를 합니다.

셋째, 옥권은 옥에 갇힌 죄수의 옥 생활에 대한 권한입니다. 수령이 칼을 씌우라고 해도 씌우지 않는 경우도 있고, 칼을 씌울 필요도 없는데 씌우기도 합니다. 설령 칼을 씌워도 느슨하거나 강하게씌우는 것은 그들의 권한입니다. 옥에 갇힌 죄수는 제대로 먹지 못해 가족의 옥바라지를 받아야 하는데 이것도 문졸에게 돈을 주지 않고는 쉽게 할 수 없는 일이었습니다. 죄수들은 옥에 앉아 새끼를

꼬거나 가마니를 만들어서 자신의 밥값을 해야 했습니다. 그런데 이것을 시장에 내다 파는 것이 문졸의 권한이다 보니 이들은 죄수의 피까지 뽑아먹는 존재였습니다.

넷째, 저권은 수령의 명령을 전달하는 일, 특히 관둔전을 관리하는 심부름꾼으로서의 권한을 말합니다. 이것은 폐단이 가장 심한 분야였습니다. 관둔전은 군졸이나 서리, 평민이 개간하지 않은 땅을 개척해 경작하도록 해서 그 수확물의 일부를 지방 관청 경비나 군대의 양식으로 쓰게 한 밭을 말합니다.

큰 고을에는 관둔전이 20결, 중간 고을에는 16결, 작은 고을에는 12결로 정해져 있었습니다. 밭은 1마지기가 100평이고 1결이 3,300평이니 결국 1결은 33마지기인 셈입니다. 그러면 20결은 660마지기이니 상당히 넓은 땅에 해당합니다. 이것을 여러 민가에서 나눠 농사를 지었는데 이때 문졸이 경작자들에게 수령의 명령을 전달하는 역할을 합니다. 그 역할을 하면서 온갖 행패를 부렸던 것이지요.

관아에서 발품을 팔아 경작지까지 왔으니 밥값을 내놓으라 하고 밥 한 상에 50푼을 매깁니다. 또 수령의 명령을 전달하는 과정에서 수백 푼을 내놓으라 하며 추수 때는 노부와 노파를 시켜 집집마다 돈을 걷어오게 합니다. 이를 동령질 혹은 나가세라고 일컬었습니다. 이때는 향관인 풍헌이나 약정과도 한 패거리가 되어 수탈을 일삼았습니다.

특히 군정, 즉 군인으로 차출되는 장정을 지정하는 과정에서 별의별 농간을 다 부렸습니다. 태어나지도 않은 아이나 갓 태어난 아이, 죽은 사람까지 군정으로 책정해 군포를 뜯어내고 심지어 여자아이를 남자아이로 바꿔 군적에 올리거나 농가의 개를 군적에 올려 군포를 뜯기도 했습니다. 이 돈은 모두 향관과 아전, 문졸이 갈취했지요. 그 과정에서 선두에 선 존재가 바로 문졸입니다.

다산은 관둔전에 명령을 전달하거나 군정을 책정하는 과정에 문졸을 절대 동원하지 말 것을 당부하고 있습니다. 또 풍헌과 약정은 문졸만큼 심한 행패를 부리지 않으니 세금을 독촉할 일이 있으면 그들 향관을 통해 명령을 전달하라고 했습니다.

다섯째, 포권은 고발당한 백성을 잡아오는 일에서 발생하는 권한입니다. 어떤 이가 관가에 소장을 제출해 누군가를 고발하면 수령은 문졸을 시켜 피고를 데려오게 합니다. 문졸은 수령의 관인이 찍힌 홍첩을 들고 피고를 찾아가는데 이때 피고는 무조건 돈을 내야 합니다. 부자는 500전, 가난한 자는 최소 200전을 냈지요. 200전이면 2냥이니 쌀 6말 값입니다. 당시 서민의 주식이 보리밥이고 쌀밥은 제사 때나 내놓을 수 있었는데 단순히 고발만 당해도 쌀 6말 값을 빼앗기는 것입니다. 여기에다 붉은 포승줄로 압박을 가하며 술과 돼지고기를 요구하니 온 마을이 떠들썩하여 마치 난리를 만난 것 같았다고 합니다. 이런 행패는 관아에서 먼 곳일수록 더욱 심했습니다. 섬 지역은 다른 촌락보다 열 배 정도 더 뜯기는 것이 예사였습니다.

문졸들이 거둬들인 그 돈은 누가 가져갈까요? 문졸들이 골고루 나눠 가질까요? 문졸을 흔히 사령이라 하고 사령이 머무는 곳을 사령청이라고 했는데, 그 사령청의 우두머리를 도사령이라고 합니다. 이 도사령이 전체의 절반을 갖고 나머지 절반을 사령들이 나눠 갖습니다.

다산이 부사로 있던 곡산부에서는 사령이 각종 명목으로 고을 사람들에게 거둬들이는 돈이 연간 2천 냥에 이르렀으며 이 중 1천 냥은 도사령의 몫이었다고 합니다. 곡산부의 문졸이 30여 명이었으니 도사령이 1천 냥을 갖고 나머지 사령 30명이 1천 냥을 나눠 가진 것이지요. 다산은 그 법을 고쳐 보솔전保率錢에서 들어오는 돈 1천 냥을 사령들에게 매달 2냥씩 줘서 1년에 720냥을 갖게 하고 도사령은 매년 280냥을 줬다고 합니다.

보솔전이란 보솔군에게 1인당 200전씩 징수하는 돈을 말합니다. 천민이나 평민이 국가의 토목, 건축 등의 일에 징발되면 징발되지 않은 사람이 징발된 사람의 집에 가서 일을 도와주는 제도가 있었는데 그 일을 하는 사람을 보솔군이라고 합니다. 봉족奉足이라고도 하는 이들에게 공공연히 보솔전이라는 명목으로 돈을 거둬 지방 관아의 비용으로 썼던 것입니다. 이것은 불법이었지만 이미 관습화되어 막을 수 없었습니다.

다산은 이 돈으로 사령들의 봉급을 주고 대신 백성에게 다른 명목으로 돈을 뜯어내지 못하도록 엄격히 관리했습니다. 하지만 대다수 수령은 사령들이 알아서 살도록 방치했고 그 폐단은 해가 갈수록 심해졌습니다.

관속의 가장 밑바닥, 관노비

관아에 예속된 관속 중 가장 불쌍한 존재가 바로 관노와 관비였습니다. 그들은 온갖 노역에 시달렸지만 보수를 제대로 받지 못했습니다.

관청의 남자 종인 관노를 업무별로 살펴보면 관노의 우두머리인 수노는 물자 구입을 담당합니다. 공방의 일을 돕는 공노는 장작을 대는 일을 맡고, 구노는 말을 담당하면서 관리의 일산이나 우산을 떠받치는 일을 합니다. 방노, 즉 방자는 뒷간을 치우고 방을 덥히는 등 온갖 잡일을 도맡습니다. 수령의 행차가 있으면 그 뒤치다꺼리도 모두 관노의 몫이었습니다. 그렇지만 이들에게는 보수가 없었습니다. 자신의 일과 관련해 백성과 접촉할 일이 있을 때 그들에게 돈을 끌어내는 것이 보수라면 보수인 셈이었지요.

노비 중에서 그나마 약간이라도 보수를 받는 노비가 있었는데 그들은 바로 포노와 주노, 창노입니다. 포노는 다른 말로 육직이라고 하는데 이는 요리사를 말합니다. 주노도 주방을 관리하는 사람으로 요리사 일도 겸했습니다. 창노는 관청의 곡식 창고를 관리하는 역할을 맡았습니다.

창노는 원정을 거쳐야 하는데 원정은 관청에 속한 과수원이나 밭을 관리하는 노비를 말합니다. 이러한 원정은 관청에 필요한 채소를 1년 정도 조달하면 창노 자리에 오를 수 있었습니다. 이들 노비 중에서 농간을 부려 백성의 돈을 훔쳐낼 수 있는 노비는 창노뿐이었습니다. 이렇듯 권한이 하나도 없어 보이는 관노도 수령이 물렁하면 백성의 호랑이로 군림합니다.

관노이면서 함부로 농간하는 자는 더러 관아 마당에 송사하러 온 백성이 있으면 수령은 아무 말도 없는데 자기가 나서서 성내어 꾸짖고, 수령은 부드러이 말하는데 자기가 나서서 고함을 지르고, 수령은 간단하게 말하는데 자기가 나서서 잔소리를 하고, 수령은 아직 모르는데 자기가 나서서 사건의 기밀을 들춰내고, 수령은 명령하지 않는데 큰소리로 매우 치라고 하여 백성의 비난을 사고 수령의 체모를 손상시킨다.

다산은 고을에 물렁한 수령이 오면 관노들이 이런 행태를 보인다고 썼습니다. 또 수노는 물자를 구입하면서 관아의 권세로 상인을 짓눌러 헐값을 지불하고 관아에는 비싼 값으로 산 것처럼 보고하여 착복합니다. 공노는 종이, 노끈, 짚신, 죽제품, 토기, 철기 등을 거둬들이면서 필요 이상의 요구를 합니다. 이로 인해 이러한 물품을 관아에 바쳐야 하는 장인들이 모여 사는 점촌의 생활이 궁핍해지고, 종이를 만들어 바치는 절간이 허덕이기 십상이었습니다. 이를 피하려면 점촌이나 절간에서 공노에게 따로 돈을 줘서 물품을 과하게 책정하지 않도록 사정해야 했습니다. 포노나 주노도 음식 재료를 사들이면서 물건을 헐값에 받아와 비싼 값에 산 것처럼 처리해 돈을 가로챘습니다. 원노는 관아에 예속된 밭의 경작자를 대상으로 갈취를 일삼았습니다.

실은 관노도 백성의 주머니를 털어 살 수밖에 없는 구조였습니다. 수령이 이를 너무 철저히 단속하면 관노가 굶어죽을 판이고, 그렇다고 전혀 단속하지 않으면 백성이 고통을 받으니 수령은 스스로 적당한 선을 고안해 단속해야 했지요.

관청에서 관노보다 더 힘들게 살아간 존재는 여자 종인 관비입니다. 관비는 두 종류로 나뉘었는데 하나는 술자리를 담당한 기생 주탕이고, 다른 하나는 물 긷는 일을 담당한 비자 수급입니다. 기생과 비자 중에 더 비참하게 살았던 존재는 비자였습니다. 기생과 비자에 대해 다산은 이런 글을 남겼습니다.

기생은 비록 가난하지만 모두 돌봐주는 자가 있으니 수령이 보살필 필요가 없다. (…) 가장 불쌍한 것은 추한 용모의 수급비다. 그들은 겨울에는 삼베옷을, 여름에는 무명옷을 입고 머리는 쑥대 같이 하여 밤에는 물 긷고 새벽에는 밥 짓느라 쉴 새 없이 분주하다. 수령이 이들을 동정하고 보살펴 때때로 옷도 주고 곡식도 주며, 그 지아비의 형편도 물어 군역을 면제해주는 따위의 소원을 이뤄주면 좋지 않겠는가? 무릇 수령으로서 잘 다스리는 자에게는 반드시 아전의 원망이 있을 터인데, 만약 관속 삼반(아전, 문졸, 노비)이 모두 수령을 원망할 것 같으면 괴롭지 않겠는가? 강한 자에게는 원망을 받고 약한 자에게는 은혜를 베풀면 어질지 않다고 말할 수 없다.

다산은 기생들이 향연에 참여해 춤추고 노래를 부를 때 주는 돈의 절반을 아껴 비자들에게 주었다고 합니다. 이런 관리가 교체되어 떠날 때 기생은 웃고 비자는 눈물을 흘렸습니다. 다산은 수령이 떠나갈 때 비자들이 눈물을 흘려야 그 수령을 현명한 관리라 할 수 있다고 말했습니다.

탐관오리의 횡포가 극에 달한 조선 말기

조선 말기 전국 각지에서 백성이 주축이 된 민란이 일어났습니다. 그 원인은 대개 탐관오리의 횡포와 '삼정의 문란'에 있었습니다.

그 무렵 지방 수령 자리는 돈으로 사고파는 자리라는 말이 나돌 정도로 뇌물이 성행했습니다. 그들이 몇만 냥, 몇천 냥씩 바치고 감사나 수령 자리를 얻으니 자기가 벼슬을 얻는 데 들인 돈을 다시 모으려고 애꿎은 백성의 주머니만 털어갔던 것입니다. 또한 수령 밑에 있는 아전은 세금을 감해준다는 둥, 군역을 빼준다는 둥 이런저런 명목으로 백성의 피땀을 가로챘습니다. 이처럼 수령과 아전이 한통속이 되어 세금을 거둬가자 막다른 골목에 다다른 백성은 탐관오리의 횡포에 항거하는 민란을 일으켰습니다.

그중에서도 백성을 가장 괴롭힌 문제가 '삼정'인데 그것은 농토에 세금을 부과하는 전정, 병역의 의무 대신 군포를 내게 하는 군정, 봄에 곡식을 빌려주었다가 가을에 되갚게 하는 환정을 말합니다.

전정을 거둘 때면 탐관오리는 공인된 세금 외에 온갖 명목으로 잡비를 거둬들였습니다. 그뿐 아니라 비옥한 토지는 나라 장부에 기재하지 않고 거기서 거두는 것을 자신들이 착복하기 일쑤였습니다.

군정은 더 심해서 군역을 피해 도망가거나 파산하면 이웃사람이 대신 내는 인징, 마을 사람들이 공동 부담하는 동징, 친척에게 대신 내게 하는 족징 등이 있었습니다. 심지어 태어난 지 얼마 안 되어 입에 누런색이 가시지 않은 아이에게도 거두는 황구첨정黃口簽丁, 죽은 사람도 내게 하는 백골징포白骨徵布 등이 성행했습니다.

환정은 본래 먹을 것이 없어 굶주리는 봄철에 농민에게 곡식을 빌려주었다가 가을에 추수하면 빌려준 곡식을 되받는 좋은 제도였습니다. 그런데 여기에서도 아전과 수령의 농간이 극심해 모래나 겨가 섞인 곡식을 나눠주고, 받을 때는 높은 이자에 좋은 쌀로만 받아가니 백성의 원성이 높았습니다. 흉년이 들면 곡식 대신 돈으로 주었는데 수령이 수수료를 떼고, 아전이 교제비 명목으로 떼고, 곡식 창고지기는 곡식이 축난 것을 채운다며 떼는 바람에 정작 백성에게 돌아오는 것은 눈덩이처럼 불어난 빚밖에 없었습니다.

이런 폐해로 인해 백성이 유랑민으로 떠돌고 구걸하는 자가 늘어나자 탐관오리의 횡포를 끝장내고자 일어난 게 민란입니다. 1862년(철종 13년) 한 해만 해도 진주민란을 시작으로 모두 37회의 민란이 전국 각지에서 일어났습니다. 당시 수령이던 백낙신이 몇 년 동안 착취한 재물만 해도 5만 냥에 달했다고 하니 탐관오리의 횡포가 얼마나 극심했는지 짐작이 가고도 남는 일입니다.

기행을 마치며

조선 관청에 대해서 이제 좀 이해가 가시나요? 어려운 내용이 많지요? 그래서 지금까지 관청을 다룬 책이 마땅히 없었던 것 같습니다.

관청에 대한 이야기가 어렵게 여겨지는 가장 큰 이유는, 요즘에는 쓰지 않는 용어들 때문입니다. 관청이나 관직의 명칭이 모두 생소하니까요. 용어가 한자로 되어 있어 친근하지 않은 것도 한 가지 이유입니다. 저도 여러분에게 쉽게 설명하기 위해 애를 쓰긴 했지만, 기본적인 용어들은 아는 것이 좋겠지요. 역사 공부를 하는 데 가장 기본적인 것이 역사 용어를 아는 것이니까요.

이 책은 한 번 보고 덮어두는 책이 아니랍니다. 이 책을 조선 관청 사전이라고 생각하면 될 겁니다. 그래서 궁금할 때마다 들추어보면 좋겠지요.

다 쓰고 나니, 저도 조금 아쉬운 부분이 있습니다. 그것은 지방의 행정 조직에 대해 더 자세하고 재미있게 다루지 못한 것입니다.

여러분도 아마 궁궐과 서울에 있는 관청에 대해서는 이야기가 상세하고 곁들인 내용도 많은데, 왜 지방 관청은 이렇게 간단한 내용밖에 없는지 불만일 것입니다.

그렇게 된 가장 큰 이유는 지방 관청에 대한 구체적인 기록이 적기 때문입니다. 그리고 지방의 행정 조직은 모두 중앙의 행정 조직을 본받아 만든 것이기에, 특별한 부분이 별로 없는 것도 또 다른 이유입니다.

얼핏 보면 이 책의 내용이 그저 평범해 보일 수도 있습니다. 하지만 조선의 관청과 관직을 모두 정리하는 데에 복잡한 연구와 적잖은 노력, 시간이 필요했습니다. 그만큼 가치 있는 책이라고 자신합니다. 그러니 모쪼록 여러분이 이 책을 잘 활용해서 역사를 좀 더 재미있게 공부하기를 바랍니다.

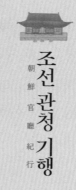

조선 관청 기행

朝 鮮 官 廳 紀 行